权威·前沿·原创

皮书系列为
"十二五""十三五""十四五"时期国家重点出版物出版专项规划项目

BLUE BOOK

智 库 成 果 出 版 与 传 播 平 台

文化金融蓝皮书
BLUE BOOK OF CULTURE FINANCE

中国文化金融发展报告（2022）

ANNUAL REPORT ON CHINA'S CULTURE FINANCE DEVELOPMENT (2022)

主　编／杨　涛　金　巍
副主编／于德江　刘德良

社会科学文献出版社
SOCIAL SCIENCES ACADEMIC PRESS（CHINA）

图书在版编目（CIP）数据

中国文化金融发展报告.2022/杨涛，金巍主编
.--北京：社会科学文献出版社，2022.9
（文化金融蓝皮书）
ISBN 978-7-5228-0567-2

Ⅰ.①中… Ⅱ.①杨… ②金… Ⅲ.①文化产业-金
融支持-研究报告-中国-2022 Ⅳ.①G124②F832.48

中国版本图书馆 CIP 数据核字（2022）第 147105 号

文化金融蓝皮书
中国文化金融发展报告（2022）

主　　编／杨　涛　金　巍
副 主 编／于德江　刘德良

出 版 人／王利民
组稿编辑／恽　薇
责任编辑／田　康
文稿编辑／王　娇　王雅琪
责任印制／王京美

出　　版／社会科学文献出版社·经济与管理分社（010）59367226
　　　　　 地址：北京市北三环中路甲 29 号院华龙大厦　邮编：100029
　　　　　 网址：www.ssap.com.cn
发　　行／社会科学文献出版社（010）59367028
印　　装／天津千鹤文化传播有限公司

规　　格／开　本：787mm×1092mm　1/16
　　　　　 印　张：19.25　字　数：285 千字
版　　次／2022 年 9 月第 1 版　2022 年 9 月第 1 次印刷
书　　号／ISBN 978-7-5228-0567-2
定　　价／128.00 元

读者服务电话：4008918866

编写单位

国家金融与发展实验室

深圳文化产权交易所

北京立言金融与发展研究院

支持单位

中国社会科学院产业金融研究基地

中国银行业协会

文化金融 50 人论坛

金融科技 50 人论坛

北京新元文智信息技术有限公司

主要编撰者简介

杨　涛　研究员，博士生导师，拥有中国注册会计师与律师资格证书。国家金融与发展实验室副主任，中国社会科学院产业金融研究基地主任、支付清算研究中心主任。兼任中国人民银行支付结算司外部专家、中国人民银行清算总中心博士后专家委员会委员、中国证券业协会学术专家、北京市金融学会学术委员等。主要研究领域为宏观金融与政策、金融市场、金融科技、支付清算。

金　巍　北京立言金融与发展研究院副院长，国家金融与发展实验室文化金融研究中心副主任，文化金融50人论坛秘书长，特聘研究员，高级经济师。兼任中国社会科学院产业金融研究基地特约研究员、财政部科教和文化司中央文化企业国资预算评审专家、中国通信学会移动媒体与文化计算委员会委员、全国文化智库联盟常务理事、成都博瑞传播股份有限公司独立董事、北京文创板发展有限公司外部董事等。主要研究领域为文化经济学、文化金融、产业金融、金融科技等。著有《文化金融：通往文化世界的资本力量》等。

于德江　深圳广播电影电视集团副总编辑，深圳文化产权交易所董事长，文化金融50人论坛成员。曾任中共深圳市委宣传部秘书、深圳电视台副台长、深圳市文化产业办公室主任、深圳市文化局广播电影电视处处长、深圳市文物商店总经理、深圳市艺术品拍卖行总经理等。

刘德良 新元智库和新元资本创办人，北京立言金融与发展研究院文化和旅游金融研究所副所长。兼任清华大学新经济与新产业研究中心特约研究员、中国人民大学文化产业研究院特约专家、中央财经大学文化经济研究院特约专家、文化金融50人论坛创始成员等。参与国家"十三五"文化体制改革规划等多项政策制定和评审，主编出版《中国文化投资报告》两部。主要研究领域为文化产业、旅游业、数字经济等。

前　言

本报告为"文化金融蓝皮书"的第六部，由国家金融与发展实验室、深圳文化产权交易所及北京立言金融与发展研究院作为编写单位联合研创。本报告是对2021年中国文化金融发展情况进行专业观察研究的成果。

2021年是我国"十四五"规划的开局之年，这是本报告关注的最重要的背景。同时我们还关注了两个重要背景。一是新冠肺炎疫情的新形势。全球疫情处于高位，新冠病毒不断变异和各国防控政策差异使得疫情形势存在很大不确定性。我国一直外防输入、内防反弹，坚持动态清零，因时因势不断调整防控措施，取得了良好的效果，经济形势也实现好转。二是数字经济国家战略和数字文化经济发展趋势。2021年是数字经济相关政策密集出台的年份，各级政府在数字经济促进和治理方面都投入了巨大的精力，文化产业和文化金融发展也在此背景下形成了数字化时代的显著特征。

本报告从市场、行业、区域、专题四个主要角度解析了我国文化金融发展中的新情况和新问题。今年的报告在"市场篇"有调整，没有再就文化产业保险编撰报告，原因是这个领域可更新的内容较少，但新增了文化信托相关内容。在"行业篇"中，我们依旧观察了电影金融、艺术金融和数字文化产业投融资这三个领域。数字经济的飞速发展促使我们今后会尝试在数字文化金融（服务于数字文化经济的金融活动形态）方面多投入精力。"区域篇"中仍选取北京、深圳、南京、宁波、成都五个具有文化金融发展典型特征的城市进行考察，在近几年中，这些城市的文化金融发展给了我们许多的惊喜。在"专题篇"中，我们对数字藏品这个热点话题和文化产业投

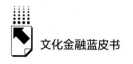
融资中的法律问题给予了关注。

本报告由杨涛、金巍担任主编，于德江、刘德良担任副主编。各部分撰稿人分别为：金巍、杨涛（第1篇），艾亚萍、尹欣（第2篇），杨涛、罗丽媛、王小彩（第3篇），刘德良、段丽荣（第4篇），于淼（第5篇），禄琼（第6篇），张琦、齐文卿（第7篇），方曼乔、杨涛（第8篇），刘德良、张玉聪（第9篇），刘德良、刘晓哲（第10篇），陈能军、王晓锐、戎涛（第11篇），黄琴、方爱军、姜晓东、彭凌云、朱嘉、纪增龙（第12篇），陈彩凤、邝菁琛、王亚琪（第13篇），谭莹、刘照晖、蒲盈吟（第14篇），包璐、董杰、韩兆辉（第15篇），李玉东（第16篇）。向各位积极参与蓝皮书编撰工作的专家致以诚挚的感谢！

感谢编委会的诸位学术顾问为本报告提供了有益帮助和专业意见，感谢社会科学文献出版社经管分社社长恽薇、责任编辑田康对本报告的大力支持。本报告的编写同时得到了中国社会科学院产业金融研究基地、中国银行业协会、文化金融50人论坛、金融科技50人论坛、北京新元文智信息技术有限公司等机构的大力支持，在此一并致谢！

杨 涛 金 巍

2022年4月25日 于北京

摘 要

2021 年是我国"十四五"规划的开局之年，也是新冠肺炎疫情发生的第二年。在这个特殊的背景下，我国文化金融服务和文化产业投融资市场呈现了一些新的特点。《中国文化金融发展报告（2022）》（以下简称《报告》）对 2021 年中国文化金融发展情况做了全景式分析，包括基本情况、主要问题和发展趋势等方面，同时提出了相应的政策建议。

《报告》指出，2021 年文化产业正在走出疫情的泥沼，呈现复苏的态势。在"十四五"规划及数字文化经济发展的背景下，政府部门通过出台包括文化金融相关政策在内的文化经济政策为文化产业复苏提供了巨大的支持，为未来五年乃至更长时期的文化金融发展指明了方向。在中央和地方出台的文化金融相关政策的支持下，文化金融服务和文化产业投融资市场总体上呈现反弹趋势。

《报告》指出，作为文化金融市场主要构成部分的文化产业银行信贷、上市公司股权融资、私募股权融资市场等整体上保持良好态势，但文化产业债券市场有较大幅度的下降。2021 年银行业积极作为，切实纾解了文化企业因疫情遇到的困难。根据中国银行业协会对 30 家银行进行调研的数据，截至 2021 年底，30 家银行文化产业贷款余额达 16499.23 亿元，与 2020 年基本持平。2021 年我国文化产业债券市场共发行 76 只债券，发行总额达 541.70 亿元，其中电信、广播电视与卫星传输服务领域发债比重达 41.35%。文化产业债券市场发行只数和融资规模均出现了较大幅度的下降，融资规模占债券市场融资总规模的比重也有所下降。2021 年全国新增上市

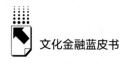
首次募资（IPO）文化企业 43 家，创历史新高，较上年增长 13.16%；上市文化企业再融资规模达 1295.19 亿元，同比增长 10.46%。2021 年文化产业私募股权融资事件数量为 565 起，同比上涨 81.67%；融资总规模为 444.80 亿元，同比上涨 114.89%。互联网相关行业仍然最受资本关注，互联网信息服务、互联网文化娱乐平台以及数字内容服务等领域的融资事件数量占总融资事件数量的 56.46%。2021 年文化信托产品共发行 100 余期，均为集合资金信托计划，信托资金流入文化产业的规模超过 200 亿元，在投向上更为多元化。

电影金融、艺术品市场与数字文化产业的投融资情况仍是《报告》关注的重点。2021 年国内电影市场逐渐回暖，电影票房实现强势反弹。以《长津湖》为代表的优质电影仍然能够得到银行信贷资本的强力支持，私募股权投融资领域形势有所好转，前沿技术成为文化产业投融资低潮中的热门。影视类上市公司在资本市场上总体仍处于"寒冬"。2021 年我国艺术品市场出现谷底反弹，数字艺术和艺术品交易平台受到资本关注，数字藏品受到业界的"追捧"。2021 年数字文化产业资本市场表现强劲，融资规模达 2344.64 亿元，同比增长 54.59%，占文化产业融资规模的 62.45%，比 2020 年增加 6.64 个百分点①。其中，IPO 贡献了数字文化产业融资规模的 42.30%。

北京、深圳、南京、宁波和成都等文化金融中心城市推动区域性文化金融健康发展，以政策促进为支点，服务区域经济发展，影响力持续扩大。2021 年北京市加强文化金融政策支持，文化金融市场呈现较强活力，文化产业融资规模（不含银行信贷）达 999.66 亿元，同比增长 62.07%。深圳市加大政策支持力度，促进文化金融快速发展，通过文化金融服务平台帮助文化企业对接金融资源，鼓励金融机构创新，丰富文化金融产品与渠道，加强文化金融基础设施建设。南京市以深入一线探索服务模式创新、优化迭代

---

① 2021 年《数字经济及其核心产业统计分类（2021）》出台后，按照新的统计口径，2020 年，我国数字文化产业融资规模 1516.65 亿元，占文化产业融资规模的 55.81%。

首贷中心和续贷中心、"靶向"培育数字文旅企业等为重点推进文化金融工作深入开展。宁波市文旅产业贷款余额 1158.60 亿元，同比新增 121.20 亿元，文旅产业贷款余额连续两年超千亿元。成都市构建以"债权融资+股权投资+路演孵化+金融科技"四大路径为支撑的文创金融生态体系，2021 年文创产业融资规模同比增长 137.76%，融资发展态势良好。

《报告》认为，2021 年中国文化金融发展总体上实现好转，但仍需要在发展中体现战略性和融合性，需要强化自身的体系化、系统化建设。《报告》提出，应结合数字文化经济发展趋势，进一步推动制定数字文化金融相关政策，探索数字文化金融创新试点；进一步推动版权金融发展，寻求突破；进一步推动文化金融与科技金融、绿色金融、普惠金融以及自贸区金融协同发展；进一步发挥文化金融助力公共文化服务的潜能，积极参与共同富裕国家战略实施。

关键词： 文化金融　文化产业投融资　数字文化经济

目 录 ⟋⟍

Ⅰ 总报告

Ⅱ 市场篇

Ⅲ　行业篇

Ⅳ　区域篇

V　专题篇

皮书数据库阅读 **使用指南**

总 报 告

General Report

B.1

2021年文化金融发展：开局"十四五"，
持续促进产业恢复

金巍 杨涛*

摘　要： 2021年，我国经济在极为困难的情况下基本实现了既定目标，文化产业也实现了复苏。"十四五"开局之年的一系列与文化发展及文化金融相关的政策为未来五年乃至更长时期的战略实施指明了方向。在中央和地方出台的文化金融相关政策的支持下，文化金融服务和文化产业投融资市场总体上呈现反弹趋势。作为文化金融市场主要构成部分的文化产业银行信贷、上市公司股权融资、私募股权融资市场等整体上保持良好态势，但文化产业债券市场有较大幅度的下降。本报告提出，应结合数字文化经济发展趋势，进一步推动制定数字文化金融相关政策，探索数字文化金融创新试点；进一步推动版权金融发展，寻求突破；进一步推动

* 金巍，国家金融与发展实验室文化金融研究中心副主任，北京立言金融与发展研究院副院长。杨涛，国家金融与发展实验室副主任，中国社会科学院金融研究所研究员，博士生导师。

文化金融与科技金融、绿色金融、普惠金融以及自贸区金融协同
发展；进一步发挥文化金融助力公共文化服务的潜能，积极参与
共同富裕国家战略实施。

关键词： 文化金融　文化产业　数字文化金融

一　2021年文化金融发展的宏观环境

（一）经济与金融发展基本情况

2020 年，受新冠肺炎疫情等复杂因素的影响，我国国民经济在第一季
度一度跌入谷底，但在第二季度迅速开始反弹，大多数社会生产行业得到了
恢复。2021 年是我国"十四五"规划的开局之年，在党中央、国务院的决
策部署和社会各界的努力下，我国延续了复苏的势头，实现了经济、社会发
展水平和综合国力的稳定提升。根据国家统计局数据初步核算，2021 年国
内生产总值 1143670 亿元，比上年增长 8.1%，两年平均增长 5.1%[1]，我国
稳居世界第二大经济体地位。

根据国家统计局数据，2021 年我国三次产业增长较为平均，第一产业
增加值 83086 亿元，比上年增长 7.1%；第二产业增加值 450904 亿元，增长
8.2%；第三产业增加值 609680 亿元，增长 8.2%。第一产业增加值占国内
生产总值的比重为 7.3%，第二产业增加值占比为 39.4%，第三产业增加值
占比为 53.3%[2]。数据显示，消费支出是拉动经济增长的主要部分，2021 年
最终消费支出拉动国内生产总值增长 5.3 个百分点，资本形成总额拉动国内

---

[1] 《中华人民共和国 2021 年国民经济和社会发展统计公报》，国家统计局网站，2022 年 2 月
    28 日，http：//www.stats.gov.cn/xxgk/sjfb/zxfb2020/202202/t20220228_ 1827971.html。
[2] 《中华人民共和国 2021 年国民经济和社会发展统计公报》，国家统计局网站，2022 年 2 月
    28 日，http：//www.stats.gov.cn/xxgk/sjfb/zxfb2020/202202/t20220228_ 1827971.html。

生产总值增长 1.1 个百分点，货物和服务净出口拉动国内生产总值增长 1.7 个百分点。2021 年人均国内生产总值 80976 元，比上年增长 8.0%；国民总收入 1133518 亿元，比上年增长 7.9%；全员劳动生产率 146380 元/人，比上年提高 8.7%[①]。

2021 年，我国继续实行稳健的货币政策。《2021 年政府工作报告》提出，稳健的货币政策要灵活精准、合理适度，把服务实体经济放到更加突出的位置，处理好恢复经济与防范风险的关系。货币供应量和社会融资规模增速与名义经济增速基本匹配，保持流动性合理充裕，保持宏观杠杆率基本稳定。

为对冲疫情对经济的影响，中央银行运用多种货币政策工具保持了流动性合理充裕，极大地支持了实体经济的发展。根据国家统计局数据，2021 年，我国年末广义货币供应量（M_2）余额 238.3 万亿元，比上年末增长 9.0%；狭义货币供应量（M_1）余额 64.7 万亿元，增长 3.5%；流通中货币（M_0）余额 9.1 万亿元，增长 7.7%。2021 年社会融资规模增量相比 2020 年有所减少，为 31.4 万亿元，比 2020 年减少 3.4 万亿元；但年末社会融资规模存量为 314.1 万亿元，仍比 2020 年末增长了 10.3%。2021 年对实体经济发放的人民币贷款余额 191.5 万亿元，比 2020 年增长 11.6%。全部金融机构本外币各项贷款余额 198.5 万亿元，同比增加 20.1 万亿元，其中人民币各项贷款余额 192.7 万亿元，同比增加 19.9 万亿元。人民币普惠金融贷款余额 26.5 万亿元，同比增加 5.0 万亿元[②]。

2021 年，我国资本市场改革取得一系列重大成果，深圳证券交易所主板与中小板合并，北京证券交易所正式成立并开市，债券"南向通"正式上线。2021 年 11 月 15 日，我国内地第三个交易所——北京证券交易所正式开市交易。北京证券交易所由新三板精选层平移而成，第一批上市公司由

---

① 《中华人民共和国 2021 年国民经济和社会发展统计公报》，国家统计局网站，2022 年 2 月 28 日，http://www.stats.gov.cn/xxgk/sjfb/zxfb2020/202202/t20220228_ 1827971. html。

② 《中华人民共和国 2021 年国民经济和社会发展统计公报》，国家统计局网站，2022 年 2 月 28 日，http://www.stats.gov.cn/xxgk/sjfb/zxfb2020/202202/t20220228_ 1827971. html。

81 家公司所组成。北京证券交易所的成立有利于促进市场创新和竞争，同时也为众多文化企业利用资本市场获得发展提供了新的机遇。2021 年，我国基础设施领域不动产投资信托基金（REITs）取得突破性进展，11 单基础设施公募 REITs 正式上市交易；国家发展改革委发布《关于进一步做好基础设施领域不动产投资信托基金（REITs）试点工作的通知》。2021 年，全面注册制实施条件逐步成熟，12 月在京召开的中央经济工作会议提出"全面实行股票发行注册制"，资本市场改革进入新阶段。

（二）文化产业发展情况

受新冠肺炎疫情的影响，2020 年我国文化产业增加值增长率仅为 1.3%，增长率下降且在国内生产总值中的比重也有所下降；但在 2020 年第四季度，文化产业已经开始有所反弹。

国家统计局 2021 年 12 月 29 日发布数据显示，经核算，2020 年全国文化及相关产业增加值为 44945 亿元，比上年增长 1.3%（未扣除价格因素），占国内生产总值的比重为 4.43%，比上年下降 0.07 个百分点[①]，其中，文化娱乐休闲服务行业下降最多。但也有取得增长的部分，增长速度最快的是内容创作生产行业，比上年增长 11.1%。2020 年是自 2004 年以来文化及相关产业增加值增长率最低的 1 年（见图 1）。

国家统计局随后发布的关于 2020 年全国规模以上文化及相关产业企业营业收入情况的数据显示，全国规模以上文化及相关产业企业经营受到较大影响，全国 6 万家规模以上文化及相关产业企业实现营业收入 98514 亿元，前三季度下降 0.6%，但第四季度已经反弹为正数，这是文化产业复苏的前奏[②]。

---

① 《2020 年全国文化及相关产业增加值占 GDP 比重为 4.43%》，国家统计局网站，2021 年 12 月 29 日，http：//www.stats.gov.cn/xxgk/sjfb/zxfb2020/202112/t20211229_ 1825728.html。

② 《2020 年全国规模以上文化及相关产业企业营业收入增长 2.2%》，国家统计局网站，2021 年 1 月 31 日，http：//www.stats.gov.cn/xxgk/sjfb/zxfb2020/202101/t20210131_ 1812937.html。

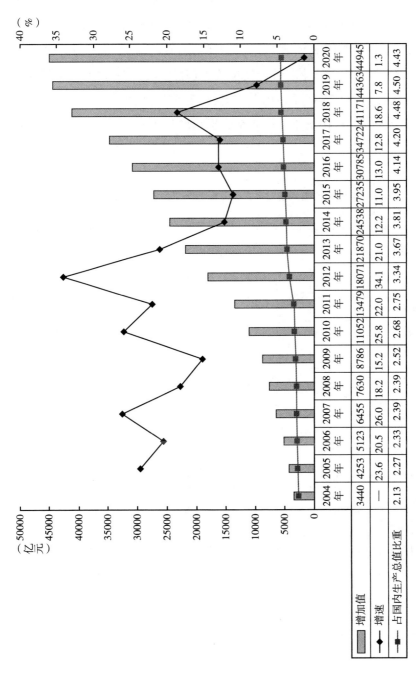

图1 2004~2020年全国文化及相关产业增加值及其增速和占国内生产总值比重

	2004年	2005年	2006年	2007年	2008年	2009年	2010年	2011年	2012年	2013年	2014年	2015年	2016年	2017年	2018年	2019年	2020年
增加值	3440	4253	5123	6455	7630	8786	11052	13479	18071	21870	24538	27235	30785	34722	41171	44363	44945
增速	—	23.6	20.5	26.0	18.2	15.2	25.8	22.0	34.1	21.0	12.2	11.0	13.0	12.8	18.6	7.8	1.3
占国内生产总值比重	2.13	2.27	2.33	2.39	2.39	2.52	2.68	2.75	3.34	3.67	3.81	3.95	4.14	4.20	4.48	4.50	4.43

资料来源：根据国家统计局发布数据整理。

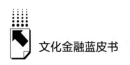

果然，文化产业在 2021 年迎来了转变。国家统计局 2022 年初发布的数据显示，根据对全国 6.5 万家规模以上文化及相关产业企业的调查，2021 年，上述企业实现营业收入 119064 亿元，按可比口径计算，比 2020 年增长 16.0%。分业态看，文化新业态特征较为明显的 16 个行业小类实现营业收入 39623 亿元，比上年增长 18.9%；两年平均增长 20.5%，高于全部规模以上文化及相关产业企业平均增长水平 11.6 个百分点（见表 1）。

表 1　2021 年全国规模以上文化及相关产业企业营业收入情况

单位：亿元，%

类　别		绝对额	所占比重	增速（比 2020 年）	增速（比 2019 年）	两年平均增速
总　计		119064	100.0	16.0	18.6	8.9
行业类别	新闻信息服务	13715	11.5	15.5	36.3	16.7
	内容创作生产	25163	21.1	14.8	20.2	9.7
	创意设计服务	19565	16.4	16.6	29.5	13.8
	文化传播渠道	12962	10.9	20.7	6.5	3.2
	文化投资运营	547	0.5	14.3	17.5	8.4
	文化娱乐休闲服务	1306	1.1	18.1	-17.5	-9.2
	文化辅助生产和中介服务	16212	13.6	14.6	6.7	3.3
	文化装备生产	6940	5.8	13.6	14.9	7.2
	文化消费终端生产	22654	19.0	16.2	22.1	10.5
产业类型	文化制造业	44030	37.0	14.7	13.7	6.6
	文化批发和零售业	18779	15.8	18.2	12.9	6.2
	文化服务业	56255	47.2	16.3	25.0	11.8
领域	文化核心领域	73258	61.5	16.5	20.8	9.9
	文化相关领域	45806	38.5	15.2	15.1	7.3

类 别		绝对额	所占比重	增速 （比 2020 年）	增速 （比 2019 年）	两年平均 增速
地区	东部地区	90429	75.9	16.5	19.3	9.2
	中部地区	17036	14.3	14.9	16.4	7.9
	西部地区	10557	8.9	13.7	18.4	8.8
	东北地区	1042	0.9	11.0	1.4	0.7

注：表中增速均为未扣除价格因素的名义增速；表中部分数据因四舍五入，存在总计与分项合计不等的情况。

资料来源：《2021 年全国规模以上文化及相关产业企业营业收入增长 16.0%，两年平均增长 8.9%》，国家统计局网站，2022 年 2 月 8 日，http://www.stats.gov.cn/xxgk/sjfb/zxfb2020/202202/t20220208_1827252.html。

根据国家统计局相关人士的解读，2021 年我国文化产业的总体情况是：文化产业逐步恢复，行业整体恢复情况良好，新业态发展动力强劲，区域集聚效应更加凸显。在 2021 年发展的基础上，2022 年，统筹疫情防控和经济社会发展成效将继续显现，我国现代文化产业体系将不断健全，文化产品供给质量将稳步提升，文化消费市场总体将趋向活跃，文化市场主体发展活力将进一步增强，文化产业规模有望持续发展扩大[1]。

（三）文化金融相关政策

2021 年是我国"十四五"规划的开局之年，党和政府及其部门出台了一系列战略性、规划性政策。在文化发展及文化金融相关政策方面，在延续和深化支持文化产业复苏的导向基础上，重点对"十四五"时期发展做了总体规划，为未来五年乃至更长时期的文化金融发展指明了方向。

继 2020 年 11 月《中共中央关于制定国民经济和社会发展第十四个五年规划和二〇三五年远景目标的建议》出台之后，2021 年 3 月十三届全国人

---

[1] 《国家统计局社科文司高级统计师张鹏解读 2021 年全国规模以上文化及相关产业企业营业收入数据》，国家统计局网站，2022 年 1 月 30 日，http://www.stats.gov.cn/xxgk/jd/sjjd2020/202201/t20220130_1827177.html。

大四次会议通过了《中华人民共和国国民经济和社会发展第十四个五年规划和2035年远景目标纲要》，该纲要是我国开启全面建设社会主义现代化国家新征程的重要战略指南和行动纲领。

根据中央的战略规划，中央各部门和地方各级政府陆续出台文化相关"十四五"规划。中央各部门出台的规划主要有：文化和旅游部出台的《"十四五"文化产业发展规划》《"十四五"文化和旅游发展规划》《"十四五"非物质文化遗产保护规划》《"十四五"文化和旅游科技创新规划》《"十四五"艺术创作规划》《"十四五"旅游业发展规划》；国务院办公厅发布的《"十四五"文物保护和科技创新规划》；国家新闻出版署印发的《出版业"十四五"时期发展规划》及三个专项规划（《"十四五"时期国家重点图书、音像、电子出版物出版专项规划》《印刷业"十四五"时期发展专项规划》《出版物发行业"十四五"时期发展专项规划》）；国家版权局印发的《版权工作"十四五"规划》；等等。其他相关政策文件还有文化和旅游部发布的《关于推动国家级文化产业园区高质量发展的意见》，文化和旅游部、浙江省人民政府联合印发的《关于高质量打造新时代文化高地推进共同富裕示范区建设行动方案（2021—2025年）》，等等。以上文化相关规划和政策文件均有与文化经济、文化金融相关的政策内容，这些政策内容是未来推动文化经济和文化金融持续高质量发展的战略依据。

《"十四五"文化产业发展规划》专门用一章（第八章）对"深化文化与金融合作"提出了较详尽的要求，提出"推动文化与金融合作不断深化，鼓励和引导金融资本、社会资本与文化资源相结合，健全多层次、多渠道、多元化的文化产业投融资体系，切实提高文化企业金融服务的覆盖面、可得性和便利性"。具体内容包括三项：一是完善支持政策体系，重点是创新产品与服务，完善文化企业信用评价体系、融资风险补偿机制与融资担保体系、无形资产评估体系，支持直接融资以及开发保险产品等；二是推动服务机制创新，重点是完善政企银沟通对接机制、推动银行文化金融服务组织创新、建设国家文化与金融合作示范区、完善文化金融中介服务体系、推广文化和旅游金融服务中心模式、推进全国文化和旅游投融资项目库建设等；三是引导扩大有效投资，重点是发挥投资对优化供给结构的关键性作用，优化对重点领域和关键环节的投资，发挥政府投资引导带动作用，用好中央及地方各级投资工具，争取政策性、开发性金融加大对文化产业发展的支持力度，推动文化产业基础设施纳入 REITs 试点范围等。

《"十四五"文化和旅游发展规划》中关于文化金融的内容主要在两个部分，一是在"健全现代文化产业体系"部分"专栏4 文化产业培育和消费促进"中提出"文化产业投融资促进"，内容为在"十四五"时期推进国家文化与金融合作示范区提质扩容，国家文化与金融合作示范区达到 10 个，推广文化和旅游金融服务中心模式，文化和旅游金融服务中心达到 20 个。二是在"保障措施"部分提出"完善投融资服务"，包括重点开发金融产品和服务、扩大直接融资规模、推广政府和社会资本合作（PPP）模式以及完善信用体系、健全融资担保机制、开展 REITs 试点相关内容等。

2021 年出台的文化金融专门政策文件是文化和旅游部、国家开发银行联合印发的《关于进一步加大开发性金融支持文化产业和旅游产业高质量发展的意见》。该意见从五个方面提出了主要任务：一是支持重点重大项目建设，包括落实京津冀协同发展、长江经济带发展、粤港澳大湾区建设、长三角一体化发展、黄河流域生态保护和高质量发展等重大国家战略，以及落实"十四五"规划各项部署等；二是支持试点示范工作推进，推进国家文化和旅游消费示范城市、试点城市文化和旅游消费场所及设施，以及国家文化产业和旅游产业融合发展示范区、国家级夜间文化和旅游消费集聚区建设等；三是支持产业创新发展，主要是落实文化产业数字化战略以支持数字文化产业发展；四是支持各类市场主体发展壮大，重点是中小微企业和纾困复产系列政策支持的文化和旅游企业；五是支持产业国际合作，重点是支持"一带一路"倡议和文化"走出去"。

REITs 是 2020 年以来备受关注的领域。2020 年 4 月，中国证券监督管理委员会、国家发展改革委印发《关于推进基础设施领域不动产投资信托基金（REITs）试点相关工作的通知》；2021 年 7 月，国家发展改革委印发《关于进一步做好基础设施领域不动产投资信托基金（REITs）试点工作的

通知》，随后试点项目申报工作开始，上海证券交易所和深圳证券交易所也陆续出台业务办法和业务指引。文化和旅游部出台的《"十四五"文化产业发展规划》和《"十四五"文化和旅游发展规划》都提出，要推动文化产业基础设施纳入 REITs 试点范围；文化和旅游部发布的《关于推动国家级文化产业园区高质量发展的意见》也提出要"支持园区运用基础设施领域不动产投资信托基金（REITs）、政府和社会资本合作（PPP）模式等，改造完善基础设施和服务设施"。

地方各级政府制定的文化金融相关政策也体现在新出台的文化相关"十四五"规划中。如《北京市"十四五"时期文化和旅游发展规划》提出："在风险可控前提下，支持银行文创专营分支机构、文化证券、文化产业相关保险、文化企业股权转让平台等试点开展文化金融项目。"同时又提出："支持企业拓宽融资渠道，通过政府和社会资本合作模式投资、建设、运营文化和旅游项目。支持符合条件的企业上市，鼓励金融机构加大信贷支持。引导预期收益好、品牌认可度高的企业积极探索利用权利质押等担保方式获得融资。"

一些地方积极与自身经济发展及区域金融发展实际相结合，深化文化金融变革。如 2021 年湖北省文化和旅游厅联合中国人民银行武汉分行、湖北省财政厅等研究制定并发布了《普惠金融支持重点县（市、区）发展文化产业和旅游产业行动计划》，该行动计划将文化金融与普惠金融有机结合，开展产品创新、政策措施支持、服务全面提升三大行动，是一次有益的创新。

二　2021年文化金融发展基本情况

2021 年文化金融发展基本面超出预期。作为文化金融市场主要构成部分的文化产业银行信贷、上市公司股权融资、私募股权融资市场等整体向好，但文化产业债券市场有较大幅度的下降。行业分类中有代表性的电影金融和艺术金融领域出现反弹向好的趋势，数字文化产业投融资表现强劲，数字文化产业正在成为文化产业投融资领域的主力军。北京、深圳等城市的区域性文化金融稳定发展，更加融入区域经济，影响力持续扩大。

（一）重点市场的文化金融发展情况

1. 文化信贷

2021年，金融主管部门和文化主管部门合作，积极推动银行业纾解文化产业市场主体面临的困难，如在政策方面有文化和旅游部、国家开发银行联合印发的《关于进一步加大开发性金融支持文化产业和旅游产业高质量发展的意见》等；银行业继续优化文化产业信贷支持，取得了很大成效，文化、体育和娱乐业贷款较上年增长8.34%，保持了较高的增长率。

根据中国银行业协会对30家银行进行的一项调研，截至2021年底，30家银行文化产业贷款余额达16499.23亿元，与2020年基本持平；30家银行中发行了文化产业信贷产品的银行占比为76.67%，但新发的文化产业信贷产品数量明显下降。在全部贷款余额中，文化产业信贷产品贷款余额为748.83亿元。文化产业在商业银行的不良贷款率为1.57%，低于同期全国商业银行整体不良贷款率。

2. 文化债券

2021年，文化产业发行了定向工具、短期融资券、公司债券、可交换公司债券、可转换公司债券、企业债券、中期票据、资产支持证券等多种类型的债券。根据Wind数据库及课题组整理的数据，2021年我国文化产业债券市场无论是从发行只数还是从融资规模来说，相比于2020年都出现了较大幅度的下降，共发行76只债券，发行总额541.70亿元，较2020年的894.50亿元下降了39.44%。相比于2020年，2021年文化产业债券平均发行金额更低，加权平均期限更短。2021年文化产业债券市场融资规模占债券市场融资总规模的比重也有较大幅度的下降，仅为0.09%。

从结构上看，电信、广播电视与卫星传输服务业等行业的债券发行规模均下降，而娱乐业成为2021年文化产业中唯一债券融资规模上升的行业。与2020年相同，2021年电信、广播电视与卫星传输服务业依然是发行文化产业债券的主力，共发行14只债券，发行总额224.0亿元，占文化产业债券市场的比重达到41.4%；其次是新闻和出版业，共发行19只债券，发行

总额123.7亿元；娱乐业共发行18只债券，发行总额67.0亿元，较2020年的46.9亿元大幅上升42.9%。

2021年，文化产业债券市场仍具有较强的政策导向性，文化产业债券市场中的碳中和绿色公司债券、扶贫专项公司债券等债券产品积极响应国家"碳达峰、碳中和"、脱贫攻坚等战略目标。

3. 上市公司

2021年，全国新增上市首次募资（IPO）文化企业数量再创历史新高，IPO融资规模也出现大幅增长。根据中国文化金融数据库（CCFD）数据，截至2021年底，我国IPO文化企业数量累计达408家，IPO融资规模累计达4240.82亿元。其中，2021年共新增IPO文化企业43家，较2020年增长13.16%，再创新增IPO文化企业数量历史新高；IPO融资规模新增1201.46亿元，同比增幅达134.96%。快手、哔哩哔哩等文化传播渠道类头部企业成功登陆港股市场并纷纷融资超百亿元，头部企业融资带动效应明显。

我国IPO文化企业主要集中在广东、北京、浙江、上海、江苏等文化资源丰富、产业基础较好、文化经济较发达的地区。截至2021年底，广东、北京、浙江、上海、江苏等地区IPO文化企业数量分别累计达到110家、94家、43家、38家、26家，合计占全国IPO文化企业总数的76.23%。

2021年我国IPO文化企业再融资频率及再融资规模均实现进一步增长，再融资市场整体发展向好。根据CCFD数据，我国IPO文化企业全年共发生再融资事件89起，再融资规模达1295.19亿元，分别同比增长20.27%、10.46%，市场整体表现良好。

4. 文化产业私募股权融资市场

根据中国证券投资基金业协会的数据，截至2022年2月，在该协会系统中备案的文化类专业基金约1500只，其中影视和电影类专业基金317只，文化和旅游类专业基金321只。根据CCFD数据，2021年，文化产业整体私募股权融资情况明显好转，融资事件数量为565起，同比上涨81.67%；融资总金额为444.80亿元，同比上涨114.89%；单起融资事件的平均融资金额也从6655.00万元上涨到7872.00万元。

互联网相关行业依旧最受资本关注，互联网信息服务、互联网文化娱乐平台以及数字内容服务等与数字经济相关的细分行业融资规模最大，占总融资事件数量的 56.46%，占融资总金额的 57.33%。与 2020 年相比，2021 年各行业融资金额都有明显上涨，互联网信息服务从 44.49 亿元上涨到 97.09 亿元，互联网文化娱乐平台从 33.70 亿元上涨到 85.01 亿元，数字内容服务从 43.67 亿元上涨到 72.93 亿元。在地区分布上，上海的文化产业融资规模排在第 1 位，融资总金额占比为 27.61%，融资事件数量占比为 24.78%；北京、广东和浙江紧随其后。与 2020 年相比，2021 年各地区的融资金额都有显著回升，上海、广东、四川、湖北、湖南等地区的融资金额同比上涨均超过 100%，北京、浙江的融资金额也分别同比上涨了 33%、98%。

5. 文化信托

根据 CCFD 数据，2021 年文化信托产品共发行 100 余期，均为集合资金信托计划，信托资金流入文化产业的规模超过 200 亿元。虽然受到疫情以及信托行业转型的影响，文化信托产品在总规模上没有太大的增长，但其在投向上更为多元，涵盖了会展服务、电影、文旅项目管理等诸多文化产业领域，典型案例有：陕西省国际信托股份有限公司发行的"陕国投·汉锦 70 号大西安文体区应收债权投资集合资金信托计划"，安徽国元信托有限责任公司发行的"江苏省宿迁市众安文化旅游发展有限公司债权投资集合资金信托计划"，陕西省国际信托股份有限公司发行的"丝绸之路文化旅游股权投资基金集合资金信托计划"，北京国际信托有限公司发行的"文化发展投资 002 号集合资金信托计划"，五矿国际信托有限公司发行的"艺享世家 3 号—艺术品消费选择权集合资金信托计划"等。信托业在压降通道业务、积极转型的过程中不断创新，更加广泛地参与到文化产业投融资中。

（二）重点行业的文化金融发展情况

1. 电影金融与影视产业投融资

2021 年，随着疫情防控进入常态化阶段，国内电影市场也逐渐回暖，电影票房实现强势反弹，虽未达到 2019 年水平，但 472.58 亿元的票房收入相较 2020 年仍增长 131%。以《长津湖》为代表的优质电影仍然能够得到银行信贷资本的强力支持，《长津湖》获得了北京银行 1.4 亿元专项信用贷款资金。私募股权投融资领域形势有所好转，根据 CCFD 数据，从投融资次数看，2021 年电影行业发生私募股权投融资事件 110 起，略高于 2019 年水平。从资本流向看，资本主要流向核心业务的拓展、前沿技术的开发与平台的搭建，其中，前沿技术成为投融资低潮中的热门。从投融资方构成看，互联网产业资本与专业投融资机构是投融资主力，其他资本入局较为谨慎。

2021 年的影视产业依旧经历着洗牌，"影视借壳第一股"长城影视在深圳证券交易所摘牌退市，上市公司寥寥无几，仅有稻草熊娱乐等。部分影视公司开始实现扭亏转盈或亏损收窄，但总体上仍处于"寒冬"。影视产业上市公司更加注重培育抗风险能力，头部影视企业减少主控作品数量、采用多家联合出品方式、投资更加分散，以整体降低风险，稳固行业格局。

2. 艺术品市场与艺术金融

受疫情防控常态化时期线上艺术平台深度发展的影响，2021 年我国艺术领域出现了更多的变化和新尝试。非同质化代币（NFT）和数字藏品受到了科技巨头、拍卖公司和众多消费类品牌的高度关注。艺术博览会热度升高，展现了更多的国内外艺术家新面孔。画廊与美术馆的专业性有所提升，社会大众对展览的关注度提高。从 2021 年我国艺术行业的发展趋势来看，我国艺术品一级、二级市场联动性逐步增强、科技在艺术领域的应用增加、艺术品市场与艺术家的跨界与"抱团"事件获得超预期的关注。另外，我国艺术博览会、青年艺术家群体的热度在 2021 年显著提升。我国艺术品市场正处于自我规范的上升期。在国内外经济波动、疫情防控常态化背景下，艺术品市场的结构和主体也在进行整合。从政策角度来看，艺术品交易中心和艺术品数据库的建设将成为近几年的发展重点，这将有利于艺术金融基础设施的完善。从收藏角度来看，科技与艺术融合以及数字艺术的发展将成为近几年新兴艺术家的主要关注点。

3. 数字文化产业投融资

在数字经济国家战略推动下，2021 年我国数字文化产业蓬勃发展，资本市场表现强势。根据 CCFD 消息，《数字经济及其核心产业统计分类（2021）》于 2021 年 5 月出台，按照新的统计口径，数字文化产业融资规模达 2344.64 亿元，同比增长 54.59%，占文化产业融资规模的 62.45%，比 2020 年增加 6.64 个百分点（2020 年我国数字文化产业融资规模 1516.65 亿元，占文化产业融资规模的 55.81%）。其中，IPO 贡献了数字文化产业融资规模的 42.30%。

同时，在并购市场、新三板市场及上市企业投资市场，数字文化产业在并购方面也有好的表现。2020~2021 年，我国数字文化产业共发生 111 起并购事件，占文化产业并购事件总数的 64.91；并购规模达 1064.10 亿元，占文化产业并购总规模的 90.85%。与 2020 年相比，2021 年并购市场升温，数字文化产业发生 61 起并购事件，占比 70.93%，同比增长 22.00%；并购规模达 547.32 亿元，占比 87.21%，同比增长 5.91%。

（三）重点区域的文化金融发展情况

1. 北京市

2021 年，北京市继续加大对文化金融的政策支持力度，引导和促进文化与金融更加紧密融合，激发市场活力，持续推动文化产业繁荣、高质量发展。文化金融市场呈现较强活力，发展态势良好。2021 年，北京市文化产业融资表现活跃，北京银行等信贷机构继续扮演重要角色。而在 IPO 融资、上市再融资、债券、私募股权融资、信托、新三板融资等渠道共计发生 531 起融资事件，同比增长 40.48%，占全国总数的 22.12%。产业融资规模达 999.66 亿元，同比增长 62.07%，发展势头强劲。

数字经济发展背景下，北京市文化产业投融资集中于互联网和数字文化相关领域，互联网文化娱乐平台融资 471.20 亿元，融资规模居于首位，占全市文化产业融资总规模的 47.14%；互联网信息服务次之，融资 366.03 亿元，同比增长 44.52%，占全市文化产业融资总规模的 36.62%。

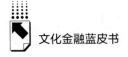

2. 深圳市

深圳市文化产业规模和产值均实现快速增长，产业结构优化，科技含量高；同时深圳市具有健全的金融服务体系，为其文化金融高质量发展提供了重要支撑。2021年，深圳市加大政策支持力度，促进文化金融快速发展，鼓励金融机构创新，丰富文化金融产品与渠道，加强文化金融基础设施建设，并针对艺术金融、数字文化金融等特色领域合作有的放矢地提供支持。深圳市现有文化产业上市公司24家，实力雄厚。

2021年，深圳市通过文化金融服务平台帮助文化企业对接金融资源，开展了以"文化和旅游产业专项债券及投资基金融资"为主要内容的文化和旅游产业专项债券、投资基金融资对接交流活动，通过中国（深圳）国际文化产业博览会创新性地为全国各地搭建了文化产业招商推介和投融资服务平台，在国家文化大数据工程建设和文化数据资产体系建设方面开展了有效的工作。深圳文化金融服务中心等机构成为促进文化金融发展的重要服务平台。

3. 南京市

2021年，南京市推进文化金融工作深入开展，重点工作包括编织文化金融服务多重网络、深入一线探索服务模式创新、优化迭代首贷中心和续贷中心、推动完善金融机构专业化服务体系、"靶向"培育数字文旅企业。南京市成立了包含文化金融服务中心、股权投资、文化小贷、融资租赁等多业态在内的南京文化金融服务集团，聚集"平台+基金+小贷+租赁+典当"金融要素，进一步完善金融服务链条。依托南京文化金融服务中心实施了"三送三进"（送政策、送服务、送产品；进行业、进园区、进企业）品牌服务计划。

南京市10家文化银行已有文旅企业专属产品近20个，南京银行已成立了13家科技文化支行、配备了21支专业团队。截至2021年底，南京市文化、体育和娱乐业贷款余额185.68亿元，同比增速8.77%。南京市10家文化银行及文化小贷公司共对文化企业发放贷款567批次，贷款金额17.71亿元。截至2021年底，南京市共有上市企业19家、新三板挂牌企业8家、四板挂牌企业18家。

4.宁波市

2021年，宁波市高度重视文化金融发展，通过制定"十四五"专项规划，凝心聚力，继续围绕国家文化与金融合作示范区创建，推进文化金融专营机构创设、推动文化信贷产品升级、促进文化产业直接融资、增强文旅企业抗风险能力，为宁波市"十四五"时期的文化金融工作开了个好头。

截至2021年底，宁波市文旅产业贷款余额1158.6亿元，比2020年的1037.4亿元新增121.2亿元，同比增长11.7%，高于各项贷款增速4.7个百分点，文旅产业贷款余额连续两年超千亿元。截至2021年底，宁波市共有各类文化金融专营机构14家，其中2021年新增5家。在国内外资本市场上市的宁波市文创企业共有39家，在宁波股权交易中心挂牌展示的文创企业累计超过290家，宁波市文化金融发展基础更加坚实稳固。

5.成都市

成都市已经成为极具特色的文化金融中心城市，金融助力文创产业发展成效显著。成都市积极拓展文创企业融资渠道，正在逐步构建以"债权融资+股权投资+路演孵化+金融科技"四大路径为支撑的文创金融生态体系，打造文创金融服务的"成都模式"。

2019~2021年，成都市文创产业融资活跃，在私募股权融资、上市再融资、债券、IPO融资、信托、新三板融资、众筹渠道共发生191起融资事件，融资规模196.51亿元。2021年，成都市文创产业融资事件数量达到74起，同比增长57.45%；融资规模100.52亿元，同比增长137.76%。从融资渠道看，私募股权融资表现强劲，为文创产业融资36.94亿元；上市再融资34.58亿元；IPO融资18.97亿元。

三 政策建议

2021年，我国文化金融发展总体上有了好转，为"十四五"规划顺利实施奠定了良好的基础。与此同时，文化金融发展在政策上仍需要体现战略性和融合性，需要强化政策自身的体系化、系统化建设。

（一）进一步推动制定数字文化金融相关政策，探索数字文化金融创新试点

发展数字经济已经成为国家战略。2020 年新冠肺炎疫情发生之后，我国发展数字经济的内在需求被激发出来，发展数字经济作为国家战略，其地位达到前所未有的高度。习近平总书记指出，我们要站在统筹中华民族伟大复兴战略全局和世界百年未有之大变局的高度，统筹国内国际两个大局、发展安全两件大事，充分发挥海量数据和丰富应用场景优势，促进数字技术和实体经济深度融合，赋能传统产业转型升级，催生新产业新业态新模式，不断做强做优做大我国数字经济①。

"十四五"规划中已经提出了"文化产业数字化战略"，在发展数字经济国家战略背景下，文化经济与数字经济的融合正在加速，数字文化产业、数字创意产业、数字内容产业等正在成为文化经济主流，也正在成为资本市场关注的焦点。金融如何支持数字文化经济和数字文化产业发展是当下很多部门需要面对的重要课题。建议推动制定数字文化金融相关政策，根据数字文化产业的特点，就数字文化金融产品创新、数字文化企业资本市场股权融资等提出相应的政策措施，同时鼓励地方政府和相关部门探索以金融机构、文化与金融合作示范区为基础设施建设重点的数字文化金融创新试点。

（二）进一步推动版权金融发展，寻求突破

版权产业与文化产业关系密切，版权金融是一种特殊的文化金融形态。我国政府一直在鼓励资本投资版权产业相关领域，对发展版权金融也持支持态度，我国版权金融工作多年来也取得了一定的成效。国家版权局发布的《版权工作"十四五"规划》对新时期版权金融工作提出了明确的要求，包括：结合自由贸易试验区（港）建设、区域发展战略和服务贸易创新发展试点等开展版权金融试点，完善版权质押融资相关体制机制，引导版权社会

---

① 习近平：《不断做强做优做大我国数字经济》，《求是》2022 年第 2 期。

组织在资产管理、版权运营、鉴定评估、版权金融等方面发挥专业性优势。

版权金融服务是围绕版权这一无形资产和版权产业这一产业形态提供的金融服务，版权金融服务体系是因此而形成的金融服务和资本市场体系。建议继续推动版权金融服务体系建设；鼓励版权金融产品和服务创新，重点推动版权资产证券化的产品设计创新，推动版权信托业务创新，推动数字版权资产交易机制创新；鼓励版权金融机制和组织创新，建立版权金融专营机构。

（三）进一步推动文化金融与科技金融、绿色金融、普惠金融以及自贸区金融协同发展

科技金融、绿色金融、普惠金融以及自贸区金融既是我国区域金融改革试点的四个主要方向，也是各地方金融业发展版图中具有重要地位的特色金融。科技金融重在服务技术创新，绿色金融重在服务环保低碳产业和生态文明建设，普惠金融重在推动中小微企业和农村发展，而自贸区金融则重在立足自由贸易试验区（港）开展金融创新。

科技金融与文化金融的交叉点是无形资产和文化科技领域，借助科技金融体系服务文化科技企业是重要方向；绿色金融和文化金融的交叉点是环保型文化制造业和文化类公共服务设施，可探索环保型文化制造业和文化类公共服务设施领域的绿色金融工具应用；中小微文化企业比重高是文化产业的特点，积极利用普惠金融发展中小微文化企业已经在湖北省有所示范，应向全国推广；文化贸易是自由贸易试验区（港）的重要领域，所以应积极探索文化金融与自贸区金融的协同发展。下一步应在政策设计上将上述金融服务内容纳入文化金融政策体系，或以上述金融服务内容和文化产业发展为专题进行政策设计。

（四）进一步发挥文化金融助力公共文化服务的潜能，积极参与共同富裕国家战略实施

共同富裕是中国特色社会主义发展新阶段的国家战略，是体现中国特色

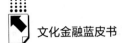

社会主义性质的重要内容。习近平总书记在《求是》杂志发表的《扎实推动共同富裕》一文中明确指出，党的十八大以来，党中央把握发展阶段新变化，把逐步实现全体人民共同富裕摆在更加重要的位置上，推动区域协调发展，采取有力措施保障和改善民生，打赢脱贫攻坚战，全面建成小康社会，为促进共同富裕创造了良好条件。现在，已经到了扎实推动共同富裕的历史阶段①。

中央已经部署推进共同富裕的重大战略，文化金融领域也在积极探讨文化金融如何促进共同富裕的问题。文化产业是精神生产部门，直接关系到共同富裕中的"精神生活共同富裕"这一重大课题。实现共同富裕不仅要实现物质生活上的共同富裕，还要实现精神生活与物质生活共同富裕的有机统一，所以必须关注到如何通过文化金融助力共同富裕这个命题。建议积极推动金融支持公共文化服务，促进文化供给均等化；积极破解中小微文化企业融资难题，培育中小微文化企业健康融资环境；鼓励金融支持区域协调发展战略，以文化金融促进中西部文化协调发展。

---

① 习近平：《扎实推动共同富裕》，《求是》2021 年第 20 期。

市 场 篇
Market Reports

B.2
2021年文化产业银行信贷：助力
双循环格局下文化产业高质量发展

艾亚萍　尹欣*

摘　要： 2021年，银行业与文化相关部门合作积极推出政策，切实纾解
了文化产业市场主体面临的阶段性困难。根据中国银行业协会
对30家银行的调研数据，截至2021年末，30家银行文化产业
贷款余额达16499.23亿元。2021年，针对文化产业融资特点
发行了文化产业信贷产品的银行占比为76.67%，但新发行文
化产业信贷产品数量明显下降。截至2021年末，文化产业信
贷专属产品贷款余额为748.83亿元，文化娱乐休闲服务是文
化产业信贷产品和服务涉及最多的文化子行业。文化产业在商
业银行的不良贷款率为1.57%，低于同期全国商业银行整体不
良贷款率。从发展趋势上看，地方中小商业银行在文化产业融

* 艾亚萍，中国银行业协会总监、财务会计专业委员会办公室主任，财政部企业会计准则咨询
委员会咨询委员。尹欣，中国银行业协会计划财务部副主任。

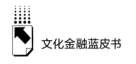
资中的作用更加显著；文化特色银行将成为主题银行建设的亮丽风景线；科技赋能文化金融朝精准、便捷、高效、安全的方向发展。

关键词： 文化产业　银行信贷　双循环

一　文化产业银行信贷的基本情况

2021 年，我国文化产业继续积极克服新冠肺炎疫情的影响，在中央和地方出台一系列文化金融政策措施的支持下，在双循环新发展格局形成、文化强国与文化旅游发展战略实施等背景下，产业结构不断调整，消费需求继续释放，文化企业复工复产取得一定的成效，为文化产业的"十四五"开局之年打下了良好基础。

2021 年 3 月 11 日，十三届全国人大四次会议审议通过了《中华人民共和国国民经济和社会发展第十四个五年规划和 2035 年远景目标纲要》（以下简称"十四五"规划纲要），提出将文化强国作为社会主义现代化远景目标之一，并提出要"健全现代文化产业"，文化产业的重要性达到了前所未有的高度。2021 年，我国统筹疫情防控和经济社会发展成效逐渐显现，现代文化产业体系不断健全，文化产品供给质量稳步提升，文化消费市场总体趋向活跃，文化市场主体发展活力进一步增强，未来文化产业规模有望持续发展扩大。根据国家统计局公布的数据，2021 年，全国规模以上文化及相关产业企业实现营业收入 119064 亿元，按照可比口径计算，比上年增长 16%。

近年来，国家相关部门不断深化文化金融合作，通过完善文化产业投融资政策、推进国家文化与金融合作示范区建设等工作，切实解决文化企业面临的融资难、融资贵、融资慢问题，着力构建多层次、多渠道、多元化的文化产业投融资体系，初步建立文化产业投融资领域的政策体系框架。

2021 年 4 月 15 日，文化和旅游部与国家开发银行发布《关于进一步加大开发性金融支持文化产业和旅游产业高质量发展的意见》，提出进一步完善文化产业和旅游产业投融资体系，更好发挥开发性金融优势，加大开发性金融对文化产业和旅游产业高质量发展的支持力度，推进社会主义文化强国建设。

2021年4月30日，文化和旅游部、中国人民银行和中国银行保险监督管理委员会发布《关于抓好金融政策落实进一步支持演出企业和旅行社等市场主体纾困发展的通知》，旨在切实纾解演出企业、旅行社等文化和旅游领域市场主体面临的阶段性困难。

2021年，银行业金融机构积极主动作为，继续加大对文化产业信贷的支持力度，文化、体育及娱乐业贷款余额较上年增长8.34%，在疫情防控常态化背景下仍保持了较高的增长率①。2017～2021年银行业金融机构文化、体育和娱乐业贷款余额增长率，文化及相关产业增加值增长率，金融机构贷款余额增长率以及银行业金融机构贷款余额增长率见图1。

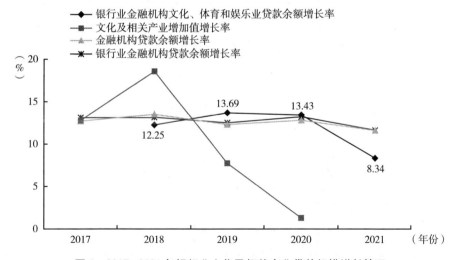

图1　2017～2021年银行业文化及相关产业贷款规模增长情况

说明：部分数据暂缺。

资料来源：中国银行业协会。

---

① 按照监管部门的统计口径计算，与国家统计局文化及相关产业统计口径不同。

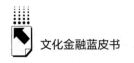
二 30家银行文化产业信贷情况

2022年，中国银行业协会选取了30家银行进行调研，涵盖开发性金融机构、政策性银行、国有大型商业银行、股份制商业银行等21家主要银行和文化产业发达地区的9家中小商业银行，分析总结了近年文化产业银行信贷情况。截至2021年末，30家银行文化产业贷款余额达16499.23亿元。

（一）文化产业银行信贷情况

1. 文化产业银行产品情况

文化产业银行发行产品情况。大多数银行发行了文化产业信贷产品。2021年，针对文化产业融资特点发行了文化产业信贷产品的银行占比为76.67%。继2020年新发行文化产业信贷产品数量接近峰值后，2021年，新发行文化产业信贷产品数量明显下降（见图2），仅建设银行和华夏银行分别发行了1款新产品。文化产业信贷产品新发行速度放缓主要是受到前期新发行文化产业信贷产品有待消化以及新冠肺炎疫情对文化产业不利冲击的影响。

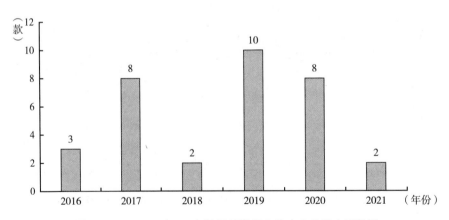

图2 2016~2021年30家银行新发行文化产业信贷产品数量

资料来源：中国银行业协会。

中小商业银行发行的文化产业信贷产品数量最多。2007~2021年，调研的30家银行发行的文化产业信贷产品共有42款。其中，开发性金融机构、政策性银行发行的文化产业信贷产品有2款，国有大型商业银行发行的文化产业信贷产品有13款，股份制商业银行发行的文化产业信贷产品有11款，中小商业银行发行的文化产业信贷产品有16款（见图3）。中小商业银行充分发挥规模小、体制灵活的特点，发行的文化产业信贷产品数量最多。国有大型商业银行践行社会责任，发行的文化产业信贷产品数量也较多。

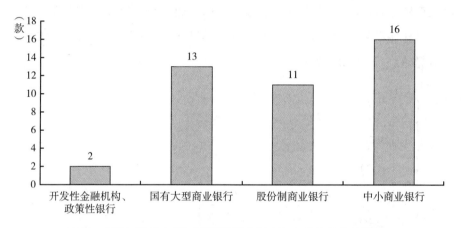

图3　2017~2021年不同类型银行发行文化产业信贷产品数量

资料来源：中国银行业协会。

文化产业信贷专属产品情况。多数银行发行了文化产业信贷专属产品。截至2021年末，在调研的30家银行中，有18家银行发行了文化产业信贷专属产品，占比为60.00%。在42款文化产业信贷产品中，有29款为文化产业信贷专属产品，占比为69.05%。截至2021年末，在调研的30家银行中，文化产业信贷创新产品贷款余额为898.67亿元，其中文化产业信贷专属产品贷款余额为748.83亿元，占比高达83.33%。针对文化企业特点开发的文化产业信贷专属产品，在资金价格、审批效率、风控要求等方面进行了全面优化，相比非文化产业信贷专属产品具有较大优势，更容易满足文化企业的融资需求。

文化产业信贷创新产品加权平均利率保持平稳。从各银行提供的数据来看，2021 年文化产业信贷创新产品的最低利率为 3.98%，加权平均利率为 4.73%，与 2020 年大致持平。从不同银行类型来看，政策性银行与国有大型商业银行平均利率为 4.89%，股份制商业银行平均利率为 4.31%，中小商业银行平均利率为 4.75%。从利率角度来看，2021 年文化产业信贷创新产品中，股份制商业银行的产品利率较低，整体上具有一定的优势。

文化产业信贷产品主要种类。2021 年，文创贷是 30 家银行发行最多的文化产业信贷产品。30 家银行发行的文化产业信贷产品中，文创贷、影视贷和文化旅游是发行相对较多的文化产业信贷产品种类，特别是文创贷，发行数量达到了 13 款（见图 4）。

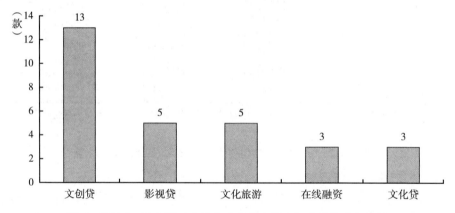

图 4　2021 年 30 家银行文化产业信贷产品主要种类的发行数量

资料来源：中国银行业协会。

文化娱乐休闲服务是申请银行文化产业信贷产品数量最多的文化子行业。申请银行文化产业信贷产品的文化子行业主要包括文化娱乐休闲服务、内容创作生产、新闻信息服务、文化辅助生产和中介服务、创意设计服务、文化传播渠道等。文化娱乐休闲服务和内容创作生产是申请银行文化产业信贷产品数量较多的子行业（见图 5），相关产品研发投入力度和资金投放力度也更大（同一产品可能覆盖多个文化子行业）。

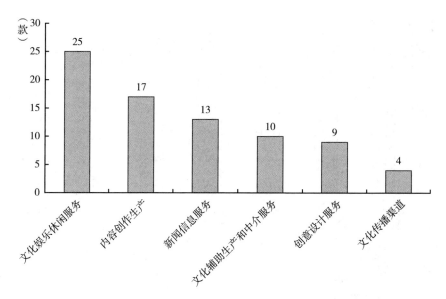

图5　2021年文化子行业申请的银行文化产业信贷产品数量

资料来源：中国银行业协会。

文化产业在商业银行的不良贷款率情况。调研数据显示，截至2021年末，文化产业在商业银行的不良贷款率为1.57%，低于同期全国商业银行整体不良贷款率0.16个百分点，文化产业在商业银行的不良贷款率较低。

2. 银行文化产业信贷服务模式创新

多家银行开展了文化产业信贷服务模式创新。在调研的30家银行中，有22家银行针对文化企业创新了文化产业信贷服务模式，占比为73.33%。创新文化产业信贷服务模式中被利用较多的方式是成立文化金融服务团队、设立特色支行、对信贷从业人员给予绩效激励、参与文化金融服务中心建设和服务等，被利用较少的方式是扩大业务授权范围（见图6），2021年银行创新文化产业信贷服务模式利用方式与前几年相比有了一定的变化。

从不同银行类型对文化产业信贷服务模式的创新来看，国有大型商业银行中，有5家银行创新了文化产业信贷服务模式，占比为83.33%；股份制商业银行中，有8家银行创新了文化产业信贷服务模式，占比为

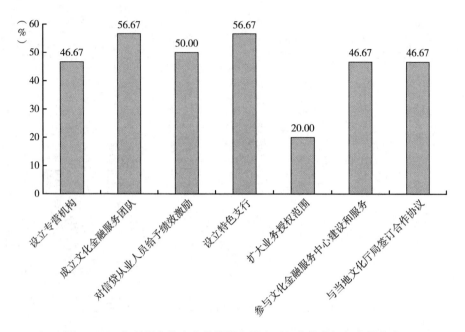

图 6　2021 年创新文化产业信贷服务模式利用方式的银行数量占比

资料来源：中国银行业协会。

75.00%；中小商业银行中，9 家银行都创新了文化产业信贷服务模式，占比为 100%。

各类银行创新文化产业信贷服务模式利用方式各具特色。国有大型商业银行创新文化产业信贷服务模式利用方式主要是成立文化金融服务团队、设立特色支行，在扩大业务授权范围和对信贷从业人员给予绩效激励方面的创新较少。相比来看，股份制商业银行和中小商业银行创新文化产业信贷服务模式利用方式较丰富，除了设立特色支行、成立文化金融服务团队，在设立专营机构、对信贷从业人员给予绩效激励、扩大业务授权范围等方面均有不少创新。总的来看，国有大型商业银行重点对产品配套的文化产业信贷服务模式进行创新；股份制商业银行侧重于一线营销的文化产业信贷服务模式创新；中小商业银行的文化产业信贷服务模式创新更多地落实到区域项目的具体开发上，这间接反映了中小商业银行在文化产业业务领域的客群特征。

（二）特色银行文化产业信贷案例

1. 中国建设银行

中国建设银行（以下简称"建设银行"）积极贯彻落实党和国家关于繁荣发展文化事业和文化产业的部署，通过采取政策引导、加强合作、创新产品和服务模式等多种措施，大力促进文化事业和文化产业繁荣发展。2021年，面对新冠肺炎疫情，建设银行积极通过落实延期还本付息政策、优化再融资办理条件等措施，帮助文化产业困难企业渡过难关。截至2021年末，建设银行文化产业贷款余额2545.17亿元，比年初增加379.49亿元，增幅达17.52%。

明确政策，引导全行优先支持文化产业发展。建设银行持续将新闻和出版业，广播、电影、电视和影视录音制作业，文化艺术业等文化产业定位为优先支持行业。2021年，建设银行的信贷政策明确要求促进文化强国建设，积极满足示范效应强、经济效益优良的新闻出版、智慧广电、数字动漫、文化创意、竞赛表演等文化产业多元化金融需求。

加强合作，发挥集团经营优势和金融科技优势助力文化产业发展。一是与文化产业重点客户建立紧密合作关系，支持文化产业繁荣发展。建设银行的合作对象既涵盖了广电传媒、新闻出版等传统文化产业，也涵盖了院线建设、动漫娱乐等新兴文化产业。建设银行支持了中央电视台、辽宁广播电视集团、广东广播电视台、江苏省广播电视集团有限公司、北京青年报社等一大批文化产业重点客户发展。二是发挥集团经营优势为文化产业重点客户提供综合化金融服务支持。除信贷服务支持外，建设银行积极发挥集团经营优势，上下协调、母子联动，为文化产业重点客户提供债券、基金、保险、信托等全方位的金融服务支持，既满足了文化产业重点客户转制改革的需要，也适应了新业态的金融需求。三是积极发挥金融科技优势赋能传统文化教育。建设银行借助"建融慧学"平台，依托广府文化、客家文化、潮汕文化等历史文化资源，在智慧校园平台上搭建了特色非遗教育平台。深度提炼岭南文化精神标识和文化精髓，利用"科技+互动""情景重现"等方式让

文物"活"起来，将非遗产品进行线上集约展示、体验和销售。以非遗研学进校园社区，线上选课、购课，线下基地参观等形式，普及非遗知识，着力打造"互联网+非遗+教育"的文化传承新生态。

加强产品创新，提升文化产业小微企业服务能力。建设银行鼓励各分行发挥区域优势创新特色金融产品。广东省分行推出了"文创普惠通"产品，根据文创行业小微企业客群特点，充分利用地区资源优势，指导客户经理筛选客户、配置产品，有针对性地服务辖内文创行业小微企业客群，提升服务能力，推动文创行业发展。宁波市分行推出了小微企业"甬文贷"，由保险公司提供一定比例的履约保证资金，再以风险补偿资金作为增信手段为文化产业小微企业提供信贷支持。

探索业务模式创新，提供多样化抵质押融资服务。建设银行积极探索知识产权抵质押融资和多种风险缓释的业务模式创新，已明确将包括专利权、商标权、著作权在内的知识产权纳入可接受抵质押品目录，支持和鼓励文化产业企业进行知识产权抵质押融资。目前，建设银行可接受的抵质押品包括金融质押品、应收账款、房地产、知识产权等多种类型，为文化产业企业提供多样化的抵质押融资服务。建设银行积极推进知识产权抵质押融资业务。截至2021年末，建设银行知识产权抵质押贷款余额26.17亿元，较年初增长11.50亿元，增幅78.39%；全年累计投放135户，累计投放金额22.26亿元。

共同打赢疫情防控阻击战，为受新冠肺炎疫情影响的文化企业客户提供再融资支持。建设银行积极支持受疫情影响的文化企业客户战胜困难，于2020年2月印发了《关于做好疫情影响下公司类贷款再融资期限调整等管理的通知》，对受疫情影响出现临时周转困难的文化企业客户实行差别化支持政策。2021年，全行为99户文化企业客户提供存量再融资等服务，贷款余额26.51亿元。

2. 华夏银行

华夏银行自2017年在总行成立文创产业中心以来，始终紧跟国家政策导向，将文化金融作为全行重要的业务支持领域。特别是其2019年以来推出并持续推动的"老字号行动计划"，致力于为老字号企业提供融资、融商、融智的综合金融服务方案，全方位助力老字号企业的传承与发展，有针对性地满足老字号企业在固本强基、文化弘扬、品牌保护、创新发展和改革增效等方面的金融需求，助力优秀文化传承发展。

进一步加大对老字号企业的服务力度，老字号企业客户数量稳步增长。2021年，华夏银行聚焦"吃、喝、用"等消费类老字号企业细分领域，以品牌运营较好、经营稳定的老字号企业为突破口，针对老字号企业经营特点及金融需求，持续探索创新服务老字号企业的方式。截至2021年末，全行有28家分行与160户老字号企业进行了服务对接，比年初增加72户，增幅为82%。服务对接的老字号企业中，中华老字号企业63户，占比39%；地方老字号企业93户，占比58%；知名品牌老字号企业4户，占比3%。

进一步完善服务体系，推出"华夏匠品"老字号特色系列产品。2021年，华夏银行根据老字号企业细分领域特点和金融需求，首次推出老字号企业专属特色金融品牌——"华夏匠品"及老字号特色系列产品，包括"匠品结""匠品存""匠品融"3个系列12个产品，为老字号企业发展提供支付结算、现金管理、投融资等综合金融服务，推动老字号文化和工匠精神的百年传承。

加强组织推动和过程管理，积极有序推动实施"老字号行动计划"。组织全行开展地方老字号企业及知名品牌老字号企业摸底工作，全行梳理了443户地方老字号企业，与中华老字号企业共同形成老字号企业客户名单库，逐户跟踪推动实施"老字号行动计划"。定期梳理典型案例并在全行推广，全行积极梳理当地中华老字号企业、地方老字号企业服务案例，先后总结并推广服务芦花盐业、德和罐头、吉林敖东、深圳国富、崂山百货等老字号企业的经验，助力老字号企业传承与发展。

积极创新服务方式，推动"老字号行动计划"亮点纷呈。华夏银行深圳分行深度开发老字号企业国富黄金，采用"流贷+固贷"产品组合方式发放贷款，并积极服务其关联企业。华夏银行天津分行启动"津门老字号"企业专项营销活动，为芦花盐业及其子公司办理流贷、国内信用证、银承等融资业务。华夏银行昆明分行通过为中华老字号企业德和罐头主要门店办理

收单、签约信用卡特约商户、代发工资以及对公理财等业务，成为该老字号企业的主要结算银行。华夏银行杭州分行通过"房贷通"业务支持老字号企业万昌酱园，并积极服务该老字号企业上下游小微企业首贷户7户。

3. 北京银行

北京银行成立26年来，始终紧贴首都发展脉搏，严格贯彻落实北京市委、市政府部署和各级监管部门要求，将助推文化产业发展作为差异化经营、特色化发展的核心选择。截至2021年末，全行文化金融余额634.2亿元，累计为9600余户文化企业提供信贷资金约3600亿元。其中，北京地区文化金融贷款余额282.3亿元。北京银行在服务文化产业上深耕不辍，不断推陈出新，开辟了一条独具特色的文化金融创新发展之路。

聚焦"高起点"战略定位。自2006年起，北京银行从总行党委、董事会、经营班子到分行，始终以前瞻性的战略谋划为统领，将文化金融写入全行战略。在总行和分行层面成立一把手担任组长的文化金融领导小组，下设跨业务线工作小组，同时成立文创金融事业总部及首家文化创客中心。2020年增设文化金融中心，搭建市场研究、政策制定、营销拓展和风险管理综合服务平台，研究建立文化金融特色考核体系，鼓励文化金融创新发展。

优化"专营化"网点布局。贴合首都文化布局，北京银行持续优化专营支行、特色支行、综合支行相互补充的服务网点布局。成立朝外文创特色支行、宋庄文创特色支行等22家文创特色支行，针对影视、创意设计、动漫网游等细分行业特色，打造银行系艺术画廊——宋庄文创特色支行。持续打造雍和文创专营支行、大望路文创专营支行2家文创专营支行，同时为贴合首都文化产业发展定位，在2021年成立第3家文创专营支行——前门文创专营支行，坐标中轴线、辐射老城区，打造文化与金融融合发展的承载空间。自2017年10月雍和文创专营支行挂牌设立以来，为近361户企业放款54亿元。2021年，大望路文创专营支行更名为国家文创试验区支行；雍和文创专营支行更名为国家文化与金融合作示范区雍和文创支行，并经中国人民银行营业管理部、中共北京市委宣传部、中国银行保险监督管理委员会、北京监管局等7个部门联合认定，获得"国家文化与金融合作示范区文化金融专营组织机构"授牌。

拓宽"多渠道"银政合作。北京银行与北京市文化和旅游局共同发布"漫步北京及网红打卡地金融支持计划"，组织参与"2021北京网红打卡地推荐榜单"发布会，并共同启动"2021网红打卡地金融服务季活动"。与中共北京市委宣传部、西城区人民政府、中国版权保护中心共建北京版权资产管理与金融服务中心。作为唯一金融机构合作伙伴助力第十一届北京国际电影节，与北京市电影局签订《关于支持北京电影业发展战略合作协议》，支持优质电影企业发展以及电影产业集聚区和重点电影项目建设。与北京市文物局、北京中轴线申遗保护工作办公室共同推进北京中轴线申遗系列活动，充分挖掘都城中轴线文化遗产价值。组织参与东城区"文菁汇"文化金融沙龙，以"文化金融创新赋能红色文化传播"为题做主题演讲。

丰富"特色化"产品体系。一是聚焦产业特性、行业特质及企业特点，推出创意贷、文创普惠贷、文化IP通、智权贷、农旅贷、影视贷、文旅贷等文化金融产品，从设计到影视，实现九大类文化行业全覆盖，服务处在不同生命周期的文化企业。二是自2020年疫情发生以来，坚决落实北京市委、市政府政策部署要求，推出"京诚贷"专属产品，专门服务受疫情影响临时停业、资金周转困难的小微企业，以展期、续贷等方式提供信贷资金无缝衔接。三是为北京市文化产业园区及园区内企业量身定制"京彩文园"专属金融服务方案；构建"运河帆影"金融产品体系，擦亮北京历史文化"金名片"。四是首批参与构建风险补偿机制，与北京市国有文化资产管理中心携手探索打造"文信贷"文化小额信用贷款风险补偿体系，并成功落地北京市首笔业务。五是引入以版权资产为核心的文化企业融资机制，打造以电影优质版权为核心的"电影+"版权质押贷产品，围绕电影及电影延伸产业链，升级电影金融融合服务供给。六是为支持国家文化与金融合作示范区创建，服务文化领域顶尖人才、优秀人才、特色人才及其在东城区创办的中小微企业，与东城区政府共同发布"文化英才贷"专属金融方案。

提供"专业化"人才保障。一是强化激励。持续加大对特色金融人才队伍的支持及培养力度，对业绩突出、能力出众的文化金融客户经理、产品

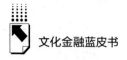
经理、风险人员等，通过绩效考核、年度评优、人才培养等多种方式予以鼓励。二是打造队伍。组建内外部文化金融服务专家队伍，提升文化企业专业认知能力，建立充满活力的文化金融队伍和运行机制。三是加强培训。出台《文化金融业务营销与管理指引》等文化领域指导意见，建立差异化培训机制，开设文化产业高级研修班，满足不同层级从业人员业务培训需求，聘请外部咨询机构开展行业深入研究。

建立"差异化"风控体系。一是明确导向。在每年的授信指导意见中均明确文化金融重点支持领域，指导客户经理甄别优质、高成长性文化企业。二是差异化授权。依据客户不同信用等级进行差异化授权。授予北京地区文创特色支行、文创专营支行高于普通支行的审批权限，推动文化金融创新发展。三是专职审批。设立文化金融绿色审批通道，设置专职审批人员，提高审批效率。制作文创成长企业专属评分卡，将文化企业"软"实力纳入考量范围并进行量化评价，实现表单式贷前审批与差异化贷后审核相结合。

4. 杭州银行

近年来，杭州银行本着"专营、专注、专业、创新"的发展理念，在文化金融领域整体保持健康成长的势头，形成了自己独特的文化金融产品体系和业务模式，并逐步将文化金融聚焦于影视娱乐、游戏动漫、数字内容、演艺会展、创意设计五大文化产业。尤其是在服务影视传媒、文化旅游以及科技与文化融合方面，做出了特色与口碑，得到了市场认可。截至2021年末，杭州银行共有文化企业客户1740户，较2020年增加581户；授信总额112.35亿元（304户），融资余额59.35亿元（240户）。

支持文化企业复工复产。2021年，为助力文化企业抗击疫情、降低融资成本、保证运营资金，杭州银行围绕促进文化企业复工复产推出多项举措：承诺不压贷、不抽贷，为有续贷需求的文化企业提供专项额度保证；对受疫情影响较大、无法按时偿还本息的文化企业，提供延期还款服务；对疫情防控期间文化企业的新增信贷需求，可提供最低至贷款基础利率（LPR）的优惠利率。

创新标准产品体系。为更好地适应和满足中小文化企业不同时期发展特点和核心需求，杭州银行自2019年建立并不断完善迭代全生命周期的信贷产品体系，包括科易贷、科保贷、成长贷、诚信贷、银投联贷、选择权配套贷款六大核心产品。疫情防控期间，为了满足优质文化企业的融资需求，针对高端人才创办的文化企业、高成长性中小文化企业、获得专业投资机构投资的文化企业、拟登陆资本市场的文化企业，杭州银行更是打出了政策性担保贷款与信用贷款的"组合拳"。根据文化企业所处的生命周期，杭州银行给予最高金额300万~5000万元不等的授信额度，与中小文化企业共克时艰。

打造特色金融产品及服务。聚焦文化产业的轻资产特点和不同子行业的特性，杭州银行针对重点行业和项目推出了特色金融产品及服务，包括以下内容。

第一，"教育直通车"产品，从项目融资、现金管理服务和教师金融服务三方面打造针对教育行业的全方位金融服务。该产品以现金流为核心，采取企业无形资产和股权质押等方式，解决教育行业普遍缺失抵质押品的问题。例如，杭州银行以股权质押及股东担保的方式为某民营企业发放了3.5亿元的并购贷款，用于该民营企业收购北京民营院校股权。

第二，影视传媒行业夹层贷款，为针对影视传媒行业发放的创新项目贷款。2021年，杭州银行为业内多家影视剧制作公司提供信贷支持和服务，始终处于文化金融的领先地位。参与支持的多部优秀影视作品均获得热烈的市场反应，如中国影史票房冠军《长津湖》、2021年暑期档票房冠军《中国医生》、电视剧《人民的名义》《庆余年》《破冰行动》《隐秘的角落》等。艺术品质押融资是杭州银行在艺术品行业融资方面的探索，通过联合专业第三方或拍卖公司推动艺术品质押融资业务拓展。各文化细分行业的特色金融产品及服务陆续推出，逐渐丰富了杭州银行的服务方式，满足了不同文化细分行业客户的需求。

三　文化产业银行信贷发展展望

（一）中小商业银行在文化产业融资中作用更加显著

文化产业发展具有明显的属地性，各地区文化资源禀赋、文化市场繁荣

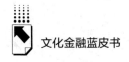

状况、优势文化产业种类、政府政策环境均有明显差异，跨地域可复制性较低，植根当地的中小商业银行在地方市场、经济环境、政策支持等方面具备先天优势，有望成为推动地方文化金融发展的主力军。

相比于全国性银行机构，中小商业银行与当地政府黏性更高，在渠道对接上具有强大优势，且与文化产业市场主体建立连接的渠道更多，而这些渠道本身稳定性很高，将会使政银企联动更加顺畅。另外，中小商业银行因体量相对较小，其定向金融产品和定制金融服务业务流程更短、针对性更强、效率更高，能够给予文化企业更加及时的金融支持，也使得文化企业更愿意选择其产品和服务。同时，中小商业银行在同业同质化竞争日益激烈的情况下，有平衡收益和风险的动力，更愿意选择高风险、高收益的文化企业。

（二）文化特色银行将成主题银行亮丽风景线

文化本身具备一定的艺术性和独特性，优秀的文化内容往往可以给予民众以精神上的愉悦和享受。文化金融业务的开展和推广同样可以与银行相互结合和联系，可在文化金融业务集聚区域试点性设立文化特色银行，将"文化+金融"在内容实质上的支持合作关系，扩展到外在表现形式。文化特色银行一方面是特色文化产品的展示途径，另一方面也是金融支持文化的特色体现，同时还能给予来行客户以深刻体验，跳脱出银行业同质化、标准化外设和服务印象。目前，已有部分银行尝试设立文化特色银行，未来将会有更多文化特色银行成为主题银行的一道亮丽风景线。

（三）科技赋能文化金融朝精准、便捷、高效、安全的方向发展

文化金融是文化与金融的融合产物，伴随科技的快速迭代，未来科技赋能文化金融是必然趋势。区块链、云计算、大数据等技术都将改变文化金融业务的传统运营模式。从前端营销获客，到贷前审批调查，再到贷后审核管理，科技赋能文化金融必定意味着文化金融朝精准、便捷、高效、安全的方向发展。

2020年5月，中宣部中央文改领导小组办公室发布《关于做好国家文

化大数据体系建设的通知》，提出建设国家文化大数据体系是新时代文化建设的重大基础性工程。2020 年 11 月，文化和旅游部发布《关于推动数字文化产业高质量发展的意见》，提出"激发数据资源要素潜力"。文化数据是文化生产的要素之一。在数字经济国家战略背景下，可以给予文化数据更多政策支持。对于文化企业来说，文化数据本身是其宝贵的核心竞争力来源，只有在健全且有效的文化产业市场上，文化数据才能实现确权、估值、流转、交易等，文化企业才能将文化数据流转和定价，从而获得更强的文化创造能力。对于信贷业务机构及相关支持中介机构来说，文化数据将使它们能够更加便捷、高效地支持文化企业发展、服务文化企业做大做强。

B.3

2021年文化产业债券市场：融资规模降低明显，电信、广播电视与卫星传输服务业是主力

杨　涛　罗丽媛　王小彩*

摘　要： 2021年我国文化产业债券市场共发行76只债券，发行总额541.70亿元，较2020年有较大幅度的下降，占债券市场总发行数量的比重也进一步下降，仅为0.09%。从各类文化行业债券发行情况来看，行业内部结构出现调整，电信、广播电视与卫星传输服务业依然是发行文化产业债券的主力，占文化产业债券市场的比重达到41.4%。多数行业的发行规模均下降，而娱乐业成为2021年文化产业中唯一债券融资规模上升的行业。本报告就今后文化产业债券市场的发展提出了三点建议："双碳"背景下，继续加大政府对文化产业债券市场发展的引导力度；创新文化产业债券融资渠道，提升文化产业债券市场内驱力；激发文化数据资产潜力，加快新型文化产业债券基础设施建设。

关键词： 文化产业　文化金融　文化产业债券　碳中和绿色公司债券　文化数据资产

---

* 杨涛，国家金融与发展实验室副主任，中国社会科学院金融研究所研究员，博士生导师。罗丽媛，中国社会科学院大学博士研究生。王小彩，北京立言金融与发展研究院研究员。

一　2021年文化产业债券市场发展概况

本报告将继续按照《中国文化金融发展报告（2021）》中文化产业的分类标准，将文化产业分为：新闻和出版业，广播、电影、电视和影视录音制作业，文化艺术业，体育业，娱乐业，造纸和纸制品业，印刷和记录媒介复制业，文教、工美、体育和娱乐用品制造业，电信、广播电视与卫星传输服务业，互联网和相关服务业等10个二级行业，以此统计和分析2021年文化产业债券市场发展状况。根据Wind数据库统计的10个二级行业发行债券的数据，大致估算出了2021年文化产业债券市场融资规模。

根据Wind数据库及课题组整理的数据，2021年各类文化企业共发行76只文化产业债券，与2020年的119只债券相比下降36.13%，发行总额541.70亿元，较2020年的894.50亿元下降了39.44%，但是与2018年及之前年份相比，不论是发行数量还是发行总额，仍处于较高水平（见图1）。此外，文化产业债券市场占整体债券市场比重有所降低，根据中国人民银行公布的数据，2021年我国债券市场共发行各类债券61.9万亿元；文化产业债券市场发行数量占债券市场总发行数量的比重为0.09%，较2020年的0.24%显著降低。

图1　2013~2021年文化产业债券发行数量和发行总额

资料来源：课题组根据Wind数据库整理。

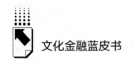

发行金额方面，在 2021 年发行的 76 只文化产业债券中，最小发行金额为 0.24 亿元（乐华 1 次、乐华 1B、乐信 2B、乐信 2 次，资产支持证券），最大发行金额为 40.00 亿元（21 华为 MTN001、21 华为 MTN002，中期票据）。平均发行金额为 7.13 亿元，较 2020 年的 7.54 亿元有所降低。

利率方面，在 2021 年发行的 76 只文化产业债券中，票面（发行时）最低年化利率为 0.30%（特纸转债、鹤 21 转债，可转换公司债券），最高年化利率为 7.45%（21 金桂 01，公司债券）。76 只债券中有 61 只采用固定利率计息方式，占比 80.26%；其余采用累进利率计息方式。

期限方面，在 2021 年发行的 76 只文化产业债券中，最短期限为 0.41 年（21 江苏广电 SCP005，超短期融资券），最长期限为 7.00 年（21 江科 K1、21 江科 GK、21 江科 K2，公司债券）。加权平均期限为 2.92 年，较 2020 年的 3.36 年有所下降，表明 2021 年文化产业对短期流动性资金的需求增加。

发行场所方面，在 2021 年发行的 76 只文化产业债券中，20 只债券在上海证券交易所发行，占比为 26%；8 只债券在深圳证券交易所发行，占比为 11%；48 只债券在银行间市场发行，占比为 63%。

整体来看，一方面，2021 年我国文化产业债券市场无论是发行数量还是融资规模，都出现了较大幅度的下降，占整体债券市场融资规模的比重进一步下降，未来我国推动文化产业债券市场发展仍然任重道远；另一方面，相比于 2020 年，2021 年文化产业债券平均发行金额更低，加权平均期限更短，普遍呈现出"短期、小额、分散"的融资特点。主要计息方式和发行场所均与 2020 年相似，仍以固定利率计息方式和在银行间市场发行为主。

二 2021年各类文化行业债券发行情况

2021 年各类文化行业债券发行情况见图 2。与 2020 年相同，电信、广播电视与卫星传输服务业依然是发行文化产业债券的主力，共发行 14 只债券，发行总额达到 224.0 亿元，远超其他文化行业。其次是新闻和出版业，共发行 19 只债券，发行总额 123.7 亿元。体育业与 2020 年相同，仍未发行新的债券；印刷和记录媒介复制业 2020 年发行了 1 只债券，2021 年未发行新的债券；文教、工美、体育和娱乐用品制造业 2020 年未发行债券，2021年共发行 1 只债券，发行总额 2.5 亿元。

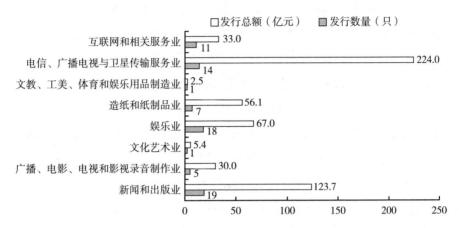

图 2　2021 年各类文化行业债券发行数量和发行总额

资料来源：课题组根据 Wind 数据库整理。

2021 年电信、广播电视与卫星传输服务业债券发行总额为 224.0 亿元，较 2020 年的 328.5 亿元下降了 31.8%，占文化产业债券市场的比重达到41.4%。其中华为投资控股有限公司 2021 年共发行 2 只债券（21 华为MTN001、21 华为 MTN002），均为中期票据，发行总额为 80.0 亿元；中国电信股份有限公司共发行 3 只债券（21 中电 Y1、21 中电 Y2、21 中电 Y3），均为公司债券，发行总额为 65.0 亿元；华数数字电视传媒集团有限公司共发行 5 只债券，分别为 3 只超短期融资券（21 华数 SCP007、21 华数 SCP008、21华数 SCP009）和 2 只中期票据（21 华数 MTN001、21 华数 MTN002），发行总额为 35.0 亿元。3 家公司债券发行总额合计 180.0 亿元，占整个电信、广播电视与卫星传输服务业债券发行总额的 80.4%。

2021 年新闻和出版业共发行 19 只债券，发行总额为 123.7 亿元，较2020 年的 165.7 亿元下降了 25.3%，占文化产业债券市场的比重达到22.8%。其中江苏凤凰出版传媒集团有限公司 2021 年共发行 4 只债券，分

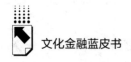

别为 1 只超短期融资券（21 凤凰传媒 SCP001），1 只中期票据（21 凤凰传媒 MTN001）和 2 只公司债券（21 凤凰 01、21 凤凰 02），发行总额为 35.0亿元，在新闻和出版业债券发行规模中排名第一，占比达到 28.3%。

2021 年造纸和纸制品业共发行 7 只债券，发行总额为 56.1 亿元，较 2020年的 101.3 亿元降低了 44.6%。其中单只债券发行总额最高达 20.5 亿元，为2021 年仙鹤股份有限公司公开发行的可转换公司债券（鹤 21 转债）。

2021 年互联网和相关服务业共发行 11 只债券，发行总额为 33.0 亿元，较 2020 年的 124.1 亿元下降 73.4%。单只债券发行总额下降幅度非常明显。其中南京江北新区科技投资集团有限公司共发行 4 只债券，发行总额为21.0 亿元，占整个互联网和相关服务业债券发行总额的 63.6%。此外，南京江北新区科技投资集团有限公司成功发行 2021 年非公开发行第一期绿色科技创新公司债券（专项用于碳中和）（21 江科 GK），积极响应了国家绿色发展战略。

2021 年文化艺术业仅发行 1 只债券，为六盘水市旅游文化投资有限责任公司发行的 2021 年非公开发行扶贫专项公司债券（21 六旅 01），发行总额为5.4 亿元，较 2020 年的 30.5 亿元下降 82.3%，积极响应了国家脱贫攻坚战略。

2021 年娱乐业债券发行规模占整个文化产业债券发行规模的比重也较高。2021 年娱乐业共发行 18 只债券，发行总额为 67.0 亿元，较 2020 年的 46.9 亿元大幅上升 42.9%，娱乐业是 2021 年文化产业中唯一债券融资规模上升的行业。广播、电影、电视和影视录音制作业 2021 年共发行 5 只债券，发行总额为 30.0 亿元，较 2020 年的 95.5 亿元下降了 68.6%。文教、工美、体育和娱乐用品制造业 2021 年仅发行 1 只债券，为江苏金陵体育器材股份有限公司向不特定对象发行的可转换公司债券（金陵转债），发行总额为 2.5 亿元。

体育业、印刷和记录媒介复制业两个文化行业 2021 年未发行新的债券。

2021 年文化产业债券融资规模普遍下降，从行业结构来看，文化产业债券市场结构性问题仍然突出，内部出现了分化与反转。电信、广播电视与卫星传输服务业，新闻和出版业仍然在整个文化产业债券市场中占据主要地位，总占比达到 64.2%，但债券融资规模相比于 2020 年均有所下降。而娱乐业积极利用债券融资，成为 2021 年文化产业中唯一债券融资规模上升的行业，也成为文化产业债券市场债券发行规模排名第三的行业。同时，文化产业债券市场中的碳中和绿色公司债券、扶贫专项公司债券等债券产品积极响应了国家"碳达峰、碳中和"、脱贫攻坚等战略。

三 2021年文化企业发行的债券类型

2021 年文化企业发行了定向工具、短期融资券、公司债券、可交换公司债券、可转换公司债券、中期票据、资产支持证券等多种类型的债券，具体数据见表 1。

表 1 2021 年文化企业发行债券的主要类型

指标	定向工具	短期融资券	公司债券	可交换公司债券	可转换公司债券	中期票据	资产支持证券
发行只数（只）	10	23	18	1	3	15	6
发行总额（亿元）	43.00	119.70	161.20	8.00	29.70	174.10	6.00
占比（%）	7.94	22.10	29.76	1.48	5.48	32.14	1.11
加权平均利率（%）	5.00	2.81	4.38	0.70	0.32	3.84	4.98
加权平均期限（年）	3.47	0.64	3.82	3.00	6.00	3.00	2.00

资料来源：课题组根据 Wind 数据库整理。

2021 年文化企业发行的 1 年期以下的债券主要是短期融资券，共发行 23 只，加权平均期限为 0.64 年，加权平均利率为 2.81%，发行总额为 119.70 亿元，占文化产业债券发行总额的 22.10%，相比 2020 年的 35.50% 有所下降。

2021 年文化企业发行的其他类型的债券加权平均期限均在 2.00 年及以上。发行了资产支持证券 6 只，加权平均期限为 2.00 年，加权平均利率为 4.98%，发行总额为 6.00 亿元，占文化产业债券发行总额的 1.11%，较 2020 年的 11.66% 大幅下降；公司债券 18 只，加权平均期限为 3.82 年，加权平均利率为 4.38%，发行总额为 161.20 亿元，占文化产业债券发行总额的 29.76%，较 2020 年的 19.34% 有所上升；中期票据 15 只，加权平均期限为 3.00 年，加权平均利率为 3.84%，发行总额为 174.10 亿元，占文化产业债券发行总额的 32.14%，较 2020 年的 23.07% 有所上升；定向工具 10 只，加权平均期限为 3.47 年，加权平均利率为 5.00%，发行总额为 43.00 亿元，占文化产业债券发行总额的 7.94%，较 2020 年的 2.91% 大幅上升。发行的可转换公司债券、可交换公司债券依然较少，其中可转换公司债券 3 只（特纸转债、鹤 21 转债、金陵转债），加权平均期限为 6.00 年，加权平均利率为 0.32%，发行总额为 29.70 亿元，占文化产业债券发行总额的 5.48%，较 2020 年的 4.39% 有所上升；可交换公司债券 1 只，为泰格林纸集团股份有限公司 2021 年面向专业投资者非公开发行的可交换公司债券（21 泰格 EB），加权平均期限为 3.00 年，加权平均利率为 0.70%，发行总额为 8.00 亿元。以上数据表明 2021 年文化企业仍然倾向于纯粹的债券融资方式。

债券市场为文化企业提供了低风险、低利率的融资渠道，利用多种类型的债券进行融资依然是 2021 年文化企业融资的特点。如江苏凤凰出版传媒集团有限公司 2021 年共发行 4 只债券，分别为 1 只超短期融资券（21 凤凰传媒 SCP001），1 只中期票据（21 凤凰传媒 MTN001）和 2 只公司债券（21 凤凰 01、21 凤凰 02），发行总额为 35 亿元；华数数字电视传媒集团有限公司共发行 5 只债券，分别为 3 只超短期融资券（21 华数 SCP007、21 华数 SCP008、21 华数 SCP009）和 2 只中期票据（21 华数 MTN001、21 华数 MTN002），发行总额为 35 亿元。

四 促进文化产业债券市场发展的对策建议

近年来我国文化产业发展迅速，在经济发展、保障民生等方面都发挥着越发重要的作用，未来我国仍需大力发展文化产业债券市场。一方面，当前我国文化产业并未摆脱新冠肺炎疫情的影响，疫情对文化产业的冲击仍然存在，企业在反复的拉锯战中深受其苦，电影院等场所随时可能因为疫情面临停业。另一方面，在双循环新发展格局、"六保""六稳""双碳"等政策环境下，文化产业还肩负赋能经济发展、扩大内需等战略性任务。

（一）"双碳"背景下，继续加大政府对文化产业债券市场发展的引导力度

首先，文化产业债券服务体系建设是文化产业债券市场发展的重要基石，政府应从文化产业债券市场供需双方出发，建立一系列相关的配套服务体系，夯实文化产业债券市场发展的根基。一是持续优化文化产业债券信息服务平台，整合并审核优质文化企业债券融资需求，定期发布政府优惠政策，解决供需双方信息不对称问题，降低交易成本。二是完善文化产业债券市场信用评估体系，针对文化产业相比传统产业的特殊性，建立专门的文化企业信用评估平台，鼓励专业机构积极运用大数据、区块链等技术，对文化企业及其资产的信用进行客观、公正的评级，降低金融风险。三是创建文化产权交易评估体系，针对文化企业自身属性，制定统一、科学的文化产权交易评估标准，积极运用金融科技手段，对一系列文化产权进行交易评估，并实现数据内部共享。

其次，积极利用地方政府专项债券支持文化产业发展。2021年，文化和旅游部发布《关于进一步用好地方政府专项债券推进文化和旅游领域重大项目建设的通知》，明确以地方政府专项债券的方式，满足文旅项目融资需求，如江苏省大运河文化带建设专项债券（一期），成功为江苏省大运河文化带建设项目融资23.34亿元。同时，地方政府应积极利用专项债券引导文化产业走更加符合国家发展战略的高质量发展道路。2022年3月，国务院常务会议再次提出，将地方政府专项债券重点应用于生态环保、保障性民生工程等领域。因此，地方政府应继续探索利用专项债券为文化产业募集资金，发挥政府对文化产业债券市场发展的引导作用，促进地方文化产业的可持续发展。

最后，文化产业债券市场落实"双碳"政策，是我国实现经济可持续发展的必经之路。2021 年 9 月《中共中央国务院关于完整准确全面贯彻新发展理念做好碳达峰碳中和工作的意见》发布，绘制了做好碳达峰碳中和工作的路线图。政府应积极鼓励文化企业发行扶贫专项公司债券、碳中和绿色公司债券、科技创新公司债券等符合国家发展战略的文化产业债券，并明确此类债券发行标准，规范第三方认证评估体系，引导资金流向有利于国家高质量发展的地区和项目，以此激励文化企业承担社会责任，开发具有地区、民族乃至中华文化特色的文化产品，实现文化扶贫、绿色创新的协调发展。

（二）拓展文化产业债券融资渠道，提升文化产业债券市场内驱力

文化企业多为中小企业，且具有轻资产、项目周期长等特点，因此需要拓展文化产业债券融资渠道，探索多种文化产业债券融资方式，从而解决文化企业融资难、融资贵、融资慢问题。同时，"双碳"政策背景下，文化企业应积极落实环境、社会和公司治理（ESG），提升自身在文化产业债券市场中的声誉，从而吸引更多的投资者。

首先，文化企业应从文化项目研发、生产、销售等上中下游产业链条整体出发，运用金融科技手段，有效整合知识产权等核心资产，积极探索促进整个产业链合作共赢的供应链 ABS（资产证券化）融资机制。供应链 ABS 是文化产业债券融资的重要模式，可以有效解决中小文化企业债券融资难、融资贵、融资慢问题。如 2018 年"奇艺世纪知识产权供应链金融资产支持专项计划"以核心债务人北京奇艺世纪科技有限公司的应收账款为基础资产，成功获得融资。

其次，可转换公司债券、可交换公司债券、可续期公司债券等类型的债券为文化企业提供了形式、期限更加灵活的债券融资方式，但从上文分析可以看出，2021 年前三季度仅有 7 只债券通过以上类型发行。因此文化企业应积极探索使用以上类型的债券进行融资，更好地支持周期较长的文化项目建设。

最后，文化企业应在充分考虑自身财务状况、项目资金需求等因素的基

础上，积极承担社会责任，发行扶贫专项公司债券、碳中和绿色公司债券等符合国家发展战略的文化产业债券。2021 年以来，中国证券监督管理委员会修订了上市公司年度报告和半年度报告格式准则，鼓励上市公司在公开报告中定期披露有关减少碳排放、脱贫攻坚、乡村振兴等的信息，对上市公司 ESG 信息披露提出了新的要求。因此，文化企业发行符合国家发展战略的文化产业债券，不仅对推动我国经济社会的可持续发展具有重大意义，还会给自身带来积极影响。

（三）激发文化数据资产潜力，推动新型文化债券产品创新

数字化时代，数字文化产业快速发展。2020 年 11 月，文化和旅游部发布《关于推动数字文化产业高质量发展的意见》，以推动实施文化产业数字化战略。国家文化大数据建设正在紧锣密鼓地开展。当大数据、人工智能等技术大量应用于文化产业，文化数据资产也会快速增长，并逐渐发展成为文化产业重要的资产。因此需要将文化数据资产评估管理标准体系等作为新型文化产业债券基础设施来建设，以推进文化企业更好地利用文化数据资产获得债券融资。

应大力支持文化企业数字化升级改造，打造全面覆盖上中下游产业链的数据应用平台，强化文化数据资产的安全性和规范性。应探索建立文化数据资产评估管理标准体系，鼓励资产评估管理机构开展文化数据资产评估管理，推动文化数据资产合规认证，进一步挖掘文化数据资产的经济价值。在此基础上，应进一步推动文化数据资产证券化等文化产业债券市场新产品的创新，从而激发文化数据资产潜力，推动数字化时代文化产业债券市场的发展。

B.4

2021年文化产业上市公司股权融资：
首发融资与再融资双增，市场形势向好

刘德良　段丽荣*

摘　要： 2021年，我国上市文化企业直接融资环境不断优化，融资情况也不断改善。一方面，全国新增上市首次募资（IPO）文化企业数量再创历史新高，首发融资规模也出现大幅增长。另一方面，上市文化企业再融资市场活力不断释放，再融资频率及再融资规模均实现进一步增长，再融资市场整体发展向好。整体来看，北京证券交易所开市进一步拓宽了我国中小文化企业的成长晋升通道，注册制改革又给"硬科技"型文化创新企业带来了巨大发展机遇。未来，伴随着A股、港股市场融资环境的进一步优化及美股监管的日趋严格，中概股回归潮或将再次被掀起，赴港二次上市或将成为许多中概股回归的首选方式。

关键词： 文化产业　上市文化企业　全面注册制　上市后再融资　IPO融资

一　2021年我国文化产业上市公司发展环境分析

（一）政策环境分析

2021年以来，我国资本市场注册制改革继续稳步推进，并取得了重要

---

* 刘德良，北京新元文智信息技术有限公司董事长，北京立言金融与发展研究院文化和旅游金融研究所副所长。段丽荣，北京新元文智信息技术有限公司文化金融部研究经理。

阶段性成果，全面注册制实施条件逐步成熟。其中，北京证券交易所（以下简称"北交所"）试点注册制落地后，相关制度体系已经初步搭建完成，创新型中小文化企业直接融资环境进一步完善。此外，随着一系列首发上市制度的颁布实施，我国文化企业首发上市环境持续优化。

1. 北交所制度体系初步搭建完成，创新型中小文化企业直接融资环境进一步完善

9月2日，习近平主席在2021年中国国际服务贸易交易会全球服务贸易峰会上提出，设立北京证券交易所，打造服务创新型中小企业主阵地[①]。10月30日，中国证券监督管理委员会（以下简称"证监会"）正式发布了《北京证券交易所向不特定合格投资者公开发行股票注册管理办法（试行）》《北京证券交易所上市公司证券发行注册管理办法（试行）》《北京证券交易所上市公司持续监管办法（试行）》等北交所发行上市、再融资、持续监管方面的3个规章制度以及11个规范性文件。此外，北交所针对发行上市、公司监管、融资并购、证券交易、会员管理等方面陆续发布51个业务规则，形成了北交所自律规则体系。总体来看，北交所自律规则体系平移了新三板精选层的各项基础制度，加上各种规章制度、自律规则的修改、推出，一套能够与创新型中小文化企业特点和成长阶段相符合的北交所制度体系初步搭建完成，结合北交所主要服务创新型中小文化企业的市场定位，可以看到未来我国中小文化企业尤其是创新型中小文化企业的直接融资成长路径将被进一步拓宽。

2. 注册制改革继续稳步推进，全面注册制实施条件逐步成熟

作为发展直接融资尤其是股权融资的关键举措，2021年，我国资本市场注册制改革继续稳步推进，并取得了重要阶段性成果。其中，4月6日，深圳证券交易所（以下简称"深交所"）主板与中小板正式合并，在两板合并过程中，深交所对交易规则、融资融券交易实施细则等进行了适应性

---

① 谭谟晓等：《共享服贸机遇 共创美好未来——习近平主席在2021年中国国际服务贸易交易会全球服务贸易峰会上的致辞提振各界信心》，"新华社"百家号，2021年9月3日，https：//baijiahao. baidu. com/s？id=1709893506284202957&wfr=spider&for=pc。

修订，为下一步全面推进注册制改革创造条件。11月15日，北交所正式揭牌，这意味着北交所试点注册制真正落地。至此，资本市场已经基本形成了深交所"主板+创业板"、上交所（即上海证券交易所）"主板+科创板"、北交所三足鼎立的新格局。整体来看，科创板、创业板、北交所试点注册制相继成功落地，在此过程中，证监会、交易所等各层面也纷纷总结试点经验，进一步完善了相关制度，为全面注册制的实施奠定了坚实基础。证监会主席易会满分别在2021金融街论坛年会及12月采访中表示，注册制改革总体达到了预期目标，证监会正在抓紧制定全市场注册制改革方案。12月8~10日，中央经济工作会议也明确指出："要抓好要素市场化配置综合改革试点，全面实行股票发行注册制。"这一系列信号意味着全面注册制实施条件正在逐步成熟，未来我国文化产业资本市场活力将进一步被激发。

3. 首发上市相关制度不断完善，文化企业首发上市环境持续优化

2021年以来，伴随着注册制改革的全面推进，我国文化企业首发上市相关制度不断完善。1月，证监会发布《首发企业现场检查规定》，对首发企业现场检查的基本要求、标准、流程、后续处理工作等内容进行了规范，严把IPO入口关。2月，证监会发布《监管规则适用指引—关于申请首发上市企业股东信息披露》，剑指"影子股东"、多层嵌套、股权代持等乱象。3月，证监会修订《上市公司信息披露管理办法》，包括完善信息披露基本要求、完善定期报告制度、完善临时报告要求、完善信息披露事务管理制度等方面，进一步加强了对上市公司信息披露的制度约束。9月，证监会发布《关于修改〈创业板首次公开发行证券发行与承销特别规定〉的决定》，并指导上交所、深交所、中国证券业协会同步完善了科创板、创业板新股发行定价相关业务规则及监管制度，通过调整高价剔除比例、放开定价不超过"四个值"孰低值的要求、加强询价报价行为监管等方式，遏制抱团报价、干扰发行秩序等现象，提升IPO发行定价市场化水平。同月，证监会还发布《首次公开发行股票并上市辅导监管规定》，从辅导目的、验收内容、验收方式、工作时点及时限、科技监管等方面进一步规范上市辅导相关工作。

整体来看，2021年以来，监管层从首发企业现场检查、信息披露、发行定价、上市辅导等各个关键环节入手，持续完善首发上市制度，整治市场乱象，我国文化企业首发上市环境不断优化。

（二）产业环境分析

从产业环境角度来看，2021年，新冠肺炎疫情给文化产业带来的负面影响逐步消退，规模以上文化及相关产业企业营业收入实现同比两位数增长，创意设计服务、文化传播渠道等四大行业同比增速高于行业平均水平，产业发展明显提速。数字文化新业态比重进一步提高，产业增长势头强劲。

1. 规模以上文化及相关产业企业营业收入同比实现两位数增长，产业发展明显提速

2021年，随着疫情防控逐步常态化，我国文化产业发展逐步提速。据国家统计局数据，全国6.5万家规模以上文化及相关产业企业①全年实现营业收入119064.0亿元，按可比口径计算，同比增长16.0%，比2020年同比增速（2.2%）提高13.8个百分点，产业发展明显提速。

2. 九大行业整体恢复情况良好，创意设计服务等4个行业增速高于平均水平

分行业来看，2021年，九大文化行业营业收入与2020年相比均实现两位数增长，行业整体恢复情况良好。具体来看，创意设计服务、文化传播渠道、文化娱乐休闲服务、文化消费终端生产4个行业营业收入同比增速分别达到16.6%、20.7%、18.1%、16.2%，均高于规模以上文化及相关产业企业平均水平（16.0%），整体表现相对突出。

3. 文化新业态比重提高，产业整体发展动力强劲

从业态来看，2021年，文化新业态特征较为明显的16个行业小类实

---

① 规模以上文化及相关产业企业的统计范围为《文化及相关产业分类（2018）》所规定行业范围内，年主营业务收入在2000万元及以上的工业企业；年主营业务收入在2000万元及以上的批发企业或年主营业务收入在500万元及以上的零售企业；年营业收入在1000万元及以上的服务业企业，其中交通运输、仓储和邮政业，信息传输、软件和信息技术服务业，水利、环境和公共设施管理业的年营业收入在2000万元及以上，居民服务、修理和其他服务业，文化、体育和娱乐业的年营业收入在500万元及以上。

现营业收入 39623.0 亿元，同比增长 18.9%；两年平均增长 20.5%，高于规模以上文化及相关产业企业平均水平 11.6 个百分点。此外，上述文化新业态特征较为明显的 16 个行业小类营业收入占规模以上文化及相关产业企业营业收入的比重高达 33.3%，较 2020 年比重（31.9%）提高了 1.4 个百分点，文化新业态增长势头强劲。

二　2021年我国文化产业上市公司股权融资情况

（一）IPO 融资情况

随着疫情给文化产业资本市场带来的负面影响逐步消退，我国文化产业 IPO 融资市场发展态势向好，新增 IPO 文化企业数量再创历史新高，IPO 融资规模也出现大幅增长。从地区角度看，国内多数地区 IPO 融资态势良好，北京新增 IPO 文化企业数量及 IPO 融资规模均遥遥领先于其他地区。

1. IPO 文化企业数量再创新高，文化产业 IPO 融资市场发展持续向好

2021 年以来，我国文化产业 IPO 融资市场发展态势良好。据中国文化金融数据库（CCFD）数据，截至 2021 年底，我国 IPO 文化企业数量累计达 408 家，IPO 融资规模累计达 4240.82 亿元。其中，2021 年新增 IPO 文化企业数量达 43 家，较 2020 年增长 13.16%，再创新增 IPO 文化企业数量历史新高；IPO 融资规模增长至 1201.46 亿元，同比增幅高达 134.96%（见图1），远高于上年同期的同比增幅（98.48%）。可以看出，与 2020 年相比，疫情给文化产业资本市场带来的负面影响进一步减弱，并且随着注册制改革的全面推进，国内 IPO 融资环境正在逐步改善，文化产业 IPO 融资规模实现加速增长，文化产业 IPO 融资市场发展持续向好。

2. 头部企业融资带动效应凸显，文化传播渠道 IPO 融资规模领先

从细分行业来看，2021 年，由于快手、哔哩哔哩等文化传播渠道行业头部企业成功登陆港股市场并纷纷融资超百亿元，该行业 IPO 融资规模高

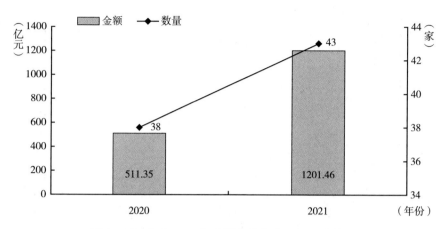

图1 2020年和2021年我国文化产业IPO融资情况

说明：本节统计的新增上市文化企业仅指IPO文化企业，不包括借壳、精选层平移及由非文化类转型为文化类的上市企业。

资料来源：CCFD。

达662.50亿元，占文化产业IPO融资总规模的比重也高达55.14%，头部企业融资带动效应明显。同时，创意设计服务行业新增IPO文化企业数量依旧领先于其他细分行业，共新增11家，占文化产业新增IPO文化企业总数的25.58%（见图2）。

3. 国内多数地区IPO融资态势良好，北京领先优势越发明显

我国IPO文化企业主要集中在广东、北京、浙江、上海、江苏等文化资源丰富、产业基础较好、文化经济较发达的地区。据CCFD数据，截至2021底，广东、北京、浙江、上海、江苏等地区IPO文化企业数量分别累计达到110家、94家、43家、38家、26家，合计占全国IPO文化企业总数的76.23%。其中，2021年，北京新增IPO文化企业12家，虽然较上年同期减少了2家，但依旧遥遥领先于其他地区，占全国新增IPO文化企业总数的比重高达27.91%；北京IPO融资规模为742.13亿元，同比增长99.14%，占全国IPO融资总规模的61.77%，领先优势越发明显（见表1）。整体来看，除北京、广东新增IPO文化企业数量出现小幅下滑以外，上海、浙江、四川等许多地区的新增IPO文化企业数量均出现不同幅度的

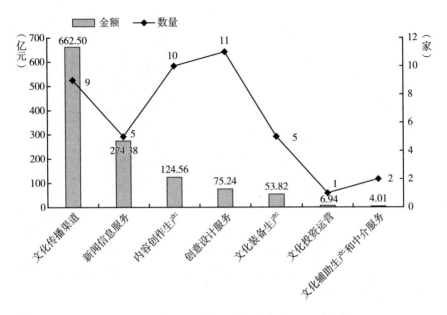

图 2　2021 年我国文化产业各细分行业 IPO 融资情况

资料来源：CCFD。

增长，并且多数地区的文化产业 IPO 融资规模呈现大幅增长态势，整体融资态势良好。

表 1　2021 年我国部分地区新增 IPO 文化企业数量及 IPO 融资情况

序号	地区	数量（家）	规模（亿元）	规模占比（％）
1	北　京	12	742.13	61.77
2	上　海	6	208.55	17.36
3	广　东	9	123.16	10.25
4	浙　江	6	65.41	5.44
5	四　川	2	18.97	1.58
6	福　建	2	10.17	0.85
7	内蒙古	1	9.85	0.82
8	江　苏	1	9.34	0.78
9	安　徽	1	5.27	0.44
10	广　西	1	4.21	0.35
11	黑龙江	1	2.66	0.22
12	重　庆	1	1.73	0.14

资料来源：CCFD。

（二）上市后再融资情况

随着文化产业资本市场一系列改革不断深化，我国上市文化企业再融资市场环境不断优化，市场活力进一步释放，上市文化企业再融资频率及再融资规模均实现进一步增长，市场整体发展向好。从地区角度看，广东、上海、北京三地依旧牢牢占据前三位置，头部地区的竞争格局相对稳定。

1. 注册制改革全面深化，我国上市文化企业再融资市场活力不断释放

2021年，随着深交所主板与中小板合并、北交所试点注册制落地等一系列改革举措相继实施，我国文化产业资本市场的直接融资作用得到充分发挥，再融资市场活力不断释放。根据CCFD数据，我国上市文化企业全年共计发生再融资事件89起，融资规模达1295.19亿元，分别同比增长20.27%、10.46%，市场整体表现良好（见图3）。

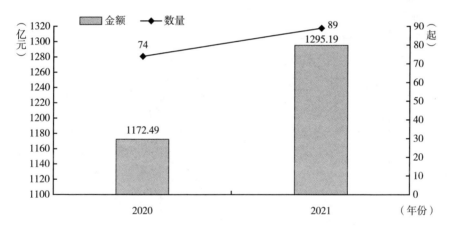

图3 2020年和2021年我国上市文化企业再融资情况

资料来源：CCFD。

2. 内容创作生产类上市文化企业再融资规模下滑，但领先优势依旧明显

从行业分布来看，2021年，我国上市文化企业再融资主要集中在内容创作生产、文化传播渠道、新闻信息服务、创意设计服务4个行业，合计再融资规模占再融资总规模的80%以上。其中，内容创作生产行业上市文化

企业的再融资频率及再融资规模均遥遥领先于其他细分行业，发生 23 起再融资事件，再融资 416.42 亿元，虽然再融资规模较 2020 年同期下降 25.26%，但在上市文化企业再融资总规模中的比重依旧高达 32.15%，领先优势明显。其次是文化传播渠道行业上市文化企业，以 19 起再融资事件吸纳融资 236.83 亿元，再融资规模较 2020 年同期下降 8.06%。与上述两个细分行业相反，新闻信息服务、创意设计服务两个行业的上市文化企业再融资规模均实现了翻倍增长，分别以 230.46 亿元、174.68 亿元的成绩位居各细分行业第三、第四，在上市文化企业再融资总规模中的比重均超 10.00%，整体表现相对突出（见图 4）。

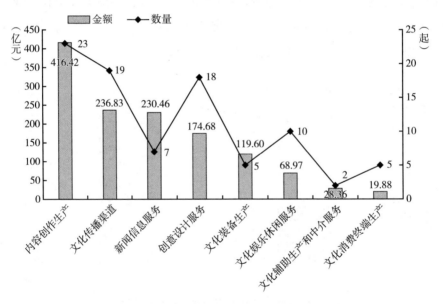

图 4　2021 年我国上市文化企业再融资行业分布情况

资料来源：CCFD。

3. 头部地区竞争格局相对稳定，广东稳居全国之首

2021 年以来，我国上市文化企业再融资市场的区域分布格局没有明显变动，广东、上海、北京三地依旧牢牢占据前 3 位。其中，广东上市文化企业发生 26 起再融资事件，再融资 508.75 亿元，虽然再融资规模同比下降

12.11%，但在全国上市文化企业再融资总规模中的比重仍高达39.28%，继续稳居全国第1位。与之相反，上海、北京分别以400.88亿元、128.12亿元的成绩居全国第2位、第3位（见表2）；与2020年相比，虽然排名未变，但两地上市文化企业再融资规模分别同比增长46.04%、31.12%，与第1位广东的差距进一步缩小。

表2　2021年我国部分地区上市文化企业再融资情况（TOP10）

序号	地区	数量（起）	规模（亿元）	规模占比（%）
1	广东	26	508.75	39.28
2	上海	16	400.88	30.95
3	北京	21	128.12	9.89
4	湖南	3	62.68	4.84
5	天津	1	49.30	3.81
6	江西	5	34.50	2.66
7	江苏	3	33.77	2.61
8	安徽	1	29.33	2.26
9	浙江	5	24.74	1.91
10	湖北	2	8.50	0.66

资料来源：CCFD。

三　2021年我国文化产业上市公司股权融资案例解析

（一）德必集团：成功登陆创业板，首发募资6.94亿元

1. 事件介绍

德必集团于2021年2月10日成功登陆深交所创业板，股票代码为300947，首发募集资金规模为6.94亿元。

2. 融资方介绍

德必集团成立于2011年，作为文化产业园区（以下简称"园区"）的运营服务商，其主营业务为园区的定位、设计、改造、招商和运营管理。其

基于中小微型文科创企业的需求，利用自身园区设计和运营管理能力，对各类既有建筑进行重新定位与更新改造，在保护和传承城市历史文化脉络的同时，为园区内中小微型文科创企业提供舒适的办公环境和深度的专业化服务。

3. 财务分析

数据显示，2018年、2019年，德必集团营业收入分别达到7.72亿元、9.10亿元，净利润分别达到0.51亿元、1.14亿元，增长趋势明显。2020年，在疫情影响下，德必集团营业收入出现短期下滑，全年实现营业收入8.33亿元，净利润达到0.98亿元，分别同比下降8.46%、14.04%。2021年1~9月，德必集团分别实现营业收入、净利润6.93亿元、0.80亿元，分别同比增长13.36%、18.79%，经营态势良好（见表3）。

表3　2018年至2021年9月德必集团主要财务指标

单位：亿元

时间	营业收入	净利润
2018年	7.72	0.51
2019年	9.10	1.14
2020年	8.33	0.98
2021年1~9月	6.93	0.80

资料来源：新元文智整理。

4. 融资分析

经过多年的行业积累，德必集团形成了一定的设计改造优势，并自主建立了一支设计改造经验丰富、专业技术实力强大的园区设计改造团队，为园区高效、高质量、低成本的设计改造提供保障。德必集团的设计改造优势主要体现在成本控制和工程质量监控等方面。同时，德必集团通过搭建专业化的中小微型文科创企业服务体系，助力中小微型文科创企业发展。其凭借多年的园区运营管理经验，通过对园区的定位、设计和改造，打造满足中小微型文科创企业发展需求的园区，为中小微型文科创企业提供舒适的办公环境。德必集团还根据智慧园区的发展要求整合资源，不断提升园区智慧化水平，搭建了智慧化的园区运营管理体系。此外，德必集团依托于自主研发的智慧园区运营管理系统，为入驻的中小微型文科创企业提供智慧停车、线上物业缴费、智能园区钥匙、园区报修、园区通知、会议室预定、工位预定、社群活动报名、投诉建议等多种智慧化服务，大大提高了服务效率，节约了时间，降低了运营管理成本，提高了客户满意度。

德必集团的首发募集资金主要用于主营业务的拓展，在对成熟园区精装改造和智慧升级的同时，进行新园区的开拓以及智慧园区信息服务平台研发。首发募集资金投资项目实施后，将进一步增加集团运营管理园区的数量，提升集团运营管理园区的智慧化水平，有利于保持和提升集团在行业内的市场地位和核心竞争力。同时，集团经营规模将明显扩大，研发能力、运营管理实力和资金实力将显著提高，有利于进一步提升集团的综合竞争力和抗风险能力。

（二）掌阅科技：非公开发行股票，共募资10.61亿元

1. 事件介绍

2021年2月18日，掌阅科技发布《非公开发行A股股票发行情况报告书》，宣布非公开发行已完成，共发行人民币普通股（A股）37896835股，发行对象总数为20名，募集资金规模为10.61亿元。

2. 融资方介绍

掌阅科技成立于2008年9月，是全球领先的数字阅读平台之一，主要产品及服务包括掌阅App、掌阅文学、掌阅精选、掌阅课外书、掌阅国际版、iReader阅读器等。2017年9月，掌阅科技在上交所主板上市。

3. 财务分析

2020年，掌阅科技依托庞大的流量基础，在用户规模保持增长的同时不断通过"付费+免费"相结合的运营模式提高精细化运营程度，提升数字阅读平台的商业化价值。2020年，掌阅科技平均月活用户数达1.6亿名，

实现营业收入20.61亿元，同比增长9.51%，实现归属于母公司股东的净利润2.64亿元，同比大幅增长63.98%。2021年1~9月，公司整体运营情况良好，营业收入达15.97亿元，同比增长6.81%，但净利润同比下降10.46%（见表4）。

表4　2018年至2021年9月掌阅科技主要财务指标

单位：亿元

时间	营业收入	净利润
2018 年	19.03	1.39
2019 年	18.82	1.61
2020 年	20.61	2.64
2021 年 1~9 月	15.97	1.49

资料来源：新元文智整理。

4.融资分析

从财务方面来看，此次非公开发行完成后，掌阅科技的总资产规模与净资产规模均有一定幅度的增加，资产负债率和财务风险均进一步降低，抗风险能力进一步增强。同时，公司的流动比率和速动比率均进一步提高，短期偿债能力提升，公司的财务结构进一步改善，资本实力得到增强。此外，融资对公司营业收入、利润总额等盈利指标的稳定增长有促进作用，公司整体盈利能力得到提升。

从业务角度来看，此次非公开发行募集资金将用于数字版权资源升级建设项目和技术中心建设项目，将进一步巩固公司移动阅读业务的核心竞争力，强化公司现有流量的商业化变现能力，有利于公司健康可持续发展。同时，有利于进一步实现公司主营业务的升级优化，保障公司的核心业务能力以及业务扩张能力，助力公司实现业务目标，为实现公司战略布局奠定坚实基础。

四　我国文化产业上市公司股权融资特点与发展趋势

2021年以来，北交所正式开市进一步拓宽了我国中小文化企业的成长晋升通道，加上全面注册制实施条件逐步成熟，给具有"硬科技"特点、创新性强、附加价值高的文化创新企业带来更多发展机遇。此外，随着美股监管日益严格，中概股回归潮或将再次被掀起，赴港二次上市将成为许多中概股回归的首选方式。

（一）北交所正式开市，我国中小文化企业成长晋升通道将进一步拓宽

2021年11月，北交所正式开市，根据相关规定，精选层现有挂牌公司全部转为北交所上市公司，新增上市公司则来源于在新三板挂牌满12个月的创新层公司。同时，证监会明确，北交所将制定契合中小文化企业的制度，坚持向沪深交易所的转板机制。可以预见的是，随着北交所各项制度的完善，未来新三板中小文化企业从基础层、创新层到北交所上市，以及后续转板到科创板、创业板上市的路径都将被打通，中小文化企业的成长晋升通道将进一步拓宽。因此，我国新三板市场的中小文化企业数量也将在短期内迎来一波增长，全国拟上市文化企业储备将进一步扩容。

（二）美股监管日益严格或将再次掀起中概股回归潮，赴港二次上市或将成为回归首选方式

近两年，受新冠肺炎疫情蔓延、中美贸易摩擦升级等因素影响，美股市场监管日益严格。2021年3月，美国证券交易委员会（SEC）通过《外国公司问责法案》最终修正案。7月，美国证券交易委员会暂停处理中国企业的上市首发融资申请，并要求赴美上市的中企披露获得的中国政府许可以及该许可可能被撤销的风险，且明确美国监管机构可以在3年内对中企的审计记录进行审查。财务监管的不断升级给赴美上市的中国文化企业带来了更多的压力，已有社交网络平台Soul、音频分享平台喜马拉雅等多家中国文化企业暂停或取消赴美上市计划。与此同时，国内A股市场注册制改革全面推进，香港交易所也提出了大幅放宽中概股赴港二次上市的限制。在此背景下，A股、港股对中概股的吸引力正在不断增强，已有百度、微博等多个文

化中概股企业选择赴港二次上市。未来，随着美股市场不确定性进一步加大，新一轮中概股回归潮或将再次被掀起，并且由于港股市场与美股市场的上市流程与环境更为相似，赴港二次上市或将成为更多中概股回归的首选方式。

（三）全面注册制下，"硬科技"、文化创新企业将迎来更多上市机会

近年来，随着大数据、虚拟现实、人工智能等新一代信息技术的兴起，即使在资本寒冬、疫情等负面因素的影响下，数字文化等新业态也仍是资本聚集的热点领域，产业发展十分迅猛。一方面，随着北交所的成立，国内A股市场已经初步形成了三大交易所鼎立的局面。按照科创板坚守"硬科技"、创业板强调"三创四新"、北交所主要服务创新型中小文化企业的市场定位，可以预见，未来具有"硬科技"特点、创新性强、附加价值高的文化创新企业将迎来更大的发展空间。另一方面，注册制改革全面推进背景下，A股对企业盈利要求相对较低，这对于具有轻型、环保、创新等特点的文化企业更加友好。未来，随着全面注册制实施条件逐渐成熟，A股资本市场将迎来进一步发展，具有"硬科技"特点的文化创新企业将迎来更多上市机会，新增IPO文化企业数量有望进一步增长。

B.5
2021年文化产业私募股权融资：整体好转，数字概念融资异军突起

于　淼[*]

摘　要： 2020年以来，中宣部、文旅部、证监会等监管机构对文化细分行业及私募股权融资领域的规范进一步加强。截至2022年2月，我国约有文化类专业基金2000只，募资总目标规模超过2万亿元。2021年，文化行业整体私募股权融资情况明显好转，融资事件数量同比上升7.68%，融资总金额同比上涨53.57%，单起融资事件的平均融资金额达到新高度。在行业分布上，互联网依旧是最受资本欢迎的行业，互联网信息服务、互联网文化娱乐平台以及数字内容服务等与数字经济相关的细分行业融资最多。在地域分布上，与北京相比，广东和上海表现更加亮眼。

关键词： 文化产业　文化金融　私募股权融资　数字概念融资

一　文化产业私募股权投融资市场整体情况

（一）文化行业私募股权融资的政策环境

2020年以来，中宣部、文旅部、证监会等监管机构对文化及投资相关

---

* 于淼，博士，中国文化产业投资基金副总裁。

领域的规范进一步加强，出台了一系列文化行业私募股权融资相关的政策文件（见表1）。文旅部在细分行业出台了一系列规范性文件，如在2020年针对上网服务营业场所运营、在线旅游经营服务、国家全域旅游示范区管理、国家级非物质文化遗产代表性传承人开展传承活动等方面做出较细化的规定，目的在于规范行业发展、促进行业转型升级、优化商业环境、加强事中事后管理、做好组织实施工作；2021年，文旅部又针对文旅市场从业主体的信用管理和民营文艺表演团体的发展出台相关文件，一方面保护各类市场从业主体、从业人员和消费者的合法权益，维护市场秩序，促进文旅市场高质量可持续发展；另一方面帮助民营文艺表演团体解决其在发展中遇到的困难，特别是在新冠肺炎疫情的冲击下，进一步激发民营文艺表演团体的活力和创造力，提振演艺行业的信心，扩大居民的文化旅游消费需求。

表1 2020~2021年文化行业私募股权融资相关的主要政策文件

年份	部门	文号	文件名称
2020	文旅部	文旅市场发〔2020〕86号	《关于进一步优化营商环境推动互联网上网服务行业规范发展的通知》
2020	文旅部	办资源发〔2020〕30号	《文化和旅游部办公厅关于修订印发〈国家全域旅游示范区验收、认定和管理实施办法（试行）〉和〈国家全域旅游示范区验收标准（试行）〉的通知》
2020	文旅部	文旅部令第3号	《国家级非物质文化遗产代表性传承人认定与管理办法》
2020	文旅部	文旅部令第4号	《在线旅游经营服务管理暂行规定》
2020	证监会	证监会公告〔2020〕71号	《关于加强私募投资基金监管的若干规定》
2020	证监会	证监会公告〔2020〕17号	《上市公司创业投资基金股东减持股份的特别规定》
2021	文旅部	文旅部令第7号	《文化和旅游市场信用管理规定》
2021	文旅部、民政部、财政部、人力资源和社会保障部、国家税务总局、国家市场监管总局	文旅政法发〔2021〕66号	《关于营造更好发展环境支持民营文艺表演团体改革发展的实施意见》

年份	部门	文号	文件名称
2021	中宣部	—	《关于开展文娱领域综合治理工作的通知》
2021	中宣部、文旅部、国家广播电视总局、中国文联、中国作协等	—	《关于加强新时代文艺评论工作的指导意见》

2021年，中宣部针对文化娱乐行业近些年出现的问题，如过度关注流量、"饭圈"乱象、从业人员有违法失德行为等，印发《关于开展文娱领域综合治理工作的通知》，拟通过集中治理并建立长效工作机制，规范市场秩序，遏制行业不良行为，廓清文化娱乐行业风气。

证监会在新《证券法》实施以来，针对私募投资基金及相关资本市场运作近些年暴露的问题，进一步出台了《关于加强私募投资基金监管的若干规定》等相关文件，旨在加强金融监管，规范私募投资基金运作和管理，防范金融风险，深化金融改革，推动形成优胜劣汰的良性循环，促进行业规范、可持续发展。

（二）文化产业相关私募股权基金情况及总体市场规模

根据中国证券投资基金业协会的数据，截至2022年2月，在该协会系统中备案的文化类专业基金约有1500只，其中，影视和电影类专业基金317只，文化和旅游类专业基金321只[①]。清科私募通数据库（以下简称"清科"）中收录的文化类专业基金约有2000只，募资总目标规模超过2万亿元[②]。

从总体规模上看，根据清科数据，截至2021年12月31日，全国文化产业私募股权融资累计事件数量23766起，融资累计金额达到14380亿元（见图1）。

[①] 资料来源：中国证券投资基金业协会官方网站私募基金公示栏目，https：//gs. amac. org. cn/amac-infodisc/res/pof/fund/index. html，以文化、旅游、文旅、文娱、传媒、文投等关键词查询，去重后累计加总。

[②] 资料来源：清科。

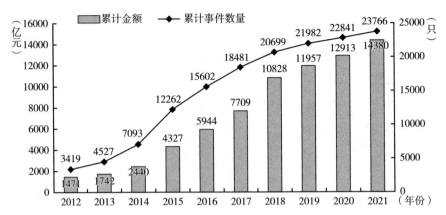

图1 2012～2021年全国文化产业私募股权融资累计金额和累计事件数量

资料来源：清科。

二 2021年文化产业私募股权融资情况

（一）整体情况

清科数据显示，2021年，全国文化产业私募股权融资热度开始回升，融资事件数量为925起，同比上升7.68%；融资金额为1467.79亿元，同比上涨53.57%（见图2）；单起融资事件的平均融资金额达到2.91亿元的新

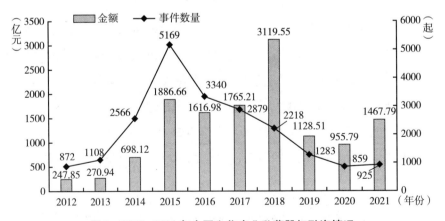

图2 2012～2021年全国文化产业私募股权融资情况

资料来源：清科。

高度。中国文化金融数据库（CCFD）的数据也显示了同样的趋势，2021年全国文化产业私募股权融资事件数量为565起，同比上涨81.67%；融资金额为444.80亿元，同比上涨114.89%（见图3）；单起事件平均融资金额也从6655万元上涨到7872万元。可见，文化产业私募股权融资整体情况明显好转。

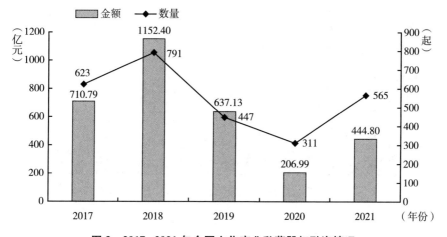

图3　2017~2021年全国文化产业私募股权融资情况

资料来源：CCFD。

（二）融资轮次分析

在融资轮次方面，如图4所示，2021年，中早期的融资（包含种子轮、天使轮、Pre-A轮、A轮、A+轮、Pre-B轮、B轮和B+轮）事件数量为775起，占总融资事件数量的83.78%，融资事件数量同比上涨5.44%；融资金额为613.07亿元，占比41.77%，融资金额同比上涨34.71%。单起事件平均融资金额为7910万元，同比上涨27.75%。中早期的融资事件数量、金额和单起事件平均融资金额都有所上升，早期融资体量在不断加大。中晚期的融资（包含B+轮以后至上市前的所有轮次）事件数量为150起，占比为16.22%，融资事件数量同比上涨20.97%；融资金额为854.71亿元，占比为 58.23%，融资金额同比上涨 70.71%。单起事件平均融资金额同比上涨 41.12%，为 57.0 亿元。与中早期相比，中晚期的融资事件数量、融资金额 和单起事件平均融资金额都有更大涨幅，可见 2021 年成长期和成熟期企业 的融资更受市场青睐。

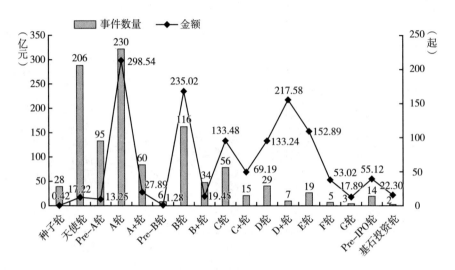

图 4　2021 年全国文化产业私募股权融资轮次分布

资料来源：清科。

（三）行业分布

在行业分布方面，如图 5 所示，互联网依旧是最受资本欢迎的行业。 2021 年，互联网行业融资总金额 1195.94 亿元，占比 81.48%；融资事件数 量 779 起，占比 84.22%，单起事件平均融资金额 1.54 亿元。与 2020 年同 期数据相比，互联网行业融资金额和融资事件数量占融资总金额和融资总事 件数量比重都有小幅下滑。其次是电信及增值业务行业，2021 年融资金额 233.44 亿元，占比 15.90%；融资事件数量 59 起，占比 6.38%。电信及增 值业务行业项目融资体量最大，单起事件平均融资金额达到了 3.96 亿元， 远高于其他行业。之后是娱乐传媒行业，2021 年融资金额 32.74 亿元，融资事件数量63起，与2020年融资金额和融资事件数量基本持平，单起事件平均融资金额约为5200.00万元。

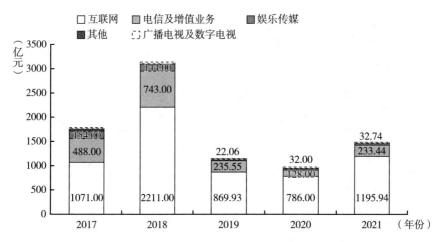

图5 2017～2021年全国文化产业私募股权重点行业融资总金额

资料来源：清科。

CCFD提供了更详细的行业数据分布情况。2021年，融资规模排在前3位的行业依旧是与互联网相关的行业，分别是"互联网信息服务"、"互联网文化娱乐平台"以及"数字内容服务"，占总融资事件数量的56.46%，占总融资金额的57.34%，与2020年基本持平。"广告服务"排第4位，占总融资事件数量的8.50%，占总融资金额的14.79%。与2020年相比，各行业融资金额都有明显上涨，"互联网信息服务"从2020年的44.49亿元上涨到97.09亿元，而"互联网文化娱乐平台"从2020年的33.70亿元上涨到85.01亿元，"数字内容服务"从2020年的43.67亿元上涨至72.93亿元。此外，"文化辅助用品制造"、"娱乐服务"和"玩具制造"取代了"广播影视节目制作"、"版权服务"和"设计服务"，进入前10位（见图6）。

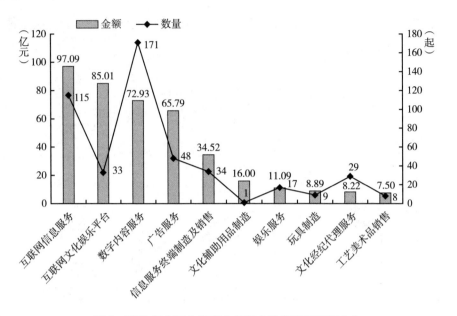

图6 2021年全国文化产业各行业私募股权融资分布

资料来源：CCFD。

（四）地区分布

2021年，全国文化产业私募股权融资分布情况体现出新的地区特色：广东、上海大幅上涨，北京下滑，湖南单个项目融资体量大。如图7所示，清科统计的2021年全国文化产业私募股权融资地区分布TOP10中，广东非常活跃，融资金额344.33亿元，占总金额的23.46%，超过北京排在第1位；融资事件数量188起，仅次于北京和上海。作为全国文化中心的北京，融资规模常年名列前茅，2021年北京融资金额295.05亿元，占总金额的20.10%，排在第2位；融资事件数量198起，排在第1位。与2020年相比，北京融资金额和融资事件数量都有小幅下滑。湖南和上海的文化产业融资金额都超过200.00亿元，占融资总金额的14.00%左右。湖南融资事件数量9起，单起事件平均融资金额较高，达到23.83亿元。浙江排在第5位，融资金额179.46亿元，占比为12.23%；融资事件数量126起，与2020年同期相比小幅上涨。

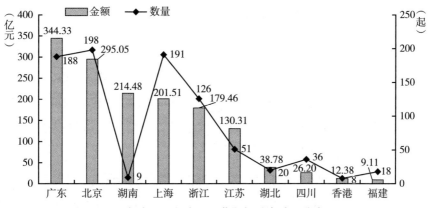

图7 2021年全国文化产业私募股权融资地区分布 TOP10

资料来源：清科。

CCFD 的数据显示的 2021 年全国文化产业私募股权融资地区分布 TOP10 稍有不同。在融资金额方面，上海排在第 1 位，北京和广东次之。2021 年，上海的融资金额占总金额的 27.61%，融资事件数量占比为 24.78%，排在第 2~4 位的地区是北京、广东和浙江，融资金额占比分别为 27.25%、14.74% 和 14.05%。与 2020 年相比，各地区的融资金额都有显著回升，上海、广东、四川、湖北、湖南等地区的融资金额同比上涨超过 100%，北京和浙江也上涨了 33% 和 98%（见图 8）。

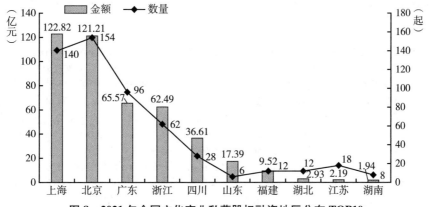

图8 2021年全国文化产业私募股权融资地区分布 TOP10

资料来源：CCFD。

（五）案例解析

1. 事件介绍

2021 年 9~12 月，北京字节跳动科技有限公司（以下简称"字节跳动"）旗下的北京星云创迹科技有限公司（以下简称"星云创迹"）对青岛小鸟看看科技有限公司（以下简称"青岛小鸟看看"）进行了全资收购，估值约 15 亿美元（90 亿元）。

根据工商信息，2021 年 9 月，星云创迹分两次取得青岛小鸟看看 90.87% 的股权。在第一次交易中，星云创迹从老股东领汇基石、广发乾和、伊敦传媒、建银国际、中金启辰等投资机构、券商和个人处取得共计 19.56% 的股权，并于 2021 年 9 月 1 日进行了工商变更①。在第二次交易中，星云创迹从歌尔集团、渡渡鸟、灵思海南、小鸟科技和周宏伟等战略股东和管理层手中取得共计 71.30% 的股权，并于 2021 年 9 月 8 日进行了工商变更②。

青岛小鸟看看的 3 家国有股东青岛巨峰、荣成城投和青岛微电子依据国有资产管理相关办法，对股权资产进行公开转让③。2021 年 11 月，3 家国有股东将其持有的青岛小鸟看看股权在山东产权交易中心公开挂牌，合计挂牌价格约为 8.2 亿元，股份比例为 9.1%（其中，青岛巨峰、荣成城投、青岛微电子持股比例分别为 4.9%、2.1%、2.1%），青岛小鸟看看整体估值约为 90.0 亿元。2021 年 12 月，星云创迹通过公开摘牌完成对青岛小鸟看看

---

① 参与第一次交易（合计 19.56% 股权）的机构和个人明细为：深圳市领汇基石股权投资基金合伙企业（有限合伙）4.26%、广发乾和投资有限公司 3.19%、唐文波 3.07%、深圳市伊敦传媒投资基金合伙企业（有限合伙）2.56%、建银国际资本管理（天津）有限公司 2.13%、中山广发信德公用环保夹层投资企业（有限合伙）1.37%、建银科创（苏州）投贷联动股权投资基金（有限合伙）0.85%、深圳前海钥石富德投资中心（有限合伙）0.85%、中电中金（厦门）智能产业股权投资基金合伙企业（有限合伙）0.64%、中金启辰（苏州）新兴产业股权投资基金合伙企业（有限合伙）0.64%。
② 参与第二次交易（合计 71.30% 股权）的机构和个人明细为：歌尔集团有限公司 26.04%、天津渡渡鸟股权投资合伙企业（有限合伙）20.45%、灵思（海南）企业管理咨询合伙企业（有限合伙）13.82%、小鸟科技有限公司 9.05%、周宏伟 1.94%。
③ 公开转让的股东为：青岛巨峰科技创业投资有限公司、荣成市城建投资开发有限公司和青岛微电子创新中心有限公司。

的第三笔收购。国有股东退出后，字节跳动通过星云创迹 100%控股青岛小鸟看看。

2. 融资方介绍

青岛小鸟看看成立于 2017 年 11 月 27 日，是国内知名的虚拟现实技术（VR）企业，注册地为青岛市崂山区，注册资本为 5478 万元①。公司既直接面向消费者又与运营商合作，聚焦 VR、增强现实技术（AR）与交互技术产品的研发设计，向客户提供 VR/AR 一体机硬件产品、内容和服务，打造游戏、影音、社交等虚拟体验场景。截至 2022 年 3 月 18 日，公司拥有超过 300 人的团队，以及 300 多项 VR 核心技术领域的授权专利②。2021 年 5 月，公司发布的 VR 一体机 Pico Neo 3，主要对标 Facebook（Meta）的 Oculus Quest 2 产品。Pico Neo 3 的推出有助于公司进一步打开国内 VR 市场，推动 VR 国产化③。

3. 融资分析

在此次并购之前，青岛小鸟看看经历了多轮股权融资④。

2017 年，青岛小鸟看看由小鸟科技（歌尔集团下属企业）、渡渡鸟（歌尔集团控制企业）、周宏伟（实际控制人，公司创始人）共同出资设立。

2018 年，青岛小鸟看看完成 1.68 亿元的 A 轮融资，估值约 12 亿元，投资方包括广发乾和、广发信德及青岛市崂山区国资平台青岛巨峰等。

2020 年 12 月，青岛小鸟看看完成 1.93 亿元的 B 轮融资，投资方主要为中电中金、中金资本、钥石富德等。

2021 年 3 月，青岛小鸟看看完成 2.42 亿元的 B+轮融资，引入建银国际、建银苏州、基石资本、伊敦传媒等投资方。

此次并购之后，青岛小鸟看看依旧由原管理团队管理，其创始人及首席投行官（CEO）周宏伟担任公司法定代表人、执行董事和总经理。

从青岛小鸟看看过往的融资历程及此次并购可以看出以下几点。

---

① 资料来源：企查查企业信息库。
② 资料来源：青岛小鸟看看科技有限公司官方网站，https://www.picovr.com/。
③ 资料来源：青岛小鸟看看科技有限公司官方网站，https://www.picovr.com/。
④ 资料来源：企查查企业信息库及清科。

第一，VR 相关赛道又重新成为投资热点。中国的 VR 行业过去几年经历了低谷期，尽管百度、腾讯、华为等巨头企业进军了 VR/AR 领域，但都没有将其作为重点领域发展。其他相关的初创公司规模小，技术有待提高，市场尚未打开。字节跳动收购青岛小鸟看看这一举动对于国内的创业机构和投资机构来说是强烈的信号，表明 VR 重新成为投资热点。

第二，融资是公司战略落实的重要手段，也是业务发展的有力保证。通过分析青岛小鸟看看历次融资可以看出，青岛小鸟看看较好地利用了融资工具整合资源。首先，青岛小鸟看看脱胎于歌尔集团，歌尔集团是上市公司歌尔股份（002241）的控股股东①。歌尔集团在全球 VR/AR 一体机的生产和研发方面首屈一指，这为青岛小鸟看看的发展提供了强大的业务和研发基因。其次，青岛小鸟看看在 A 轮融资时就引入了政府资金，青岛市崂山区国资平台及荣成城投等在 2018 年后陆续进入青岛小鸟看看，这为公司在当地发展、获得政府支持提供了保证。

第三，青岛小鸟看看较早地通过融资引入了专业投资机构和券商投资机构，如在 A 轮引入了广发系投资机构，在 B 轮引入了中金系投资机构，在 B+轮引入建银系投资机构；同时也引入了唐文波等专业投资人。专业投资机构、券商投资机构和专业投资人的加入，不仅可以使青岛小鸟看看获得初创阶段所需的资金支持，更有利于青岛小鸟看看进一步规范运营、完善治理结构、调整战略目标，也为青岛小鸟看看后续的资本市场运作提前规划和布局、持续引入资源。

此次并购完成后，字节跳动已成为青岛小鸟看看的唯一股东。并购后青岛小鸟看看将被并入字节跳动的 VR 相关业务，字节跳动将通过青岛小鸟看看的硬件入口，提供更具有沉浸感的内容，如在游戏内容协同上，字节跳动旗下关联的多家游戏公司有望联合青岛小鸟看看推出更多的 VR 游戏。而在内容生态上，字节跳动旗下的抖音、西瓜视频等应用已形成了较为完善的内

---

① 资料来源：Wind 数据库。歌尔股份是全球声光电精密零组件及精密结构件、智能整机、高端装备的研发、制造和销售企业，截至 2022 年 3 月 18 日，市值约为 1300 亿元。

容生态，并购完成后，西瓜视频、抖音综艺、抖音娱乐等多位"核心骨干"将转岗至 VR 产品线，进一步加大 VR 内容与字节跳动原有优势内容的合作力度①。对青岛小鸟看看而言，通过并购，其可以背靠字节跳动在全球图文和视频领域的优势，整合字节跳动的内容资源和技术能力，打通硬件、软件、内容、应用和服务的全产业链环节，加速 VR 市场，尤其是国内 VR 市场的开发和渗透，弥补国内 VR 行业与国外 VR 行业的差距，从而实现青岛小鸟看看、字节跳动、消费者、生态企业等多方共赢。

三 文化产业私募股权融资趋势分析

（一）疫情防控常态化，文化产业私募股权融资大幅反弹

2021 年，文化产业私募股权融资事件数量和融资金额较 2020 年有较大回升。清科数据显示，融资事件数量同比上升 7.68%，融资金额同比上涨 53.57%。融资事件数量虽然尚未达到 2019 年的水平，但结束了前几年连续下跌的趋势；融资金额已经超过 2019 年的水平，逼近 1500 亿元。CCFD 的数据也显示了同样的趋势，且涨幅更为明显。2021 年文化产业私募股权融资事件数量同比上涨 81.67%，融资金额同比上涨 114.89%，单起融资事件的平均融资金额也从 6655 万元上涨到 7872 万元。虽然 2021 年私募股权融资依然受到疫情防控和整体市场环境的影响，且部分增长可能是 2020 年私募股权融资需求推迟导致的，但文化产业整体私募股权融资情况明显好转，呈现触底反弹的趋势。

（二）VR/AR 重回舞台、元宇宙概念火爆私募圈

自 1992 年"元宇宙"概念被提出以来，文学、艺术、电影等作品中的

---

① 资料来源：Wind 新闻、晚点 LatePost 新闻。

元宇宙①元素越来越具象化，从游戏《第二人生》②到《我的世界》③，从电影《黑客帝国》到《头号玩家》，读者和观众对虚拟网络世界的理解越发清晰。而VR/AR作为通往元宇宙的桥梁，被认为是未来5G的核心应用场景，是继智能手机后最为重要的终端产品之一。

2010年后，随着资本市场对元宇宙的关注度提高，腾讯、Facebook（Meta）等互联网巨头开始以投资收购等方式布局元宇宙。2012年腾讯入股美国视频游戏开发团队Epic Games，以3.3亿美元的价格获得其48.4%的股权。2014年Facebook（Meta）以4亿美元加股票（总计20亿美元）的价格收购VR一体机开发商Oculus VR④。2016年虚拟现实被列入《"十三五"国家信息化规划》⑤等政策文件，国内迎来了第一波VR/AR等元宇宙领域的创业与投资热潮，但限于当时技术、硬件、软件、产业等落地并不顺利，2017年之后，VR/AR领域的私募股权融资进入寒冬期。即使处于低谷，国内的互联网巨头也并未完全停下投资的脚步，2018年网易与美国虚拟现实游戏工作室Survios共同在中国投资创立VR游戏发行商网易影核NetVios，在中国代理高质量VR游戏⑥。2020年腾讯参与了元宇宙第一股Roblox的G轮融资；随后，腾讯又在2021年投资了重度动作VR游戏开发商威魔纪元科技（北京）有限责任公司，持股比例为16%。几乎在同一时期，字节跳动收购了青岛小鸟看看的100%股权⑦。

元宇宙成为私募股权融资的新风口，得益于VR/AR、软硬件和内容生

---

① 元宇宙（Metaverse），是由科幻小说家尼尔·斯蒂芬森（Neal Stephenson）在1992年的科幻小说《雪崩》中首次提出的概念，是一个脱胎于现实世界，又与现实世界相互平行、相互影响，并且始终在线的虚拟世界。

② 游戏《第二人生》（Second Life），是由美国Linden实验室于2003年推出的一个网络虚拟平台，是有丰富UGC内容、数字地产和活跃经济生态的现象级3D虚拟世界游戏。

③ 游戏《我的世界》（Minecraft），是2009年Mojang Studios开发的沙盒游戏，隶属于微软Xbox游戏工作室。

④ 资料来源：清科。

⑤ 资料来源：中华人民共和国中央人民政府网站，http://www.gov.cn/zhengce/content/2016-12/27/content_5153411.htm。

⑥ 资料来源：清科。

⑦ 资料来源：清科。

态的日趋成熟。在底层技术方面，云计算、5G、区块链等技术不断提升大流量交互视频内容的流畅度，降低端到端显示的延时性。在终端载体方面，2020 年 Oculus 发布了 VR 一体机 Quest 2，最低配置售价在 300 美元左右[①]；2021 年青岛小鸟看看推出的 VR 一体机 Pico Neo 3 售价在 2500 元左右[②]，同时配有多种优惠活动。相较于老产品，新一代 VR 一体机能够为用户提供更加真实的沉浸感和参与感，同时价格设定在可接受范围内，使得产品的性价比大幅提升，有利于 VR 产品在消费者中的快速渗透。在内容生态方面，Oculus Quest 2 和 Pico Neo 3 的内容生态逐渐丰富，已上线上百款应用，覆盖游戏、健身、社交、视频、音乐、教育、会议等场景。

2021 年互联网巨头和头部游戏公司的抢滩布局推动元宇宙再次成为新风口，新一轮 VR/AR 快速发展期已经开始。从短期来看，虽然目前元宇宙刚起步，但这一趋势已不可逆且正在加速发展中。然而，因底层基础设施、硬件和配套设备尚处在建设和普及阶段，目前的 VR/AR 设备在设计、性能、成本等多方面的问题亟待解决，应用系统和内容还不够丰富，元宇宙这一新概念的火爆带来的数据安全、隐私保护以及金融风险等问题尚待解决。元宇宙市场方兴未艾，相关产品的开发和产业的建设仍处于探索期，这为创业创新和私募股权融资带来了机会。从中长期来看，新一代消费主体重视精神娱乐的消费理念，叠加疫情防控催化下线上办公、学习和娱乐习惯的快速养成，人类的娱乐、生活、工作将持续数字化、智能化，虚实结合将成为元宇宙的终极形态，而这一过程将带来无限的想象空间、全新的机遇和丰富的投资机会。

---

① 资料来源：亚马逊美国网站，https：//www.amazon.com/dp/B099VMT8VZ/ref = twister_B09C9YY2B4？ _ encoding = UTF8&psc = 1。

② 资料来源：京东网站，https：//item.jd.com/100020616246.html。

B.6
2021年文化信托发展研究报告：
规模稳定　投向多元

禄　琼*

摘　要： 2021年，文化信托进一步发挥信托机制优势，积极促进文化产业创新发展。2021年文化信托产品共发行100余期，信托资金流入文化产业的规模超过200亿元，在投向上更为多元。本报告对文旅信托、影视信托、艺术品信托以及版权信托的相关信托产品进行了行业案例分析，探索文化信托未来的发展方向。基于文化信托的特点和信托公司的转型发展进程，未来信托公司开展文化信托业务将形成从压降融资到发展投资、从有形资产到无形资产、从传统经济到数字经济三个重要发展趋势。

关键词： 文化产业　文化金融　文化信托

一　文化信托发展概况

信托是现代金融体系的重要组成部分，近年来，在中央政策鼓励和市场需求的双重驱动下，信托行业持续回归本源，积极创新业务模式支持文化产业等实体业态发展转型。在国家大力支持文化产业的大背景下，发挥信托制度优势在文化金融体系中准确定位，为文化产业的发展注入源源不断的"活水"，是信托行业未来一个重要的发展方向。

---

* 禄琼，中航信托股份有限公司研发与产品创新部高级研究员。

本报告中的文化信托，是指信托作为一种金融工具，发挥灵活的制度优势，为法律所规定的文化产业各个业态提供综合性金融服务的信托业务①。文化信托相关业务的开展是信托支持文化产业实体经济发展的直接体现，而文化产业项目轻重资产并存的复合业态特征，亦决定了其对复合型金融工具的需求，从产业端为文化信托的发展提供了新契机。文化信托凭借其独特的制度优势，既可以发放信托贷款，又可以进行股权投资，还可以提供夹层资金支持，从理论上来说可以覆盖文化产业的全产业链。

根据中国信托业协会发布的数据，2021 年，随着"资管新规"过渡期临近结束，信托业融资类与通道类业务继续压缩，其中集合资金信托的规模整体保持平稳，占比持续提高。以通道类业务为主的单一资金信托的规模和占比经历了长时间的连续下降。截至 2021 年第三季度末，信托资产总规模为 20.44 万亿元，集合资金信托规模为 10.55 万亿元，占比为 51.63%；单一资金信托规模为 5.12 万亿元，占比为 25.04%；管理财产信托规模为 4.77 万亿元，占比为 23.33%②。

根据中国文化金融数据库（CCFD）数据，2021 年文化信托产品共发行 100 余期，均为集合资金信托产品，信托资金流入文化产业的规模超过 200 亿元，受到新冠肺炎疫情以及信托行业转型的影响，文化信托产品在总规模上没有太大的增长，但在投向上更为多元，涵盖了会展服务、电影、文旅项目管理等诸多文化产业领域③。这一方面体现了信托业压降通道业务、积极转型的发展方向；另一方面体现了信托公司更加广泛地参与到文化产业投融资中，积极发挥主动管理能力。

---

① 根据《文化产业促进法（草案征求意见稿）》第一章第二条规定：本法所称文化产业，是指以文化为核心内容而进行的创作、生产、传播、展示文化产品和提供文化服务的经营性活动。
② 资料来源：中国信托业协会统计数据。
③ 资料来源：CCFD，Wind 咨询，以及用益金融信托研究院。

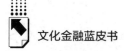

从区域分布来看，2021 年北京、福建、广东、河南、湖南等 10 个省市均有文化信托产品发行，发行规模位于前三的省份分别为陕西、山东和江苏，分别为 34 单、27 单和 21 单，占据文化信托产品发行总数量的 80% 以上。陕西以 34 单的发行数量居于首位，增幅较大，其中有多单产品投向传统文化特色主题项目，体现了陕西从政策和经济上对中国历史文化特色文旅项目的重点支持（见图 1）；山东文化信托产品的发行规模最大，2021 年单笔发行规模超过 20 亿元的文化信托产品一共有 4 单，均投向山东文化产业园区的运营管理项目。

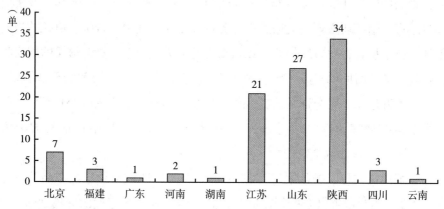

图 1　2021 年全国部分省市文化信托产品发行数量（按资金流入统计）

资料来源：CCFD。

从投向和规模来看，文化信托产品投向分布在报纸出版、名胜风景区管理、电影放映等多个领域，其中投向文化投资与资产管理的文化信托产品单数最多，为 43 单（见图 2）；投向城市公园管理、名胜风景区管理等运营类项目文化信托产品的综合单数较多，为 51 单。规模在 2 亿元以上的文化信托产品有 30 单，均投向文化运营管理类项目，其中有 4 单规模超过 20 亿元，体现了目前文化信托的投资更偏向于重资产项目的投资及运营，在轻资产的文化消费以及文化服务等领域也正在逐步展开探索。

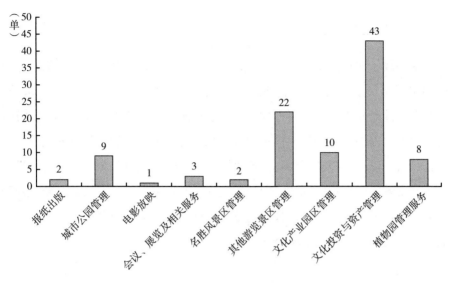

图2　2021年文化信托产品资金投向领域

资料来源：CCFD。

二　文化信托的类型与案例分析

根据 2021 年发行的文化信托产品的要素信息①分析来看，文化信托投融资主要集中在特定文化项目运营开发、文化项目基础设施建设以及文化产业股权基金投资等领域。受制于近几年疫情对文化旅游等线下活动开展的影响，规模占比最高的文旅类文化信托产品发行数量与发行规模都有一定程度的下降。但是文化产业的新兴领域有所进展，如以股权投资的形式参与文化产业数字化转型的股权文化信托规模有所上升，针对文化产业的核心资产——版权资产的数字版权信托创新模式也首次进入大家的视野……体现了文化信托以及文化产业未来发展的新趋势。文化信托经过数年的探索发展，正在逐步开发能适应不同文化业态的信托产品。

---

①　文化信托产品要素信息来源于用益金融信托研究院及各家信托公司官网。

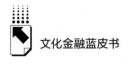

（一）文旅信托

文旅属于比较复杂的融合业态，在一个文旅项目的开发中，包括对文旅IP 的开发与情景再造、文旅基础设施的建设、文旅项目的运营等多个环节，每个环节的产业逻辑、资产形式以及风控措施也各不相同。在文化与旅游融合的实施过程中，需要较大体量的资金来支持相关基础设施的开发建设以及市场运营。以往信托公司参与文旅投资，往往以现金流较为可控、增信措施较为严格的资产为投资标的，而随着文旅业态逐渐升级，新场景、新主题开始成为市场关注的重点。信托公司参与文旅项目投资的类型和方式也逐渐灵活，股权投资的比例明显提升。

1. 债权投资类

对文旅项目的基础设施建设以及商业运营开展债权投资是信托公司参与文旅项目投资比较常见的模式，信托公司在此类业务的开展中，普遍倾向选择主体信用评级较高的文旅企业作为交易对手，采取较为严格的风控措施，在交易结构中制定比较完善的担保条款。债权投资类文旅信托的收益通常为固定收益，根据用益信托网公开数据，2021 年债权投资类文旅信托的平均收益率在 7% 左右。

例如，陕西国际投资信托于 2021 年发行的"大西安文体区专项债权集合资金信托计划"（见图 3）。该信托计划的信托规模为 4.9 亿元，产品期限为 24 个月，预期收益率为 6.6% ~ 7.4%，信托资金主要用于投资大西安（咸阳）文化体育功能区专项债权，其债务人及担保人均为大型国有企业，具有较稳定的盈利能力和担保能力。

国元信托于 2021 年发行的"江苏省宿迁市众安文化旅游发展有限公司（以下简称"众安文旅"）债权投资集合资金信托计划"同样投向文旅项目的债权权益转让（见图 4），该信托计划的信托规模为 19400 万元，产品期限为 24 个月，预期收益率为 7.2% ~ 7.6%。信托资金用于受让众安文旅拟转让的债权，众安文旅所获信托资金用于补充营运资金。债务人用于偿还债务的资金主要来源于经营性收入，同时，在金融机构和金融市场的再融资也可以为其按期偿还债务起到补充作用。

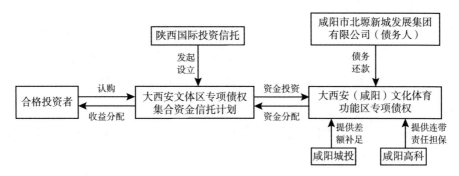

图3　大西安文体区专项债权集合资金信托计划交易结构

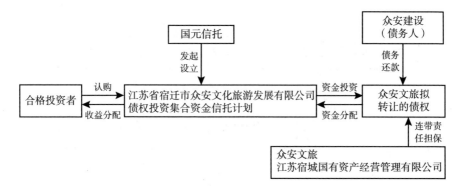

图4　江苏省宿迁市众安文化旅游发展有限公司债权投资集合资金信托计划交易结构

2.股权投资类

股权投资业务是信托公司能够体现和提升主动管理能力的重要抓手，目前来看，中国信托公司参与股权投资业务的主要模式有信托公司直投和通过特殊目的机构（SPV）参与投资两种，其中SPV模式又包括信托公司作为有限合伙人（LP）参股私募股权（PE）投资基金、设立全资或控股的PE子公司等。股权投资类文化信托产品从项目选择、资金募集、投后管理等方面都对信托公司提出了更高的要求。目前信托公司发行股权投资类文化信托产品，一般倾向于选择与深耕专业领域、市场经验较为丰富的普通合作人（GP）合作，以认购相关产业基金LP份额的形式参与优质标的投资。

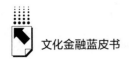

例如，陕西国际投资信托于2021年11月发行的"丝绸之路文化旅游股权投资基金集合资金信托计划"（见图5）。该信托计划将信托资金以股权投资的方式用于认购由陕西国开旅游产业基金管理有限公司设立的有限合伙基金LP份额，该基金项下资金用于向西咸新区丝路欢乐世界旅游发展有限公司增资入股。产品期限为60个月，收益类型为浮动型。根据约定，在到期后按照各有限合伙人实际出资额占总实际出资额的比例，归还各有限合伙人实际出资，实现信托退出。

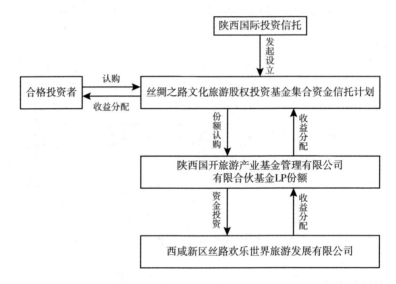

图5 丝绸之路文化旅游股权投资基金集合资金信托计划交易结构

丝绸之路文化旅游股权投资基金集合资金信托计划的交易对手为陕西国开旅游产业基金管理有限公司。根据公开信息，陕西国开旅游产业基金管理有限公司是陕西省旅游产业基金和西安市旅游发展基金两只产业基金的管理人，目前产业投资基金所投项目稳定运营，取得了较好的经济效益和社会效益。

3.5A 景区不动产投资信托基金

2021年7月初，国家发展改革委公布了《关于进一步做好基础设施领域不动产投资信托基金（REITs）试点工作的通知》（以下简称《通知》）。

《通知》提出可在全国306个5A景区和《世界遗产名录》上所列入的56个自然文化遗产自然景区开展REITs试点。

自然景观是一类比较特殊的资产，对社会资金来说，景区开发在文旅产业链上属于偏向基础开发的重资产，具有投资周期长、投资金额大、退出困难等特点。5A景区REITs的运用能够将5A景区资产收益分割成收益凭证卖给特定投资人，有效支持5A景区的基础设施和公共服务建设并获取可持续的收益。通过这种方式，公众也能参与5A景区投资并分享中国文旅经济的发展红利，顺应了文旅市场的发展和行业的诉求。

作为文旅资产的稳定现金流来源，景区门票价格体现的不仅是基础设施的投建成本，还包括对自然、历史文化资源的变现。5A景区如何定价、如何平衡公益性设施和商业化业态的边界一直是业内的难题，通过运用5A景区REITs的方式，信托公司可以在未来的业务开展中对5A景区资产重新进行价值评估，把模糊的收益变成可预期、可量化的收益，形成价值投资与优质资产的互相促进。

（二）影视信托

相对于传统产业投资，电影投资具有较高的专业性。基于投资电影项目风险的不可控性、市场的难预估性以及复杂的票房分账模式，信托公司对参与电影投资的形式仍然处于探索中。2021年，信托公司主要通过直接发行信托计划投资影视制作公司或以认购影视制作份额的形式开展影视信托业务，以支持具体影片的发行。

1.投资影视制作公司

"文化发展投资002号集合资金信托计划"（见图6）由北京信托于2021年分次发行，信托资金主要用于投资北京信托与北京广播电视台、紫禁城影业签订的《合作协议书》项下的合作影视剧项目，受托人向紫禁城影业支付投资资金并根据《合作协议书》的要求分配投资收益；投资资金由紫禁城影业用于向北京广播电视台购买合作影视剧项目所涉及的各项运营权利以及受托人认可的其他方面。该信托计划为权益投资，收益为浮动型收益。

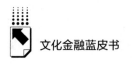

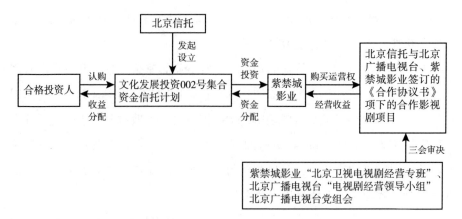

图6 文化发展投资002号集合资金信托计划交易结构

该信托计划针对电影行业本身的风险特点设置了以下相应的风控措施。

在投资收益方面，紫禁城影业（北京广播电视台实控）承诺，北京信托实际取得的合作收益将不低于预期收益，较好地保障了投资人利益。合作影视剧首播满1年后，受托人可根据该影视剧此前的播出情况，在向紫禁城影业及其他机构公开询价后，一次性卖断该影视剧未来收益，结束该信托并进行清算。

在风险控制方面，针对影视剧投资最主要的三项风险：审核风险（不通过审核）、制作风险（质量不佳）、发行风险（无平台播映），该信托计划设立了相对应的合作项目三级保障机制——每部影视剧投资前均需依次通过"三会"研究、审核、决策后方可进入具体实施阶段。"三会"包括紫禁城影业"北京卫视电视剧经营专班"、北京广播电视台"电视剧经营领导小组"与北京广播电视台党组会，该三级保障机制经北京广播电视台党组会审议通过，有效保证了投资影视剧能够顺利完成并进入上映阶段。

2.投向具体影视项目

2021年9月30日，由中航信托设立信托计划参与博纳影业（即"博纳影业集团股份有限公司"）牵头摄制并发行的抗美援朝题材战争电影《长津湖》成功上映。在交易结构中，中航信托通过设立的"中航信托·天启21A142号影视项目投资集合资金信托计划"（见图7）投资博纳影业持有的影片制作份额，享有该份额投资收益权，该信托计划通过电影的票房收入及销售版权收入分成获得投资收益，信托投资人通过投资该信托计划获得约定比例的投资收益。猫眼专业版数据显示，《长津湖》已夺得中国影史票房榜冠军，同时成为全球影史战争题材票房冠军、全球华语电影票房冠军，位居2021年全球电影票房榜榜首。

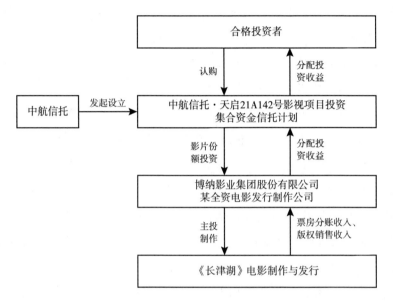

图7　中航信托·天启21A142号影视项目投资集合资金信托计划交易结构

《长津湖》的成功并非偶然现象，在过去数年，博纳影业已经成为"主旋律爆款收割机"，从"山河海三部曲"系列电影《智取威虎山》《湄公河行动》《红海行动》，到"中国骄傲三部曲"《中国机长》《烈火英雄》《决胜时刻》，都取得了市场的热烈反响。选择博纳影业共同出品《长津湖》，是中航信托在对电影市场行情以及电影行业投资深入调研的基础上进行的业务探索。长远来看，未来信托公司参与电影的投融资，需要以更专业的态度提升对电影市场和风险的把控能力，将交易对手、内容、导演、演员、市场环境等纳入调研范围，尊重电影本身的艺术创作规律和市场规律，谨慎分析电影行业的风险，逐步形成信托与电影行业的合作共赢模式。

（三）艺术品信托

国内对艺术品信托的探索已经进行了多年，出现过融资类艺术品信托（将藏家收藏的艺术品按照一定折扣质押而获得贷款的融资服务）、投资类艺术品信托（信托公司委托专业机构选择有价值的艺术品为投资标的，预期获得艺术品增值的超额收益）以及艺术品消费权益信托（将艺术品欣赏权益、购买折扣权益等作为受益人收益分配的一部分）等多种形式。因为艺术品本身具有估值难、变现难以及流通难等特点，以艺术品本身作为信托产品进行投资的操作难度较大，目前信托公司尚未大规模开展相关信托业务。近年来，基于民众对艺术品消费的市场需求逐渐增大，信托公司开始重点探索将艺术品消费权益纳入信托计划收益分配形式的艺术品信托模式，成为近年来艺术品信托发展的新趋势。

2021年，五矿信托发行了"艺享世家3号—艺术品消费选择权集合资金信托计划"（见图8），该信托计划为信托中的信托（TOT）的上层信托，拟募集资金规模不超过20亿元，信托资金用于认购或受让期限匹配的五矿信托主动管理的信托产品受益权。该信托计划向受益人的收益分配中包含"财富管理+艺术权益服务"权益选择，委托人在信托单位存续期间享有"美在财富"（艺术财富俱乐部VIP资格，专享价格认购艺术作品）、"美在欣赏"（艺术课程及进阶）、"美在日常"（艺术体验活动）三大板块艺术权益服务。"艺享世家3号—艺术品消费选择权集合资金信托计划"将多样化的艺术品消费权益纳入信托收益分配的可选项中，将客户权益的范围进一步扩大，体现了信托公司主动服务客户、整合社会资源的态度与能力。

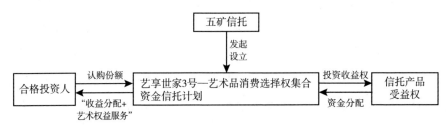

图8 艺享世家3号—艺术品消费选择权集合资金信托计划交易结构

（四）版权信托

在 2021 年中国国际服务贸易交易会期间，作为第二届版权链生态大会重点示范项目，由中航信托联合版权链全国运营中心共同推出的版权金融可信数字基础设施——版权信托链在该交易会现场重点展出，亮点突出。

实践中，版权内容产业市场容量与目前进入该产业的金融服务供给存在一定的差距，尤其是版权存在"轻资产"的无形性、评估难等特点，造成了版权人面临权益维护难、版权转化效益低、版权项目融资难等困境，版权等知识产权的市场价值亟待进一步释放。版权信托链作为一个多方跨界融合的创新产品，充分发挥了信托制度优势，并依托信托结构灵活性、信托财产独立性、金融工具多样性及受托服务专业性等特色，创新版权金融模式，通过资产证券化、服务信托化、信托数字化的方式助力数字版权资产实现价值。

版权信托链基于区块链、数字认证等底层技术，为版权的数字化以及确权、授权、维权提供保障，凸显了其可重复授予性、可分割性等特点，为版权人利用信托金融工具支持开展版权资产证券化提供了新路径。版权信托链的推出，既是中航信托基于版权资产的基本特征，充分发挥信托制度的优越性，探索具有创新性的版权信托产品模式的重要体现，也是以信托形式助力版权等知识产权价值实现的重要实践。版权信托链作为一个融合信托、知识产权及科技的跨界产品，对版权的商业价值、版权人权益的实现以及版权金融化发展都具有重要意义，为版权金融提供了一个市场化的新样本。

三　信托公司开展文化信托的发展趋势

（一）从压降融资到发展投资

2021 年是信托行业转型发展的关键时期，也是"资管新规"过渡期的最后一年，在"两压一降"的监管背景下，信托行业进一步压缩融资类信

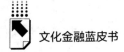

托规模，积极向投资类信托转型。同时，信托行业持续弱化对房地产等传统行业的依赖，积极开拓绿色能源、数据资产、文化版权等新兴产业。未来，价值成长潜力较大、拥有核心版权资产的文化企业将逐渐成为信托公司的投资标的，信托公司可以以直接进行股权投资或参与文化产业投资基金的形式参与文化产业发展。

（二）从有形资产到无形资产

文化产业的核心资产是版权。因为信托业务模式和风控要求，以往的信托资金进入文化产业链往往采用参与基础设施建设、大型企业股权收并购等形式，直接涉及版权等无形资产的业务较少。而版权作为文化产业的核心资产，一直存在估值难、变现难等问题，因而信托公司尚未大规模开展版权信托业务。2021年底，国家版权局正式印发《版权工作"十四五"规划》，并于该规划中首次提出版权金融的概念和发展版权金融的相关举措，版权金融化的进程将进一步加快，信托公司也将逐渐针对版权等无形资产积极开展业务探索。

（三）从传统经济到数字经济

2020年，国家文化大数据体系建设工程开始推进，随着文化产业驶入数字化进程的快车道，文化数据资产也逐渐成为一种新型资产。文化数据资产具有较强的外部效应，在评估和定价上遵循数据资产基本逻辑的同时，应更加凸显其文化内涵和公共价值导向，将文化数据的特殊属性和文化应用场景纳入考量范围，建立针对文化数据资产的价值评估机制。这是文化数据资产进入金融流通体系的前提，也是文化数据资产金融化的基础。金融机构目前正在针对文化数据资产开展相关业务探索，其中文化数据信托等业务的创新实践属于业界比较前沿的尝试。

行业篇
Industry Reports

B.7

2021年电影金融与影视产业投融资：
市场震荡恢复期，投融资迎来新增长点

张琦　齐文卿[*]

摘　要： 2021年，我国电影市场在震荡中走向复苏。国产电影发挥主场优势，盘活整体院线产出。电影与智能信息技术结合更加深入，产业资本转向战略投资，专业机构布局虚拟现实（VR）、视效等新增长领域。国有资本保持活力，互联网资本持续整合上下游，各主体投资更加平衡风险与收益。本报告分析了2021年中国电影产业与投融资发展总体状况，提出面对新增长、新动能，应加强对金融资本的引导和规范，既要提振资本信心，又要引导资本有序推进市场恢复，促进产业革新。

关键词： 文化产业　文化金融　电影金融　影视产业　投融资

---

* 张琦，北京电影学院管理学院副教授，硕士研究生导师，国家金融与发展实验室文化金融研究中心特聘研究员，北京立言金融与发展研究院特聘研究员。齐文卿，北京电影学院中国电影产业发展研究院硕士研究生。

一 2021年中国电影产业发展情况

（一）概况：市场凝心聚气，献礼建党百年

2021年，全球电影产业仍然笼罩在新冠肺炎疫情的阴影中。根据美国电影协会（MPA）公开数据，2021年全球总票房达213.00亿美元，较上年增长81.00%，尚未恢复至疫情前水平。中国票房达472.58亿元，同比增长131.00%，中国蝉联全球第一大票仓。中国银幕数突破8万块大关，达82248块，新增6667块，稳居世界首位；观影人次较上年大幅增加，但受疫情反复影响和产品供给限制，仍低于2019年水平（见表1）。

表1　2017~2021年电影产业发展基本指标一览

指标	2017年	2018年	2019年	2020年	2021年
故事片产量（部）	798	902	850	531	565
票房（亿元）	559.11	609.80	642.66	204.17	472.58
院线（条）	49	48	50	50	50
银幕数（块）	50776	60079	69787	75581	82248
观影人次（亿人次）	16.20	17.16	17.30	5.48	11.67
平均票价（元）	34.51	35.30	37.00	37.00	40.28

资料来源：国家电影局。

从市场特征看，2021年是中国共产党成立一百周年，也是实施"十四五"规划、开启全面建设社会主义现代化国家新征程的第一年。电影业作为党的文艺事业的重要组成部分，将"中国叙事"发展成票房与口碑双赢的中坚力量，整体盘活院线市场。

在建党百年之际，各电影单位以营造浓厚献礼氛围为契机，组织引领用银幕艺术形式重温党的光辉历程、牢记初心使命。票房前十的国产电影中，涌现出一批主旋律精品，实现了口碑和票房双丰收。聚焦抗美援朝的《长津湖》票房突破57.00亿元，刷新国内票房"天花板"；聚焦家庭生活的

《你好，李焕英》《我和我的父辈》，展现与百姓生活密切相关的普通人秉承的信念和追求，分别斩获 54.14 亿元和 14.77 亿元票房；聚焦"抗疫"的《中国医生》，展现出"抗疫"洪流中既平凡又温暖的人性之光，票房突破 13.00 亿元。从产值结构看，2021 年国产电影票房前十之和达 239.66 亿元（见表 2），占总票房的 50.70%，较上年的 59.50%更趋平衡、良性。

表 2　2021 年国产电影票房前十

排名	影片名称	类型	票房（亿元）
1	《长津湖》	历史	57.74
2	《你好，李焕英》	喜剧	54.14
3	《唐人街探案 3》	喜剧	45.24
4	《我和我的父辈》	剧情	14.77
5	《怒火·重案》	动作	13.29
6	《中国医生》	灾难	13.28
7	《悬崖之上》	剧情	11.90
8	《刺杀小说家》	奇幻	10.35
9	《误杀 2》	犯罪	9.72
10	《扬名立万》	悬疑	9.23

资料来源：灯塔 App。

（二）市场：重要档期竞争激烈，冷门档期现黑马

2021 年档期效应愈加突出。元旦档、春节档、清明档、五一档、国庆档五大档期均刷新纪录：元旦当日票房 6.01 亿元，较上年同期增长 107.12%；史上最强春节档诞生，国产片撑起大梁；清明档也迎来观影小高峰，上映影片数量和票房都为历年清明档之最；五一档竞争激烈，打破票房、观影人次、放映场次三项纪录；国庆档以 43.80 亿元的成绩位列中国影史国庆档票房第二，再次提振行业信心。2021 年档期呈现两大趋势：一方面，重要档期竞争激烈，票房集中度提升，中腰部及尾部影片夹缝求生；另一方面，冷门档期频繁爆出黑马，《扬名立万》《雄狮少年》《爱情神话》等影片因剧

本扎实、与观众产生情感共鸣成功突围，说明选"好"档期不如选"对"档期，优质影片有利于拉动需求，形成持续扩容的良性市场。

（三）政策：文娱整治规范发展，文艺事业格局一新

政策方面，一是文娱领域综合治理，针对文娱领域在快速发展过程中暴露的追星炒星、泛娱乐化、片面追逐商业利益等突出问题，中宣部印发《关于开展文娱领域综合治理工作的通知》、广播电视总局办公厅下发《关于进一步加强文艺节目及其人员管理的通知》、国家互联网信息办公室发布《关于进一步加强"饭圈"乱象治理的通知》，各级部门一系列强监管"组合拳"，旨在遏制行业不良倾向，肃清文娱领域风气，明确红线底线。二是规划部署"十四五"时期电影工作，国家电影局印发《"十四五"中国电影发展规划》，围绕生产创作、产业体系、市场主体、科技能力等方面提出具体目标，全面支撑中国电影高质量发展。三是各地方主管部门发布电影财政激励政策，2021年3~8月，海南、浙江、吉林等多个省份给予文化产业财政奖励及影视产业扶持。6月，浙江省发布《关于印发〈浙江高质量发展建设共同富裕示范区实施方案（2021—2025年）〉的通知》，支持横店创建国家级影视文化产业先行示范区。2021年，从整治、规划到切实扶持，影视产业逐渐驶入系统化、规范化发展轨道。

（四）产品：影片供给类型丰富，储备情况量质稳定

2021年电影产业不断优化产能，类型创新与技术发展并行。视效大片《刺杀小说家》应用虚拟拍摄技术，加速工业化进程；动画片《白蛇2：青蛇劫起》《熊出没·狂野大陆》秉承传统，再创辉煌；《1921》《革命者》《守岛人》《中国医生》《长津湖》等一批聚焦重大主题的高质量主旋律电影争相上映，这些主旋律电影从多角度为电影市场注入了强劲的红色基因，弘扬了中国精神。影片储备方面，据不完全统计，2021年1~9月备案或立项的国产故事片数量为1998部，相比上年同期备案、立项的国产故事片数量有所下降。除了2021年备受瞩目但一直未定档的电影，如《749局》《封

神三部曲》等，各大影视公司也陆续发布 2022 年重点项目及片单，向市场进行影片推介，如博纳影业的《长津湖之水门桥》、阿里影业的《新神榜：杨戬》、坏猴子影业的《奇迹》等。疫情冲击后，电影市场的复苏有目共睹，从影片品质看，总体向高质量、高创新力发展，前景可期。

二 2021年影视产业投融资概述

（一）2021年影视产业投融资主要事件

1.私募股权融资

根据中国文化金融数据库（CCFD）数据，从融资次数看，2021 年发生电影私募股权融资事件 110 起，略高于 2019 年水平（见图 1）。从融资轮次看，与前几年相比，2021 年战略投资类型增加，投资方更看重资源整合，战略投资有利于实现双方资源互通、拓展业态，形成业务闭环。此外，相较于 2015~2019 年，近几年 A 轮投资明显增多，天使轮占比相对下降，体现了资本更加平衡风险与收益，追求风险可控。

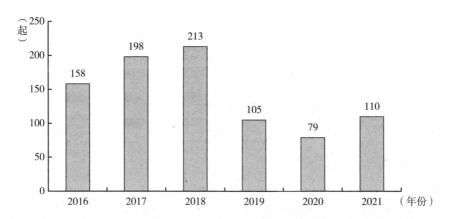

图 1 2016~2021 年电影私募股权融资事件

资料来源：CCFD。

从资本流向看，2021年影视产业资本主要流向核心业务的拓展、前沿技术的开发与平台搭建，其中，前沿技术成为投资低潮中的热门。2020年，倍飞视（BaseFX）获得融创文化集团投资，云途时代获得金石灏泓、惟一资本、君度投资、中新航资本等B轮投资。2021年，星河视效获得小米近亿元融资；聚焦VR（虚拟现实）、AI（人工智能）、智能硬件三大领域的爱奇艺智能完成数亿元B轮融资，成为2021年非上市公司中融资最多的公司。近两年，VR、AI、元宇宙等概念获得资本青睐，"前沿技术+影视"逐渐成为影视产业投融资新的增长点。

从投资方构成看，主要集中在互联网产业资本与专业投资机构，外部资本入局较为谨慎。2021年，互联网产业资本继续向影视全产业渗透，着重推进文娱板块全面布局（见表3）。腾讯以对合作伙伴的战略投资为主，值得一提的是，除了对诸如新湃传媒、工夫小戏等已有长期合作关系的精品内容制作公司的投资外，腾讯还收购了《千古玦尘》出品方西嘻影视22.9%的股份。近3年，爱奇艺的投资呈现出深化合作、紧抓内容的特征。小米集团的投资则更多元化，与视频平台人人视频加强合作、领投视频科技引擎星河视效并持股10.0%、战略投资深耕网络电影的奇树有鱼，展示出其对以科技为导向的影视领域长效发展的乐观情绪。哔哩哔哩则在多形式的创作端分散布局，注资短剧、策划等多类型的中小企业。相比之下，多数专业投资机构则更加稳健，一年中仅对单一公司做出单次投资行为。

表3　2021年影视产业融资事件整理

序号	时间	公司名称	轮次	金额	投资机构
1	2021年1月4日	爱奇艺智能	B轮	数亿元	亦庄国投、清新资本 Fresh Capital
2	2021年2月5日	西嘻影视	战略投资	未透露	腾讯投资
3	2021年2月9日	蓝白红影视	战略投资	未透露	中金资本
4	2021年2月25日	影行天下	Pre-A轮	数千万元	固生堂中医
5	2021年3月26日	旭东雨辰	战略投资	未透露	爱奇艺
6	2021年3月27日	新湃传媒	Pre-B轮	未透露	春珈资本

续表

序号	时间	公司名称	轮次	金额	投资机构
7	2021年4月23日	华策影视	IPO后	7.27亿元	财通基金、上投摩根、中金公司、国任保险、三七互娱创投基金、中信证券、华泰资产
8	2021年5月28日	兔狲文化	战略投资	未透露	哔哩哔哩
9	2021年6月16日	人人视频	战略投资	未透露	小米集团、快手
10	2021年7月26日	望望龙	战略投资	未透露	永恒星龙娱乐
11	2021年9月6日	星河视效	A轮	近亿元	小米集团、三七互娱、挚信资本
12	2021年9月17日	新湃传媒	战略投资	未透露	腾讯投资
13	2021年9月24日	新力量影视	战略投资	未透露	爱奇艺
14	2021年10月8日	工夫小戏	天使轮	未透露	腾讯投资
15	2021年10月8日	珑瑞羽丰	战略投资	未透露	哔哩哔哩
16	2021年10月19日	花洛安都	天使轮	数百万元	未透露
17	2021年10月28日	精彩时间	战略投资	3261万元	华录百纳
18	2021年11月8日	奇树有鱼	战略投资	未透露	小米集团
19	2021年11月11日	幻杳网络	战略投资	未透露	哔哩哔哩
20	2021年11月22日	微峰小花	战略投资	未透露	阅文集团
21	2021年12月2日	掌阅影视	战略投资	4000万元	天津不可能管理咨询、天津影文、天津维尔科技

资料来源：IT桔子。

2. IPO融资及再融资

2021年的影视产业依旧经历着洗牌和整顿。曾经的"影视借壳第一股"长城影视于5月7日在深圳证券交易所摘牌退市，黯然离场。相比文娱产业其他细分板块的迅速回暖，影视产业IPO融资进展不温不火，上市公司数量与前几年基本相同。纵观全年，新上市公司仅有在国内开启"先网后台"剧播模式的稻草熊娱乐，其于2021年1月15日赴港上市，上市首日收报10.8港元/股，较发行价5.88港元/股，涨幅高达83.67%，总市值达71.61亿港元，成为2021年第一季度港股涨幅最好的新股之一。此外，2021年3月29日，哔哩哔哩在香港交易所二次上市，以每股808港元的发行价，募集资金净额约 198.7 亿港元。自 2018 年在美国纳斯达克上市以来，哔哩哔哩在美市值经历了逾 300 亿美元的峰值，市场表现长期优于同赴美上市的爱奇艺。

2021 年，国内文娱板块中新媒体股表现突出，市值远超传统电影企业。其中，芒果超媒股份有限公司募资的 45.00 亿元，是该年度最大的一笔上市企业再融资资金，将用于内容资源库扩建项目和芒果 TV 智慧视听媒体服务平台项目。2021 年 4 月，浙江华策影视股份有限公司完成 7.27 亿元定向增发融资（见表 4），引入财通基金、中金公司、中信证券、上投摩根等机构投资者。

表 4　2021 年 A 股上市公司再融资事件（部分）

序号	时间	上市公司名称	类型	折合人民币（亿元）
1	2021 年 4 月 2 日	深圳市洲明科技股份有限公司	定向增发	8.83
2	2021 年 4 月 21 日	浙江华策影视股份有限公司	定向增发	7.27
3	2021 年 4 月 30 日	江苏省广电有线信息网络股份有限公司	发行债券	10.00
4	2021 年 8 月 12 日	芒果超媒股份有限公司	定向增发	45.00
5	2021 年 9 月 11 日	上海网达软件股份有限公司	定向增发	7.40

资料来源：CCFD。

2021 年 11 月，北京证券交易所正式开市，为京津冀地区中小影视企业，尤其是符合要求的新三板影视公司提供上市便利，助力影视产业创新发展。

3. 上市公司并购

疫情发生以来，影视产业并购整合事件频发。一方面，头部上市影视公司通过联合、并购，逐步触达影视产业甚至文娱全产业链布局的闭环；另一方面，国有资本在企业整合交易中较为活跃。根据 2021 年发布的《后疫情时代（2020—2021）中国电影投融资报告》，截至 2021 年 9 月底，A 股电影上市公司涉及的并购事件共 29 起。2021 年 2 月，华录百纳收购光云动漫 100%股权，积极布局动漫 IP 领域，这是华录百纳继 2014 年以 25 亿元估值收购蓝色火焰后的又一高溢价收购行为；然而同年 10 月，华录百纳以"战略方向和实际情况调整"为理由终止了此次交易。

近两年影视股交易中，国有主体十分活跃。2021年5月，浙江广电集团控股的浙江易通数字电视投资有限公司收购唐德影视8.87%股份；同年9月，杭州阿里创业投资有限公司（以下简称"阿里创投"）将其持有的芒果超媒5.01%的股份转让给湖南财信精果股权投资合伙企业（以下简称"财信精果"）。至此阿里创投退出芒果超媒，国资背景的财信精果接手原阿里股份（见表5）。

表5　2021年A股电影上市公司并购事件（部分）

首次披露日	交易标的	交易收购方	交易总价值（万元）	最新进度
2021年1月8日	文投控股15.21%股权（600715.SH）	厦门国际信托	90447.20	完成
2021年2月2日	光云动漫100%股权	华录百纳（300291.SZ）	18000.00	已终止
2021年4月26日	快乐通宝100%股权	芒果传媒	30424.97	完成
2021年5月17日	唐德影视8.87%股权（300426.SZ）	浙江易通数字电视投资有限公司	22034.76	已完成部分
2021年6月8日	上海起酷9.6774%股权	奥飞娱乐（002292.SZ）	4500.00	董事会预案
2021年6月24日	华夏北京80%股权；华夏寰宇51%股权	中国电影（600977.SH）	33492.64	已完成
2021年9月24日	芒果超媒5.01%股权（300413.SZ）	湖南财信精果股权投资合伙企业	445400.00	已完成部分

资料来源：清华大学国家金融研究院文创金融研究中心。

2020~2021年，影视产业头部企业之间、头部企业与腰尾部企业之间通过交叉并购重组，既实现了上下游业务资源共通，又提升了异业资源参与度和边缘资产利用率，为企业集团化转型打下基础。

4. 地方财政和金融支持

2021年，中央下达的支持地方电影市场发展补助专项资金超3.6亿元①。

---

① 《关于下达2021年国家电影事业发展专项资金补助地方资金预算的通知》，中国电影数据信息网，2021年7月8日，https://www.zgdypw.cn/hyzx/zzgz/202107/14/t20210714_7322673.shtml。

此外，各地方政府也围绕"十四五"时期建设文化强国的发展目标，提供了重大题材、精品项目的奖励性补贴，以及税收优惠、就业补贴等多层次金融支持。

从 2021 年各省市电影备案数量排名①来看，北京、广东和上海是影视产业聚集区，长三角和珠三角地区发展要素优势突出（见图 2），近几年影视产业相关金融政策保持稳健，金融环境相对成熟。第十一届北京国际电影节期间，北京银行与北京市电影局签订了《关于支持北京电影业发展战略合作协议》，约定在未来 5 年内为北京电影企业提供不少于 200.0 亿元的意向性授信，并建立金融联动机制。北京银行一直致力于打造文化金融特色品牌，相继推出过"创意贷""文化 IP 通""影视贷""京彩文园"等特色金融产品和服务，并尝试与多方共建北京版权资产管理与金融服务中心，推动形成影视版权质押产品体系。第十一届北京国际电影节期间，北京银行各支行与北京博纳影业集团有限公司、北京光线传媒股份有限公司、天津猫眼微影文化传媒有限公司和力辰光国际文化传媒（北京）股份有限公司等 4 家影视头部企业签订战略合作协议，为电影作品拍摄、发行提供 21.3 亿元资金支持。

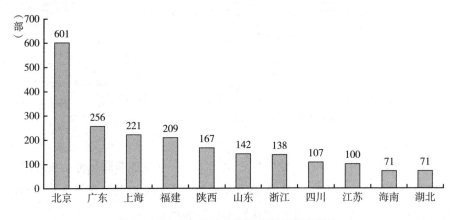

图 2　2021 年各省市电影备案数量排名前十

资料来源：国家电影局电影备案立项公示，https：//www. chinafilm. gov. cn/chinafilm/channels/167. shtml。

---

① 清华大学五道口金融学院文创金融研究中心编《后疫情时代（2020—2021）中国电影投融资报告》，FLBOOK 电刊平台，2021 年 12 月 29 日，https：//flbook. com. cn/v/hEEg7YKCMK。

此外，海南、山东青岛、福建厦门等地紧跟国家文化产业发展规划，结合贸易或港口优势，出台产业激励政策。2020年3~9月，青岛提出鼓励西海岸新区发展影视产业的八项政策，一方面为影视企业提供直接的人才和运营补贴，另一方面引导西海岸新区逐步健全影视金融体系，鼓励影视基金落户、影视融资租赁、影视企业上市，对企业在境内外证券交易所IPO融资发生的中介费用，分阶段提供700万元资金支持；对新三板挂牌的影视企业给予中介费用补助180万元等。2021年5月，海南明确实施"海南国际电影节"发展战略，后提出《海南省公共文化领域省与市县财政事权和支出责任划分改革实施方案》，细化电影产业扶持措施，该实施方案规定海南电影产业活动的财政支出由中央与地方共同承担，旨在优化政府资金的服务功能。

（二）2021年上市影视公司表现及分析

2021年，随着疫情防控进入常态化阶段，国内电影市场也逐渐回暖。相较于2020年，大量影视企业实现扭亏转盈或亏损收窄。2021年前三季度，影视产业营业收入同比增幅达120.64%。中影股份、万达影视、北京文化等上市公司主投影片进入国产电影院线票房前10位。光线传媒、华谊兄弟等头部电影公司虽然输出影片种类丰富，但市场收益未达预期。

面对仍处于"寒冬"中的影视产业，电影上市公司更加注重提升抗风险能力，头部影视企业减少主控作品数量，采用多家联合出品方式，投资更加分散，整体降低风险，稳固行业格局。

1. 中国电影股份有限公司

2021年，中国电影股份有限公司（以下简称"中影"）在电影市场持续回暖的大环境下，实现扭亏转盈，盈利2.0亿~2.7亿元。与上年同期亏损5.5亿元的情况相比，实现业绩大幅增长。作为电影产业的龙头国企，在疫情防控常态化的背景下，中影持续聚焦主责主业，推动原创内容制作及行业科技创新。

根据《中国电影股份有限公司2021年年度业绩预盈公告》，在出品和发行领域，全年共上映24部出品影片，累计票房239.60亿元，占全国国产影片票房总额的60.00%；共发行影片711部，实现票房328.96亿元，占全

国国产电影票房总额的 76.74%①。

在整体低迷的市场环境中,一方面,中影沿用组合投资的方式,大力投资主旋律商业影片,坚持主流价值观表达,如"我和我的"系列集锦式影片的第3部——《我和我的父辈》取得了 14.76 亿元票房,猫眼专业版数据显示,片方分账票房达 5.28 亿元。另一方面,中影积极探索国产中等体量影片的多种类型可能,获得了票房与口碑的双丰收,其中,《悬崖之上》总票房 11.90 亿元,片方分账票房 4.17 亿元;《峰爆》总票房 4.37 亿元,片方分账票房 1.50 亿元;《关于我妈的一切》总票房 1.50 亿元,片方分账票房 5018.50 万元。

放映板块,2021 年中影参股院线和控股影院占有全国银幕市场的 27%;科技板块,2021 年 6 月,中影收购了 CINITY 相关公司 80% 的股权,强化了自身在电影科技领域的产业布局②;服务板块,中影基地、中影云票务平台、中影租赁业务服务都在稳步推进中。

中影拥有完整的产业链布局,在构架创作、发行、放映、科技、服务、创新六大业务板块的基础上进行资源协同,提高整体经营效率,实现内容、技术、渠道、终端的价值最大化③。

2. 万达电影

据《万达电影 2021 年度业绩预告》,万达电影实现扭亏转盈,全年预计盈利 9000 万~1.3 亿元,较上年度亏损 66.0 亿元,实现净利润大规模上涨。

万达电影子公司万达影视主投主控的多部电影于 2021 年先后上映,其中春节档上映的《唐人街探案 3》取得了 45.23 亿元票房,位列年度院线电影票房第三,猫眼专业版数据显示,该片片方分账票房达 16.16 亿元。2021 年底上映的贺岁档影片《误杀 2》票房突破 11.00 亿元,片方分账票房达 3.90 亿元。

---

① 《中国电影股份有限公司 2021 年年度业绩预盈公告》,中国电影股份有限公司网站,2022 年 1 月 27 日,https://pdf.dfcfw.com/pdf/H2_ AN202201261542762108_ 1. pdf? 1643214533000. pdf。

② 《中国电影股份有限公司关于收购 CINITY 相关公司股权暨关联交易的公告》,中国电影股份有限公司网站,2021 年 6 月 24 日,https://pdf.dfcfw.com/pdf/H2_ AN202106231499531166_ 1. pdf? 1624463477000. pdf。

③ 《中国电影股份有限公司 2021 年半年度报告》,中国电影股份有限公司网站,2021 年 8 月 26 日,https://pdf.dfcfw.com/pdf/H2_ AN202108271512756210_ 1. pdf? 1630175591000. pdf。

万达影视主投主控的《新大头儿子和小头爸爸4：完美爸爸》《皮皮鲁与鲁西西之罐头小人》等多部影片受院线电影市场环境影响，票房均未超过1亿元，不及预期①。

院线是万达电影的主营业务。2021年，随着国内疫情防控呈现常态化趋势，电影市场加快复苏，万达电影旗下院线全年实现62.2亿元收入，拥有已开业影院790家共6750块银幕，累计市场占有率15.3%。万达电影旗下院线在票房收入、观影人次上均取得了国内院线第1名的成绩。同时，万达电影旗下院线积极拓展非票房收入渠道，推进自有IP和引进IP的价值开发，与中国联通、招商银行、京东等平台开展异业合作，开展多种品牌营销活动，探索影院空间价值和场景创新。开放特许经营加盟后，截至2021年12月31日，万达电影旗下790家影院中，加盟影院达91家，较以往单纯的直营模式，呈现"轻资产"化趋势，从结构上一定程度降低了该公司财务风险②。

万达影业旗下子公司万达传媒自2021年9月1日起独家代理全国万达广场广告资源，万达广场作为全国最大城市商业综合体，拥有巨大的线下流量资源，万达传媒此举在进一步提高整合营销能力的同时，也能够对万达电影的财务状况和盈利能力产生积极影响。

3. 北京文化

根据《北京京西文化旅游股份有限公司2021年度前三季度业绩预告》，2021年前三季度，北京文化仍处于亏损状态，预计亏损2300.0万~3300.0万元，与上年同期亏损1.1亿元的情况相比，亏损有所减少③。2021年，尽管北京文化有头部作品领跑市场，但与此同时，由于虚假转让投资份额收益权，牵扯演员天价片酬和逃税等负面事件，其自5月起被监管部门实施

---

① 《万达电影股份有限公司2021年度业绩预告》，万达电影股份有限公司网站，2022年1月28日，https://pdf.dfcfw.com/pdf/H2_ AN202201271542995883_ 1.pdf? 1643315673000.pdf。

② 《万达电影股份有限公司2021年半年度报告》，万达电影股份有限公司网站，2021年8月，https://pdf.dfcfw.com/pdf/H2_ AN202108301513364389_ 1.pdf? 1630345383000.pdf。

③ 《北京京西文化旅游股份有限公司2021年度前三季度业绩预告》，北京京西文化旅游股份有限公司网站，2021年10月15日，https://pdf.dfcfw.com/pdf/H2_ AN202110141522609259_ 1.pdf? 1634233305000.pdf。

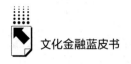
"其他风险警示"处理。

电影项目方面，2021年春节档，北京文化作为第一出品方参与出品、制作、发行的电影《你好，李焕英》累计获得超过54.00亿元的票房收入，片方分账收入达19.41亿元，取得了国内电影市场院线票房第2名的成绩。北京文化公告显示，截至2021年2月17日，该公司来源于该影片的票房营业收入为6000万~6500万元。其贺岁档电影《沐浴之王》在院线获得4亿票房，后迅速上线视频平台开启第二窗口。

北京文化参与投资的电影、电视剧仍有多部待播，包括筹备中的《东极岛》《让我留在你身边》，发行中的《白蛇前传之封魔录》《画江湖之不良帅》，进行后期制作中的《749局》以及备受关注的《封神三部曲》，等等。据北京文化《重大合同公告》披露，其已将《封神三部曲》三部电影各25%的投资份额转出，累计合同金额6亿元，此举旨在分散投资风险，缓解公司资金流动压力。

由于被曝出虚假转让《倩女幽魂》和《大宋宫词》两部电视剧的项目投资份额收益权，北京文化于2021年8月受到北京证监局行政处罚。此外，北京文化发布公告，转让大碗娱乐20%的股权，转让价款为2500万元。2016年，北京文化出资1000万元，成为大碗娱乐继贾玲与著名编剧孙集斌之外的第三大股东，并凭借2021年春节档黑马影片《你好，李焕英》取得可观收益。此次转让完成后，北京文化将不再持有大碗娱乐股份①。

北京文化积极打造的文旅项目——密云东方山水国际电影文旅小镇项目仍在紧密布局中，据《北京京西文化旅游股份有限公司2021半年度报告》，该公司希望打造兼顾山水休闲与影视前期创作和后期制作全产业链的一体化影视旅游基地，在深度拓展文旅板块中发挥多业务板块协同效应②。自2019

① 《北京京西文化旅游股份有限公司关于转让大碗娱乐20%股权的公告》，北京京西文化旅游股份有限公司网站，2021年8月27日，https：//pdf. dfcfw. com/pdf/H2_ AN202108301513364179_ 1. pdf？1630344675000. pdf。

② 《北京京西文化旅游股份有限公司2021年半年度报告》，北京京西文化旅游股份有限公司网站，2021年8月，https：//pdf. dfcfw. com/pdf/H2_ AN202108241512108325_ 1. pdf？1630175439000. pdf。

年起，除自有资金外，北京文化多次通过银行授信、土地抵押贷款等方式累计向密云东方山水国际电影文旅小镇项目投入超过 8 亿元。大量资金的投入对北京文化的资金流动产生了影响，北京文化不得不以重点影片项目份额作为密云东方山水国际电影文旅小镇项目投资建设的置换资金。综合来看，密云东方山水国际电影文旅小镇项目资金风险性较高。

（三）电影项目投融资典型案例分析

2021 年国庆上映的主旋律电影《长津湖》，累计票房 57.74 亿元，累计观影人次 1.24 亿人次，打破 31 项影史纪录；其亦是史上制作规模、投资规模最大的影片。

《长津湖》以抗美援朝第二次战役中的长津湖战役为背景，其拍摄创下了多项国内影史纪录。博纳影业总裁公开表示，《长津湖》和《长津湖 2：水门桥》总投资规模达 2 亿美元，筹备时间 2 年多，有长达 13 万字的剧本，12000 多位工作人员，超过 7 万人次的群众演员，拍摄周期 188 天，动用后期特效制作公司近百家。

该电影资金一部分来自"国家队"，八一厂、中影和华影等公司先后追投《长津湖》；另一部分来自银行贷款，金额高达 2.4 亿元。

从出品方看，《长津湖》七大出品方分别为博纳影业、八一厂、华影、中影、上影、阿里及吴京自己的公司登峰国际。2019 年，博纳影业在建国 70 周年之际推出了"中国骄傲三部曲"——《中国机长》《烈火英雄》《决胜时刻》，3 部影片实现票房总收入 47 亿元。2021 年，为庆祝建党百年，博纳影业顺势推出"中国胜利三部曲"——《中国医生》《长津湖》《无名》。近几年，博纳影业凭借多部高票房主旋律佳作，在观众间树立了良好口碑，打开了主流价值观高效输出的大门。

2021 年国庆期间，虽然《长津湖》票房连续逆跌，但截至 2022 年 2 月 9 日，其累计票房已达 57.74 亿元。虽然博纳影业尚未披露项目分账收益，但据猫眼专业版数据，扣除电影事业发展专项基金与相关税费后，《长津湖》片方可获得 39.25% 的分账，约为 21.08 亿元，加上热映的《长津湖 2：

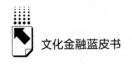

水门桥》票房，整体项目投资回报率十分可观。

此外，银行信贷在《长津湖》项目融资上发挥了巨大作用。筹备期，《长津湖》因疫情防控被迫中断拍摄计划。正式开拍后，由于疫情防控的难以预测，拍摄地极端的严寒气候，以及场景和服化道的高要求，该影片拍摄周期延长，成本陡增。在博纳影业最需要资金支持时，北京银行第一时间与博纳影业开展专项对接，就该影片的主旋律背景、企业专业能力和过往业绩等方面进行调研，收集信息并做出初步判断，不到2周就完成了1.4亿元专项信用贷款资金的审批和发放。影片制作中期，北京银行再次为《长津湖》增加了1.0亿元的授信支持，以缓解出品方为保证该影片艺术质量而承担的资金压力。但这一案例在当下中国影视金融环境中并不具备可复制性。北京银行曾为博纳影业《中国医生》《长津湖》《无名》《中国机长》等数十部影片的制作与发行提供资金，并从账户管理、资金结算、投融资业务等方面为博纳影业打造了多维度金融服务生态，以满足其全周期、多场景的金融需求。而大多数影视企业对信贷资金的需求，仍然面临周期长、门槛高、融资成本高、缺少担保的难题。以北京银行和博纳影业为代表的文化信贷合作案例，有利于丰富影视产业投融资合作经验，随着科学评估、风险控制体系的建设和完善，电影金融配套设施也会逐渐完善，将会满足不同电影项目的个性化融资需求。

三　市场复苏环境下中国电影金融发展对策

随着中国经济发展进入重要战略机遇期，在经历资本寒冬、全球疫情等黑天鹅事件后，新一轮科技革命悄然而至，中国影视产业进入震荡恢复期。在震荡恢复期，应注重对金融资本的引导和规范，加大政策倾斜力度，释放行业积极信号，提振资本信心；同时，应根据资本特性和行为规律，引导资本有序推进市场恢复，促使产业革新。

第一，激发科技新动能，挖掘产业新增长点。5G、VR、AI、大数据等关键技术正在重塑电影生产、分发和放映环节，大量资本流入新兴影视业务，加速电影相关业态萌芽。"科技+影视+金融"将助力电影产业升级换代，当下应以科技赋能为方向，以政府金融政策为引导，挖掘影视投融资新的增长点。

第二，多业态布局，"影视+泛娱乐IP"长链开发。近两年影视乐园、特色文旅小镇等实景娱乐消费迎来热潮，应鼓励围绕IP核心价值的战略投资，基于电影版权打造"体验经济"新业态，释放Z世代（1995～2009年出生的一代）消费力。注重电影版权开发，多业态投资模式可以整合利用地产、财税、人才等优惠政策，吸引增量资金，扩大营收空间。

第三，多主体活跃，激发国有和民营资本、产业和金融资本活力。发挥国有资本稳健与民营资本效率优势，规范互联网资本行为，使其有序参与影视产业并购整合。鼓励影视产业资本与金融资本结合，提高互补性，优化影视资产组合。

第四，完善多层次市场，加速构建电影融资体系。国内电影融资渠道较为单一，融资成本高、缺乏专业产品和担保抵押，尤其是中小影视企业面临融资难题。新三板、北京证券交易所开市，有利于中小影视企业融资增量、扩面、降价，并引导其创新和转型升级。从发行市场到交易市场，鼓励基于影视资产特点的金融产品创新，完善多层次电影资本市场体系，满足不同规模影视企业的融资需求。

第五，推动金融数字化转型，优化风险管理体系。利用区块链技术，推动版权交易透明化，探索影视版权资产证券化模式，提高影视资产标准性、流通性。借助大数据、区块链等技术，制定影视项目评估标准，加快相关风险产品研发进程，提高投资风险量化管理水平。

B.8
2021年艺术品市场与艺术金融：
稳中求进，反弹后转型

方曼乔　杨　涛*

摘　要： 成熟艺术市场是艺术金融发展的基础。本报告从当前国内外艺术品市场基本面出发，分析了我国艺术金融发展现状、发展趋势以及面临的核心问题。本报告认为，我国艺术品市场正处于转型期，艺术金融发展正处于修复期，在数字科技推动下，未来发展前景广阔，艺术金融发展仍具有巨大潜力，但是艺术品市场也面临很多问题，主要包括：艺术品的估值问题与泡沫；信用缺失和信心不足；脱离艺术实体的艺术品金融化。建议应扶持艺术品一级市场的发展，建立良好的艺术家生态，培养、扩大艺术收藏群体；应规范艺术品交易，发挥艺术品大数据和科技对艺术金融的支持作用，促进艺术品流动性的提升；将艺术作为长期资产，做好制度规范，避免投机；发展艺术金融需要从信用体系建设、机制建设入手，并加大对数字科技应用与平台建设的支持力度。

关键词： 文化产业　文化金融　艺术品市场　艺术金融　艺术平台

---

* 方曼乔，北京立言金融与发展研究院研究员。杨涛，国家金融与发展实验室副主任，中国社会科学院金融研究所研究员，博士生导师。

一 国内外艺术品市场概况

（一）全球艺术品市场概况

1. 从艺术品交易渠道看全球艺术品市场

基础深厚的艺术品经销商和拍卖行从长期看更具竞争优势和发展潜力，不同渠道主体差异化发展趋势增强。根据2021年Arts Economics数据统计，艺术品经销商（以商业画廊为主）是全球39%高净值藏家的收藏渠道首选，也是最主要的艺术品购买渠道，其次是拍卖市场（26%）、艺术博览会（以下简称"艺博会"）（16%）、第三方艺术品交易平台（8%）。其他收藏渠道还包括艺术家工作室、社交平台（INSTAGRAM）、私人藏家、艺术资讯顾问等（见图1）。

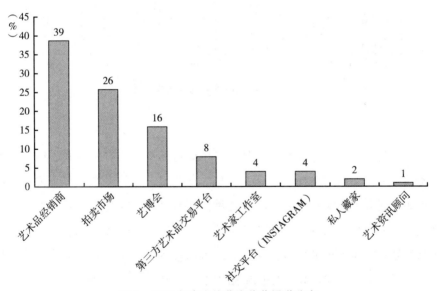

图1 2021年高净值藏家收藏渠道分布

资料来源：Arts Economics（2021）。

画廊品牌、行业地位、艺术资源等无形资产是画廊的重要组成部分，作为藏家最常选择的艺术品收藏渠道，画廊是艺术品一级市场最重要的主体。

艺术品一级市场中，画廊的持续经营是提高行业内认可度、确立画廊定位、形成画廊与代理艺术家之间的信任关系、提升画廊无形资产价值的前提。另外，经营时间较长的画廊通常有更成熟的销售数据、藏家群体以及更好的社会信誉作为艺术品资产化和金融化的基础。根据 2021 年 Arts Economics 统计，全球范围内持续经营 11~20 年的画廊占比最高，达到 25%；持续经营 50 年以上的画廊仅占画廊总量的 8%；有 7% 的画廊寿命仅在 5 年内（见图 2）。

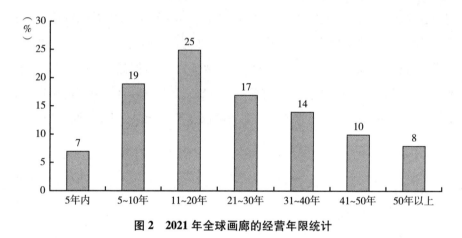

图 2　2021 年全球画廊的经营年限统计

资料来源：Arts Economics（2021）。

不同门类与创作媒介的艺术品在市场渠道的选择上有所不同，细分门类艺术品在市场渠道的选择上日趋专业化。从全球艺术品市场来看，艺术品二级市场更适合传统媒介的艺术藏品交易，新型媒介和混合媒介的艺术藏品更受艺术品一级市场的欢迎。2021 年艺术品二级市场上，以绘画、雕塑、纸上作品为创作媒介的艺术品占艺术品二级市场整体销售份额的 96%，而其在艺术品一级市场、装饰艺术和古董市场的比例仅分别为 77%、34%；在艺术品二级市场的交易中，仅有 2% 是纸板印刷、摄影、多媒介作品，而在艺术品一级市场，这一比例达到 20%；数字艺术、影像、视频艺术在艺术品一级和二级市场所占比例均较小（约为 1%）（见图 3），但随着数字化艺术的发展以及非同质化货币（NFT）艺术家与藏家群体的扩大，这一比例呈现出扩大趋势。综合各类因素，从全球艺术品市场类型来看，艺术品一级市场对艺术品媒介创新的包容度更高，具有引导市场的作用；而艺术品二级市场更倾向于选择成熟的艺术品媒介，受市场选择的影响较大。

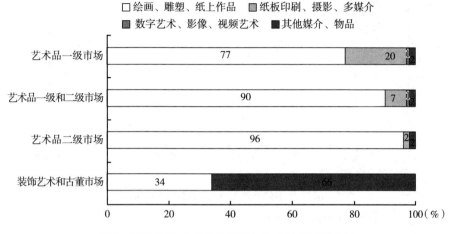

图3　2021年艺术品市场渠道与艺术品类型的关系

资料来源：Arts Economics（2021）。

艺术品经销商对展示空间的选择上有差异，通常有四种主要方式：独立的实体艺术品展示空间、艺术品陈列与办公结合、与第三方合作进行作品展示以及线上展示。Arts Economics发布的2021年数据显示，在装饰艺术和古董市场有更高比例的经销商选择"仅线上展示"作为其展陈方式。16%的装饰艺术和古董经销商无实体空间或办公室且不参与线下展示，而在艺术品一级市场和二级市场，这一比例分别仅为1%和4%（见图4）。

全球商业画廊中，蓝筹画廊聚集了全球最有影响力的艺术家。Gagosian、White Cube、Thaddaeus Ropac、Pace、Hauser&Wirth等知名画廊，通常在主要艺术品市场如伦敦、巴黎、纽约、香港等地设立展厅。除商业画廊外，非营利性艺术中心/文化中心、美术馆及其基金会也是公众接触艺术品的主要渠道。其中，成熟艺术家更倾向于选择博物馆、美术馆及其基金会这类公共艺术服务机构。作为非营利性艺术机构，博物馆、美术馆及其基金会既是社会公共教育的重要组成部分，也是重要的文化载体，受众广，社会影响力大。

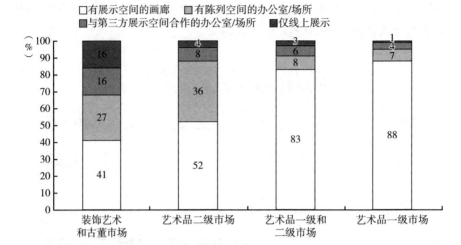

图4 2021年不同艺术品经销商对展陈方式的选择

资料来源：Arts Economics（2021）。

在未来1~2年，艺术品的竞争格局将会产生明显变化，在维护藏家关系的同时更重要的是扩展增量市场（新藏家），艺博会将是艺术品经销商竞争市场份额和寻求销售增长的主战场，已在艺术品市场有一定资源与藏家积累的画廊在竞争中具有先发优势。据Arts Economics统计，2021年全球艺术品经销商（以商业画廊为主）在运营中关注的前三个重点分别是：第一，维护藏家关系，保持沟通；第二，通过线上销售和线上展览，开始或扩大线上渠道的应用和覆盖；第三，参加艺博会，扩大影响力。

2. 全球艺术品二级市场成交情况与投资回报

从全球拍卖市场来看，由于2020年的艺术品交易需求在2021年得到集中释放，多家拍卖公司的年度交易总额创下交易纪录。苏富比全球累计交易总额为73亿美元，富艺斯为12亿美元，均创下历史新高。分板块来看，拉丁美洲艺术的年收益率最高，达到12.2%，其次是当代艺术9.4%、英国绘画9.1%、印象派和现代艺术8.9%。中国传统艺术在全球拍卖市场的年收益率为6.5%（见表1）。另外，从全球艺术品二级市场成交纪录来看，近几年没有艺术品在全球艺术品二级市场创造拍卖纪录。

表1　全球艺术品投资收益率情况

单位：%

	年收益率	年波动率 （标准差）	年收益/年波动
伦敦国际葡萄酒交易所（Liv－ex100指数，2020~2021年）	5.7	12.9	43.9
老爷车价格跟踪机构HAGI（R）Top Index指数	12.0	10.1	119.1
梅摩艺术品指数（1950~2019年）	8.4	16.9	49.7
当代艺术	9.4	35.3	26.5
印象派和现代艺术	8.9	33.8	26.2
古典大师和19世纪欧洲艺术	7.4	19.1	38.8
英国绘画	9.1	50.1	18.2
美国艺术	6.7	37.0	18.2
拉丁美洲艺术	12.2	39.1	31.2
中国传统艺术	6.5	22.0	29.6
艺术品市场调查（Art Market Research）珠宝和表类指数（珠宝指数：1985~2020年；腕表指数：1983~2020年；怀表指数：1976~2020年）			
珠宝：战后~1975年	4.8	2.4	196.7
珠宝：装饰艺术时期和珍珠	5.0	2.4	211.8
腕表	5.5	3.4	160.0
怀表	1.5	2.9	51.1
艺术品市场调查（Art Market Research）奢侈品手袋指数（2010~2020年）			
奢侈品手袋：香奈儿	6.0	3.5	170.0
奢侈品手袋：爱马仕Birkin	5.7	6.9	82.1
部分传统资产类别			
全球股票（MSCI AC World，1976~2020年）	7.7	15.1	51.0
全球债券	5.6	5.3	107.0
美国长期政府债券（1976~2020年）	8.8	10.8	82.0
美国公司债（1976~2020年）	7.9	6.8	116.0
发达市场房地产（1994~2020年）	6.3	19.2	33.0
大宗商品（1976~2020年）	4.8	14.9	32.0
黄金（1976~2020年）	6.1	18.6	33.0
对冲基金（1993~2020年）	7.0	6.8	104.0

资料来源：Credit Suissie；德勤和ArtTactic，Art & Finance Report 2021。

2021 年全球拍卖市场的高成交价拍品中，2 件最高成交价拍品均出自纽约佳士得，其中毕加索《坐在窗边的女子（玛丽·特雷斯）》在纽约佳士得"二十世纪艺术晚拍"上以 10340 万美元成交；巴斯奇亚于 1983 年创作的《既然如此》在纽约佳士得"二十一世纪艺术晚拍"上以 9310 万美元成交。另外，艺术家 Banksy 的作品《革新者》以 1676 万英镑成交，创下 2021 年全球慈善拍卖最高成交价纪录。2021 年纽约佳士得全球交易总额达到了 71 亿美元，拍卖成交比达到了 87%。

当代艺术在艺术品二级市场持续升温，数字艺术崭露头角。从全球当代艺术家累计拍卖价值来看，美国艺术家 Basquiat 以 385872046 美元的拍卖总成交额位居全球榜首，总计成交 162 件作品。英国艺术家 Banksy 和日本艺术家 Yoshitomo Nara 分别以 181345218 美元和 146886988 美元的拍卖总成交额排名第二和第三。美国数字艺术家 Beeple 以 2 件 NFT 拍品近 7000 万美元的总成交额，成功进入 2021 年全球当代艺术家拍卖总成交额 TOP5（见表 2）。

表 2 2021 年全球当代艺术家拍卖市场 TOP10

单位：美元，件

序号	艺术家	国家	拍卖总成交额	拍卖成交总量	最高成交单价
1	Basquiat	美国	385872046	162	93105000
2	Banksy	英国	181345218	154	23238686
3	Yoshitomo Nara	日本	146886988	569	18245017
4	George Condo	美国	72157500	154	6857413
5	Beeple	美国	69596250	2	69346250
6	刘野	中国	55296494	93	12587544
7	Matthew Wong	加拿大	53821416	44	4871567
8	周春芽	中国	46438329	61	12440700
9	Keith Haring	美国	44584521	794	5937264
10	Adrian Ghenie	罗马尼亚	40559888	33	8496590

资料来源：artprice.com，TOP 500 Contemporary Artists。

（二）中国艺术品市场概况

1. 艺术品市场经济环境及总体情况

经济环境在压力下复苏，我国居民投资与消费结构发生转变。我国 2021 年全年国内生产总值（GDP）增长 8.1%，年初受 2020 年新冠肺炎疫情低基数影响，第一季度 GDP 增速反弹至 18.3%，但后 3 个季度滑落至 7.9%、4.9% 和 3.7%。从消费端来看，2020 年下半年至 2021 年上半年，消费者信心指数从谷底恢复，收入信心与消费意愿逐步向好。2021 年，我国社会消费品零售总额同比增长 12.5%，但 2019~2021 年的平均增长率仅为 3.9%，低于疫情前 8.0% 的水平。分城市来看，2021 年，社会消费品零售总额过万亿元的城市有四个，分别是上海、北京、重庆和广州①。从主要商品类别来看，日常消费增长势头较好，消费需求有所提升。2021 年我国固定资产投资稳中有进，同比增长 4.9%，2019~2021 年平均同比增长 3.9%，投资结构进一步优化②。随着楼市调控政策不断收紧，房地产市场进入观望期，2021 年 6 月后新房市场销售出现断崖式下跌。加之遗产税征收落地，投资渠道收窄、疫情反复等多重因素影响，需求收缩，2021 年投资先冲高后回落，预期转弱。资本市场方面，2021 年股市、债市稳定性不足，面对通胀压力，部分投资者为了自身资产的保值增值开始寻找多元投资方式，艺术品作为另类投资方式受到关注。

2021 年我国艺术品市场谷底反弹，数字艺术品和艺术品交易平台受到资本关注。2021 年的艺术品市场从 2020 年的低谷中反弹，个人藏家和企业对于艺术品的购买需求回升，且在收藏类别上更加多元。疫情制约了艺术品线下交易，但促进了线上看展和线上交易习惯的养成。艺术品交易平台进一步发展，多家平台获得融资。线上交易模式包含线上拍卖平台、商业画廊、艺术家工作室、艺术媒体平台等多元参与者，促进了艺术可选品类的扩展，

---

① 城市的消费总量与经济总量、人口、交通网络呈正相关关系。消费中心城市不仅吸引本地消费，还能带动周边城市消费。

② 资料来源：Wind 数据库。

使得青年艺术家群体接触市场和藏家的渠道更加丰富，艺术品交易平台市场成交额呈现出平均单价降低、总成交额提高的特征。NFT 艺术和元宇宙概念在 2021 年获得资本市场关注，以数字艺术品为艺术形式的增量市场热度持续提升，投资机构纷纷入局，对艺术行业相关从业人员专业性、数字艺术品交易的监管和风险防范要求有所提升。

从艺术品市场主体来看，艺术品一级市场包括艺术家工作室、画廊和艺博会三大主体，通常以艺术家个展、巡展、艺术评论、学术研究、与非营利艺术机构和博物馆合作的方式开展。艺术品二级市场以国内外拍卖行为主，小部分画廊亦有艺术品二级市场的业务。

2. 中国画廊运行情况

2021 年中国画廊举办展览的数量较 2020 年有明显的增长，公众性与专业性得到强化。在 2020 年第一季度，受疫情影响，画廊线下展览基本停滞。2021年画廊线下展览逐渐恢复，2021 年上半年全国开展数量多于下半年。北京的展览高峰为 3 月的"北京画廊周"，上海的展览高峰为 11 月的"上海艺术季"。

雅昌艺术网与艺术头条统计的 150 余家样本画廊在 2021 年共举办展览超 500 场。超过 1/3 的样本画廊全年举办展览数量超过 5 个，较 2020 年有明显增长①。画廊展览分布区域的占比与上年相比变化不大。北京和上海展览活跃度最高，其次是台湾、深圳、广州、成都等地区。深圳在近两年有10 余家新的画廊涌现，促进了展览数量的提升。受疫情影响，加之香港地区画廊以国际画廊为主，高古轩、卓纳、白立方、佩斯等国际蓝筹画廊展览的换展频率相对较低且多为国际艺术家展览，因此 2021 年香港地区展览的活跃度比往年略低。

我国具有影响力的画廊展览依然以绘画作品为主导，其次是装置艺术作品和外国艺术家艺术作品。从画廊展览艺术家类型来看，青年艺术家个展占展览总量的 1/5 左右，新面孔增多②。一些具有国际影响力的画廊推出了许多国

---

① 资料来源：雅昌艺术网与艺术头条。
② 包括新晋艺术家以及具有行业影响力、对艺术史发展具有重要性但不为大众熟知的艺术家。

外艺术家展览和青年艺术家作品首展。从国内的画廊代理艺术家和展览趋势上看，近两年涉及深度研究和深耕市场的画廊开始发力，推出了更多具有研究性质和社会探讨意义的艺术家作品和展览，这类艺术家和展览在前两年的曝光度较少。更多国内画廊形成了独特的定位和发展方向，代理的艺术家群体特征更为明显，"跟风"现象减弱。另外，有一部分画廊开始涉猎 NFT 艺术，在展览形式上，数字呈现、虚拟技术和交互体验出现在许多当代画廊的展览中。

3. 非营利美术馆生态：艺术研究与营利能力的平衡之道

我国民营美术馆的数量占到美术馆总量的 1/3 左右，且大部分是非营利性质的美术馆。当代艺术机构的兴起始于 21 世纪初，而后出现了一批私人美术馆和由金融、地产资本支持的民营美术馆。中国的民营美术馆具有非营利性和公益性的特征，即使通过售票、收费活动等获得收入也是出于公益目的和想要促进美术馆的可持续发展。非营利性民营美术馆与公立美术馆、博物馆是我国社会公共艺术生态构建的重要力量。在公共艺术范畴，艺术品并非高净值人群的投资工具或其进行资产配置的方式。非营利艺术机构的健康发展是提高我国文化软实力的着力点，也是艺术品市场化、资产化以及未来艺术金融稳定发展的必要基础。2021 年全国有 11 家新开美术馆，其中上海有 3 家，成都有 2 家（见表 3）。

表 3　2021 年新开美术馆汇总

序号	名称	城市	开馆时间
1	和美术馆	佛山	3 月
2	UCCA Edge	上海	5 月
3	浦东美术馆	上海	7 月
4	西海美术馆	青岛	8 月
5	潇当代美术馆	日照	9 月
6	南池子美术馆	北京	10 月
7	天府美术馆	成都	11 月
8	成都当代艺术馆	成都	11 月
9	Longlati 基金会	上海	11 月
10	香港 M+美术馆	香港	11 月
11	天目里美术馆	杭州	12 月

资料来源：根据公开资料整理。

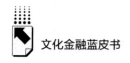

4. 艺术品交易中心

支持艺术品交易中心建设与发展的相关政策逐步落地。截至 2021 年末，我国共有 4 个主要的艺术品交易中心（见表 4）。中国艺术品交易中心目前处于筹备阶段，坐落于北京宋庄艺术小镇，定位为全国最大的国家级艺术品交易交流平台，计划于 2023 年完工；上海艺术品交易中心与中国（上海）自由贸易试验区相辅相成，为国内外众多艺术机构提供专业服务。海南国际文物艺术品交易中心探索发展比较优势，引入国际规则；推动降低文物艺术品交易成本，并在通关便利、保税货物监管、仓储物流等方面提供政策支持。大湾区全球艺术品交易中心主要涵盖仓储、酒店、文化展馆等八大项目，并通过应用北斗遥感定位技术创造出独有的"数字艺术品身份证"和"数字指纹"。

表 4 我国主要艺术品交易中心（截至 2021 年末）

艺术品交易中心	地点	定位
中国艺术品交易中心	北京	中国艺术品交易中心建筑规模 16.5 万平方米，围绕艺术品产业创作、展示、交易、孵化、传播、金融生态链构建原创艺术品交易体系及文化创意产业金融服务体系，形成包括中国艺术品交易中心、中国艺术品产业博览会在内的艺术品交易服务集群
上海艺术品交易中心	上海	上海艺术品交易中心是一家专业从事古董古玩艺术收藏品相关的交流交易中心，并提供鉴定、价值评估等服务
海南国际文物艺术品交易中心	三亚	海南国际文物艺术品交易中心将为共建"一带一路"国家优秀艺术品和符合文物保护相关法律规定的可交易文物提供国际化交易平台，并鼓励国内外头部拍卖机构在该交易中心开展业务。该交易中心预计在 2024 年完工，将形成艺术品展览展示、拍卖交易、仓储物流及综合配套的一站式服务平台①

---

① 2021 年 4 月 7 日，国家发展改革委、商务部联合印发《关于支持海南自由贸易港建设放宽市场准入若干特别措施的意见（发改体改〔2021〕479 号）》，其中第十条明确"支持建设海南国际文物艺术品交易中心。引入艺术品行业的展览、交易、拍卖等国际规则，组建中国海南国际文物艺术品交易中心，为'一带一路'沿线国家优秀艺术品和符合文物保护相关法律规定的可交易文物提供开放、专业、便捷、高效的国际化交易平台。鼓励国内外知名拍卖机构在该交易中心开展业务。推动降低艺术品和可交易文物交易成本，形成国际交易成本比较优势。在通关便利、保税货物监管、仓储物流等方面给予政策支持"。

续表

艺术品交易中心	地点	定位
大湾区全球艺术品交易中心	广州	大湾区全球艺术品交易中心重点支持大型文创、科技类项目，包含得米艺术品仓储、艺术朝代酒店、金砖科技大厦、奇楠沉香馆、丝路文化展馆、金通传媒直播基地、穗港韩青创基地、"金淘"跨境电商平台等八大项目

资料来源：根据公开资料整理。

5. 艺博会

2021年，中国艺博会热度持续上升，北京、上海、深圳正在逐渐形成各自特色，参展机构以画廊为主，更注重对新藏家市场的拓展（见表5）。与2019年相比，2021年集体回归实体展会的展商在展陈设计和作品选择方面有较大的创新和升级。艺博会的销售情况能够直接反映出艺术品市场的消费信心和整体表现。以艺术北京为例，艺术北京组委会统计的2021年艺术北京最高成交单价为1600万元，10万元以内的作品是销售主力，较2019年500万元最高成交单价和3万~5万元最受欢迎售价均有所提升。其中，西方现当代名家艺术作品、影像艺术、潮流艺术、家居设计关注度较高。从艺博会藏家来看，新晋购买者数量快速增长，消费集中在万元以下的小型雕塑和小尺幅绘画，兴趣点分散。

表5　2021年中国部分艺博会举例

序号	艺博会名称	城市	地点	亮点
1	第二十三届北京艺术博览会	北京	北京展览馆	2021北京艺博会以"艺领未来"为主题，特设主画廊(Main)展区、SOLO展区、公共艺术单元和艺术衍生及设计展区，汇集了来自15个国家和地区的超过120家画廊和艺术机构参展
2	第三届JINGART "艺览北京"	北京	北京展览馆	"艺览北京"由ART021上海廿一当代艺术博览会团队打造，汇集了全球顶级画廊，聚焦现当代艺术设计，还包含艺术家们的一系列新作和特展项目。2021年的"艺览北京"有25家画廊首次参展

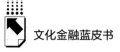

续表

序号	艺博会名称	城市	地点	亮点
3	第三届北京当代艺术博览会	北京	全国农业展览馆	2021年北京当代艺博会汇集了90余家参展方,现场分为"价值""未来""众望""数置""活力""集时"六个单元,以策展性、本土性和公共性为理念呈现出当下以北京和中国为基础的艺术生态
4	第十六届艺术北京	北京	全国农业展览馆	国潮赋能,本土文化在青年艺术家作品题材选择中崛起;首次携手HENI呈现英国当代艺术家Damien Hirst的多件版画作品
5	第五届画廊周北京	北京	798艺术区	画廊周北京2021的主单元汇集北京本地的21家画廊、7家非营利机构和1家独立艺术机构。2021年的画廊周北京新增多家重量级参与者,包括户尔空间、北京中间美术馆和势象空间等
6	第八届嘉德艺术周	北京	嘉德艺术中心	嘉德艺术周聚焦古董与经典艺术、设计与生活美学,2021年嘉德艺术周汇集了40余家优质参展画廊、艺术机构、珠宝品牌,深化了策展概念并以现代的展陈风格呈现
7	第四届中国国际进口博览会文物艺术品版块	上海	上海国家会展中心	2021年进博会首次设立文物艺术品专区
8	第八届西岸艺术与设计博览会	上海	上海西岸艺术中心	18个国家、45个城市的120余家画廊、设计品牌及艺术机构参展。同期举办多场论坛,分享艺术行业的前沿动态
9	第九届ART021上海廿一当代艺术博览会	上海	上海展览中心	汇集14个国家、29个城市的134家参展商
10	第七届影像上海艺术博览会	上海	上海展览中心	汇集国内外50余家参展画廊、机构与出版商,呈现多场主题展览
11	第九届深圳国际艺术博览会	深圳	深圳会展中心(福田展馆)	汇集了多位殿堂级大师原作,包括齐白石、邵大箴、戴泽、刘巨德、关玉良、毕加索、达利、阿曼、德加等

续表

序号	艺博会名称	城市	地点	亮点
12	第九届艺术深圳	深圳	深圳会展中心（福田展馆）	艺术深圳汇集了来自全球 12 个国家和地区的 72 家品牌画廊及专业艺术机构，其中 27 家品牌画廊首次亮相。除主展区之外，"艺术深圳"还设立潮流艺术、Hi21 新锐艺术市集、大湾区艺术生态展示、公共艺术项目、特邀艺术家项目五个单元

资料来源：根据公开资料整理。

6. 拍卖市场

2021 年，我国文物艺术品拍卖在经营模式、业务拓展和成交规模方面均有所突破。全国文物艺术品拍卖成交 137502 件/套，同比增长 63.45%；成交额 416.64 亿元，同比增长 41.03%[①]。中国拍卖行业协会对中国本土 12 家头部拍卖公司 2021 年春秋大拍的统计显示，中国本土 12 家头部拍卖公司全年拍卖专场共有 436 个，上拍拍品 75336 件/套，成交率达 78.08%，成交额 242.65 亿元；上拍量同比增长 51.99%，成交量同比增长 46.15%，成交额同比增长 27.81%；与 2020 年相比，2021 年拍卖专场增加 112 个[②]。

中国拍卖市场成绩亮眼。从 2021 年全球当季拍卖公司成交额来看，北京保利以 38.59 亿元的总成交额居首位，其次是香港苏富比（31.54 亿元）和香港佳士得（29.41 亿元）。中国嘉德当季拍卖场次最多，达到 69 场次（见表 6），并在 2021 年秋拍推出首个印象派及现代艺术夜场，上拍拍品包括莫奈、毕加索、塞尚、毕沙罗 4 位艺术大师的 5 件巨作。

---

① 资料来源：中国拍卖行业协会。
② 资料来源：中国拍卖行业协会。

表6 2021年全球当季拍卖公司总成交额TOP10

单位：场次，万元

序号	拍卖公司	拍卖场次	总成交额
1	北京保利	47	385921
2	香港苏富比	12	315448
3	香港佳士得	18	294077
4	中国嘉德	69	288653
5	永乐拍卖	32	218185
6	伦敦佳士得	14	215303
7	华艺国际	47	198777
8	纽约佳士得	31	184897
9	中贸圣佳	28	122751
10	北京荣宝	20	120600

资料来源：雅昌艺术网。

从2021年拍卖市场的中国艺术家成交价格来看，常玉以9031812元/平方尺的价格居首位。其次是吴冠中、吴大羽、赵无极等近现代艺术家。每平方尺价格前10名的中国艺术家中，刘野是唯一上榜的当代艺术家（见表7）。

表7 2021拍卖市场成交总价TOP10的中国艺术家

单位：元/平方尺

序号	艺术家	当前价格	最高拍卖价格
1	常　玉	9031812	22711994
2	吴冠中	7173365	7173364
3	吴大羽	3414301	7809975
4	赵无极	2683383	4332129
5	刘海粟	2659692	2914851
6	关紫兰	2613636	2613636
7	卫天霖	2522193	2522193
8	刘　野	2256054	2256054
9	吴作人	1641257	2932605
10	关　良	1412233	1969231

资料来源：雅昌艺术网。

中国拍卖市场细分门类成交情况。2021年，国内疫情缓解以及经济的复苏带动了艺术品行业的恢复和发展，拍卖市场出现新增长点。从2021年我国艺术品二级市场细分门类成交额来看，2021年国画400在春拍和秋拍的总成交额与2019年相比略有下降，但远高于其他艺术品门类（见图5）。古代书画成交额持续增长，当代与近现代书画缺乏高价拍品，导致成交额同比下降明显。2021年油画100总成交额较2019年同期下降明显。2019年油画100秋拍总成交额为23.42亿元，2021年同期仅成交11.40亿元，同比下降54.4%（见图6）。从瓷器门类来看，成交率呈上升趋势，总成交额相对稳定（见图7）。另外，2021年古籍碑帖等新兴门类的拍品成交表现超预期①。

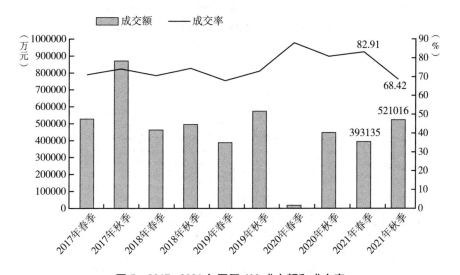

图5　2017~2021年国画400成交额和成交率

资料来源：雅昌艺术网。

中国当代艺术家的重要性在全球拍卖市场持续上升。多位中国实力派当代艺术家入围2021年全球500强当代艺术家榜单：刘野（第6位）、周春芽

---

① 中拍协统计数据显示，从中国内地12家主要拍卖公司数据综合来看，古籍碑帖、邮品钱币、宫廷艺术、佛教艺术、油画及当代艺术、瓷玉珍玩、文房清供等多个门类的成交额明显增长，且古籍碑帖、邮品钱币、宫廷艺术3个门类的成交额增长均超过100%。

图6　2017~2021年油画100成交额和成交率

资料来源：雅昌艺术网。

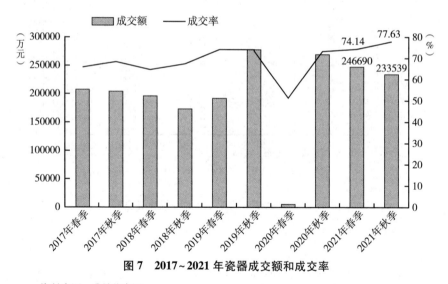

图7　2017~2021年瓷器成交额和成交率

资料来源：雅昌艺术网。

（第8位）、张晓刚（第12位）、曾梵志（第14位）、陈丹青（第17位）、刘小东（第26位）、冷军（第30位）、刘炜（第33位）。同时，中国有9位艺术家入围"生于1980年后的艺术家拍卖总成交额100强"。2021年6

月，中国当代艺术家陈丹青的板上油画《西藏组画·牧羊人》以1.61亿元在北京保利成交，成为2021年度当代艺术家拍卖纪录三强之一，仅次于Basquiat的涂鸦作品《战士》和Beeple的NFT作品《每一天：前5000天》。

国际头部拍卖行在中国发力。国际头部拍卖行深化在中国的艺术品业务，曝光度和影响力有所增强，年轻藏家群体收藏偏好受到关注。2021年艺术品二级市场年轻化趋势加深，千禧新世代买家数量同比2019年增长31%。亚洲买家中的千禧新世代占据1/3，亚洲藏家收藏潜力仍有增长空间，2021年香港佳士得秋拍创下38亿港元成交纪录。

佳士得在中国的发展采取了本土化策略。近两年，佳士得与中国专家合作，开展文化支持项目、教育项目、品牌项目，以增强客户黏性，培养收藏兴趣，加深佳士得在中国的品牌基础①。佳士得上海办事处及画廊在2022年春季入驻上海外滩一号新址，空间总面积达1600平方米，用于举办拍卖、预展、私洽、文化沙龙展览、艺术教育等多种活动。佳士得在中国新址的选择和重量级展品的亮相展示出艺术品二级市场对中国市场与藏家的关注。全球头部拍卖行在中国的一系列举措对未来我国更成熟艺术品市场的形成具有良好的促进作用，同时也会促进艺术品二级市场的竞争。

富艺斯于2018年成立上海办公室，通过与多家艺术机构合作开展项目进军中国艺术品市场。其合作方包括上海油罐艺术中心展览、北京X美术馆艺术教育、上海K11等，并通过参与上海艺术影像展、设计上海、ART021等展览会、艺博会融入中国的艺术品市场，通过协办活动等形式支持艺术机构，包括复星艺术中心、余德耀美术馆之夜、尤伦斯当代艺术中心（UCCA）和美丽中国等，同时参与中国的艺术生态构建。在艺术品二级市场中，富艺斯与保利拍卖进行合作，强强联合，相互借鉴，扩

---

① 2021年9月，佳士得参与了DNA深圳设计与艺术博览会，以艺术和文化专业知识提升品牌在中国南方尤其是大湾区的品牌知名度；上海艺术周期间，佳士得举办"RADIANCE尚·米榭·巴斯奇亚大展，其中包含多幅过亿元的巨作，以培育市场；11月，佳士得还参加了中国国际进口博览会。

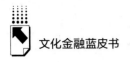

展市场①。国内外头部拍卖行的联合促进了 2021 年艺术品市场的反弹，通过联合的形式，国际头部拍卖行能够更适应中国本土艺术品市场；同时国内头部拍卖行在运营管理和艺术品市场也更加国际化。

中国头部拍卖公司和重要拍品概览。藏家购买、竞拍超高价格艺术品通常具有收藏和投资的双重目的。中拍协统计的 12 家中国头部拍卖公司 2021 年成交价超过 1 亿元的拍品有 11 件（套）②。在 2021 年内地拍卖会上，重要拍品频频出现。徐扬《平定西域献俘礼图》以 4.14 亿元成交，是年度最高成交价拍品；清乾隆御制洋彩胭脂红地轧道雕瓷镂空"有凤来仪、百鸟朝凤"图双螭耳大转心瓶以 2.66 亿元成交，是年度最高成交价瓷器拍品；油画及当代艺术品市场的最高成交价拍品为常玉的《群马》（2.07 亿元），张大千的《秋曦图》以 1.96 亿元成为近现代书画名家最高成交价拍品。2021 年 11 月，巴尔蒂斯的重要代表作《镜子里的猫Ⅲ》在永乐拍卖以 1.68 亿元成交，刷新艺术家的个人纪录和西方艺术品在内地的拍卖纪录。

（三）政策导向：艺术品和文物艺术品交易扶持政策逐渐落地

1. 文物艺术品市场和产业支持政策出台

多省（区、市）促进文物艺术品发展的政策加速出台。2021 年末，北京市文物局印发了《北京市"十四五"时期推进国际文物艺术品交易中心建设规划（2021—2025）》，该规划可概括为三个要点：第一，力争为北京的文物艺术品市场和产业的发展提供良好政策环境；第二，聚焦多层次市场主体，满足多层级消费需求，支持文物艺术品一级市场的规范化发展并支持

---

① 2021 年 6 月富艺斯与保利拍卖联合呈献"二十世纪及当代艺术和设计"北京、香港两地双城拍卖，拍品包括常玉、吴冠中、赵无极、草间弥生、王俊杰、乔治·康多、KAWS 等众多中西方艺术大师的重量级作品，全场以白手套成交，成交总额达 7.025 亿港元，较 2020 年 12 月富艺斯与保利首度联合拍卖增长 38.6%。2021 年 11 月，富艺斯与保利的"二十世纪及当代艺术和设计"联合秋拍又以 6.7 亿港元的成绩收官。

② 中拍协统计的拍卖数据包括北京保利、中国嘉德、华艺国际（北京）、中贸圣佳、西泠拍卖、北京荣宝、上海匡时、广东崇正、北京诚轩、上海朵云轩、北京翰海和北京华辰 12 家样本中国拍卖公司春秋两季大拍数据。

文物艺术品电商规模化经营①；第三，在文物艺术品交易中打造产业数字生态，打造一批数字化赋能标杆企业，建设文物艺术品大数据中心，发布"北京文物艺术品交易"综合指数体系。大数据平台和云端艺术品交易业态的建立将有利于我国持续推进艺术品交易规范化，对标杆企业的扶持将促进我国文物艺术品实现新增长。

2021年国家文物局发布《关于支持中国国际进口博览会文物类展品监管和便利措施的公告》（文物博发〔2021〕26号），从优化进境审核登记、延长展品停留期限、扩大展会溢出效应三大方面提出支持中国国际进口博览会文物类展品监管和便利化的措施。11月，上海文物局发布的《中国国际进口博览会艺术品、收藏品和古物类展品服务指南（2021版）》为展商、藏家购买提供全流程指引②。

2. 艺术品税收规范和优惠政策助力艺术品交易可持续发展

近年来，艺术品二级市场联动艺术品一级市场正逐渐从收藏导向型向投资导向型转变。2021年6月22日，国家税务总局印发《关于企业所得税若干政策征管口径问题的公告》（2021年第17号），其中第五条明确"企业购买的文物、艺术品用于收藏、展示、保值增值的，作为投资资产进行税务处理。文物、艺术品资产在持有期间，计提的折旧、摊销费用，不得税前扣除"。

---

① 该规划强调了文物艺术品的门槛问题和平台渠道的发展方向。从文物艺术品市场来看，未来我国的藏家群体将更加宽泛，增量市场的消费潜力将被持续挖掘，突出惠民和平台渠道的支撑。

② 以2021年第四届上海进博会和第三届国际艺术品交易月为起点，上海市文化和旅游局表示将持续推进上海文物艺术品领域的高水平开放，积极推动浦东新区文物艺术品立法，做强做大交易平台，并构建优质营商环境，全力打造千亿级艺术品产业规模，加快将上海建设成国际文物艺术品交易中心。依托自贸区、保税区通关便利优势和上海国际艺术品保税服务中心优势，艺博会外国参展机构能够享受到展览全流程服务。上海文物商店作为进博会境外展商文物类展品进口代理商，为文物类展品后续的留购、清关等环节的办理提供保障。上海进博会针对报关、物流、保税仓储、保税出区展示、布撤展、留购等各个环节提供一站式全流程服务。根据国家文物局《关于支持中国国际进口博览会文物类展品监管和便利化措施的公告》，对于进博会展期内免税进境销售的文物类展品，在完成后续留购、支付、清关、交割等手续后即可留在国内，并鼓励享受税收优惠政策的文物类展品进行不少于3年的面向社会公众的公益性展示。

2021 年促进艺术品市场发展和艺术品进口税收政策有所创新。海外机构的文物类艺术品，有机会在免征 14.13% 进口关税及进口环节增值税的情况下，实现在中国境内的展览和销售。2021 年"进博会"首次实行"5 件免税"政策，文物艺术品板块吸引来自 11 个国家和地区的 20 家艺术品机构参展，参展申报展品达 178 件[①]。佳士得、苏富比、富艺斯、大田秀则、合旎等 9 家拍卖行和画廊境外展商首次参展，41 件文物艺术品达成购买意向，总货值达 7.6 亿元。另外，经国务院批准，2022 年 1 月 1 日起，我国将对954 项商品实施低于最惠国税率的进口暂定税率。其中，为满足文化消费需求，将对超过 100 年的油画等艺术品实施零关税[②]。

二 全球艺术金融现状与中国艺术金融实践情况概述

（一）全球艺术金融行业概况

1. 全球艺术与金融趋势

德勤和 ArtTactic 发布的《艺术金融报告 2021》（Art & Finance Report 2021）对全球的艺术趋势和金融趋势进行了总结，艺术趋势主要包括：全球化、民主化和文化外交；透明化与专业化；艺术科技、数字化、可视化和代币化；文化机构、文化软实力、经济驱动力与世界文化遗产；创造性、文化符号与智慧城市。金融趋势主要包括：扩展高净值客户群体与新世代藏家，注重艺术门类和相关服务的全面性；作为艺术资产的艺术品金融化；风险管理、收藏管理和财产保护；税收和财产管理、慈善和可持续；艺术品质押/抵押贷款、社会影响力投资和份额化尝试。

---

① 财关税〔2020〕38 号文件提出"每个展商销售艺术品、收藏品及古物类展品，可享受 5 件以内免征进口关税、进口环节增值税和消费税"。该项有针对性的支持政策促进了进博会文物艺术品交易量的提升和文物回流。

② 2021 年 12 月 13 日，国务院税则委员会公布 2022 年关税调整方案，将对"超过 100 年的古物"实施零关税转变为对"超过 100 年的油画等艺术品"实施零关税。进口环节增值税为13%。

2. 常见艺术品投资方式

艺术品投资方式以直接购买为主，小部分藏家和艺术从业者尝试艺术金融产品投资。从 2021 年全球艺术品投资方式来看，超过 80% 的藏家和艺术从业者以及接近 60% 的财富经理选择直接购买作为艺术品投资的首选方式。其余投资方式还包括：艺术金融衍生产品、影响力文化投资产品、NFT、艺术品份额化投资和艺术投资基金等（见图 8）。

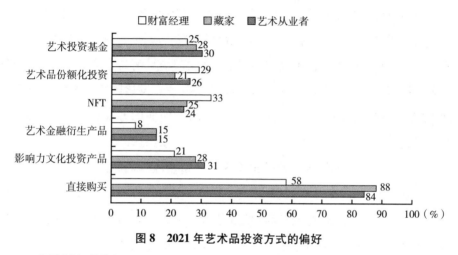

图 8　2021 年艺术品投资方式的偏好

资料来源：德勤和 ArtTactic，Art & Finance Report 2021。

相对于艺术从业者和藏家，财富经理对 NFT 和艺术品份额化投资方式更感兴趣（将近 1/3），仅有 8% 的财富经理对艺术品作为艺术金融衍生产品（避险功能、对冲等功能）有所关注。

3. 艺术品质押/抵押贷款业务的发展现状

欧美艺术品质押/抵押贷款业务机构参与度高，相关业务在中国处于起步阶段。据德勤和 ArtTactic 预测，2021 年全球艺术品贷款的整体市场规模在 240 亿~282 亿美元，平均增长率为 11%，到 2022 年将进一步增长至 313 亿美元。分贷款主体来看，2021 年银行艺术品相关业务的贷款总额为 207 亿~230 亿美元，主要资金提供方包括 Citi Private Bank、Morgan Stanley、Emigrant Bank Fine Art Finance、Bank of America、Deutsche Bank、Goldman Sachs、JP

Morgan Private Bank 等；艺术品市场相关资方的贷款总额为 140 亿~240 亿美元，主要资金提供方包括 Yieldstreet/Athena Art Finance、Artemis、AOI Advisors、Fine Art Group、Griffin Art Partners、Art Capital Group、Athena Art Finance 等；拍卖公司的贷款总额为 190 亿~270 亿美元，主要资金提供方包括 Sotheby's、Heritage Auction、Phillips、Artiana 等。

2021 年，私人收藏家获得的艺术品担保贷款在 216 亿~252 亿美元，画廊和经销商在艺术品质押/抵押贷款市场的贷款份额较小，在 24 亿~28 亿美元。从全球整体艺术品质押/抵押贷款市场来看，质押/抵押贷款额度在未来将会继续增长。中国的艺术品质押/抵押贷款市场目前尚未成熟，部分头部拍卖行和商业银行正在探索性尝试开展相关业务。发达国家的艺术品质押/抵押贷款现状对我国未来艺术品质押/抵押贷款业务的方式和规模预测具有借鉴意义。

2021 年，76% 的提供艺术品相关业务的财富经理同时提供艺术品质押/抵押贷款服务，在 2019 年该数据仅为 50%（见图 9）。从艺术品质押/抵押贷款的动机来看，大部分质押/抵押贷款者的目的主要有两个：一是在不出售艺术品的条件下，通过艺术品质押/抵押贷款的形式购买新的艺术品；二是通过质押/抵押艺术品为其他投资性产品换取流动资金。

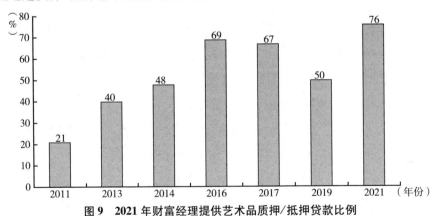

图 9　2021 年财富经理提供艺术品质押/抵押贷款比例

说明：德勤和 ArtTactic 发布的报告中未统计 2012 年、2015 年和 2018 年全球财富经理提供艺术品质押/抵押贷款比例，因此本报告中没有列出，不影响整体趋势。

资料来源：德勤和 ArtTactic，Art & Finance Report 2021。

（二）中国艺术金融的实践

我国在 10 年前已经开始尝试开发艺术衍生品，但由于市场不成熟，制度尚未健全，出现了很多问题，在 2017 年之后并未出现艺术品投资基金产品。因此建立良好的艺术环境对未来艺术金融规范化和可持续运行至关重要。

中国艺术金融实践部分的分析将以银行、保险、上市公司等主体的艺术相关活动为框架，通过国外成熟的艺术金融实践来分析我国艺术金融发展的市场容量和可能性。现阶段我国许多金融机构和非营利艺术机构正在通过慈善和赞助的方式支持艺术发展。房地产、传媒和部分消费行业上市公司也在通过参与艺术收藏和支持艺术活动的方式共同构建良好的艺术生态环境。艺术金融未来发展需要建构在健全的制度基础和成熟的消费群体之上，同时需要专业鉴定和估值机构的加入。我国艺术金融实践正处于探索期，参与者多为企业集团和高净值人群。

1. 铸造基础：以公益慈善为主题的文化艺术公益

艺术具有社会属性，对于健康的艺术生态来说，营利与非营利需要共存，保持商业和公益的平衡才能长远发展。银行、美术馆和商业画廊之间并不存在竞争关系，而是协同关系。通过慈善和公益项目构建艺术生态是艺术金融发展的第一步。文化艺术公益是以文化艺术为内容或形式来解决社会问题、促进社会发展与创新、增强文化自信的公益。同时，文化艺术公益是对文化艺术资源的"第三次分配"，具有普惠基因。《2021 中国文化艺术公益白皮书》数据显示，截至 2020 年末，我国共有文化艺术基金会 500 多家，在总体基金会中的占比为 5.5%，文化艺术领域的基金总量占比远低于其他发达国家 10.0% 以上的占比[1]。从文化艺术的细分领域来看，文化传承类的项目热度最高[2]。

---

[1] 《中国文化艺术公益白皮书》由腾讯公益慈善基金会、腾讯用户研究与体验设计部（腾讯 CDC）联合北京当代艺术基金会（BCAF）出品。

[2] 2021 年 5 月，国务院批准文化和旅游部公布了第五批国家级非物质文化遗产代表性项目名录（共计 185 项）和国家级非物质文化遗产代表性项目名录扩展项目名录（共计 140 项）。并强调"保护为主、抢救第一、合理利用、传承发展"的工作方针，扎实做好保护与传承。

文化艺术公益的发起方包括公益组织、个人以及政府、企事业单位。其中公益组织的参与度最高，包括各类机构的基金会、社会团体、社会服务机构等。近年来，民生银行①、复星艺术中心②等机构在文化艺术公益方面的参与度和影响力都有所提升。

2. 艺术品质押/抵押贷款

艺术品质押/抵押贷款，是指商业银行和现金管理者等贷款人，以借款人所拥有的艺术品为质押/抵押，发放现金款给借款人，货款到期借款人还本付息的艺术金融形式③。近年来，已有多家商业银行、拍卖公司等尝试开展艺术品质押/抵押贷款业务，但规模与影响力较小，最大的瓶颈是艺术品的鉴定与价值评估，通常艺术品的鉴定与价值评估通过第三方专业机构进行，第三方专业机构和顾问团队需要进行承诺，并对质押/抵押艺术品和债务承担相关责任。贷款人通过第三方专业机构对质押/抵押艺术品进行估价并按估价的一定百分比（由于艺术品流动性不足，目前涉及的贷款比例通常不超过艺术品估价的30%）借出款项，借款人到期还款时可取回质押/抵押艺术品；如未能如期还款，债权人可取得质押/抵押艺术品的所有权，或通过第三方专业机构将质押/抵押艺术品变卖。担保人机制能够在借款人不能按约定清偿债务的情况下最大限度地保证债

---

① 从2007年开始民生银行开始涉足艺术公益类项目，先后支持了炎黄美术馆、北京民生美术馆与上海民生美术馆。每年投入公益资金和团队来保证其赞助的非营利美术馆正常运营。近年来，民生银行还与艺术机构和学院合作，开展乡村振兴艺术赞助，每年赞助20个以上的扶贫项目。2020年北京民生文化艺术基金会通过捐助临洮非物质文化遗产产业发展协会帮扶非遗文化传承与发展，推动传统非遗文化元素与当代艺术设计之间的创新、转化与利用。

② 复星艺术中心是由复星基金会发起并出资建立的非营利机构。复星基金会成立于2012年，从事业务包括：自然灾害救助、扶贫助残、资助文化公益事业、资助教育公益事业、资助青年创业就业及其他社会公益事业。近年来，复星基金会以教育和文化为两个主要方向，每年捐助公益项目40余个，年捐助额达到4500万元。依托复星艺术中心的平台，复星基金会打造出国际化复星艺术文化圈，促进中西方文化交流。复星艺术中心是上海当代艺术机构中第一家3A社会组织。2021年9月，复星艺术中心正式成立"文化发展理事会"，捐赠支出可获得由复星艺术中心开具的公益事业捐赠票据，可按规定进行税前扣除。

③ 艺术品质押/抵押贷款由质押权人负责对质押/抵押艺术品进行保管，艺术品所有权在质押/抵押时转移给贷款人，贷款人风险较低，适合收藏家和非营利机构等不对艺术品进行销售和经营的借款人。艺术品质押/抵押贷款中质押/抵押人对质押/抵押艺术品进行保管，艺术品所有权未发生转移，借款人依然拥有艺术品的占有权（即使用权），可以举办展览、进行相关艺术品经营活动，因此质押/抵押贷款是适合艺术品经销商的融资方式。

权人利益。非金融机构质押/抵押贷款存在非法集资隐患，2018 年最高人民法院出台的《关于依法妥善审理民间借贷案件的通知》专门打击此类行为。

潍坊银行在 2009 年已经实现了以艺术品作为质押/抵押进行放款的突破。为了解决风险规避问题，畅通融资渠道，潍坊银行通过推出预收购人机制让风险可控。在 2022 年 1 月举办的第七届艺术金融年会上，潍坊银行提出按照"1+N"模式来构建开放的艺术金融服务体系的方案。商业银行与拍卖公司等专业合作伙伴形成"银拍联合体"[①]，与藏家、艺术品一级市场主体、艺术家、艺术金融专家、艺术平台、数据机构等开展合作，搭建起适合我国本土商业银行的艺术金融服务体系[②]。

3. 艺术品投资基金[③]

艺术品基金计划通常采用组合投资的运作模式，投资标的包含各类艺术品。由基金管理公司发行基金计划，委托人出资认购权益，将艺术品基金计划投资于艺术品市场的指定艺术家/艺术品，在一定时期的持有期（运作期）之后，通过艺术品市场对标的艺术品进行回购，兑付委托人。通常艺术品投资基金为封闭式投资基金且持有期较长，国内为 3 年左右，国外为 5～10 年。在艺术品投资基金的价值链上有四个主要环节：基金产品策划、艺术品购买、规定期限内的运作和兑现。

我国在 2010～2017 年有一系列对艺术品投资基金的尝试，包括保利艺术投资物华天宝艺术品基金、泽谷艺术私募投资基金、华侨艺术私募基金等。但由于社会艺术生态、艺术金融监管机制与基础设施尚未健全，投机性

---

① "1"是指商业银行，"N"是指商业银行可以连接的各种外部资源和合作伙伴，包括与拍卖机构合作。

② 联合体的服务环节主要包括艺术品融资服务、投资咨询服务、仓储服务、鉴定与估值服务，以及藏品管理与销售服务等。体系中团队的建设则包括鉴定专家、估值专家、对鉴定评估承担法律责任的特殊担保人等。

③ 艺术品投资基金可分为两种主要类型，包括有限合伙型艺术品基金和信托型艺术品基金。有限合伙型艺术品基金一般会采取与私募类似的跟投方式，即投资者作为有限合伙人注入资金，管理人作为一般合伙人注入一定比例资金。管理人通常是基金公司，并与第三方专业艺术机构进行合作，风险共担，收益共享。另一种信托型艺术品基金由信托公司代理发行，向相关机构备案的同时，其资金也需由第三方托管。

强，透明度低，流动性不足，难以持续发展，加之"文交所事件"等负面新闻，近几年艺术品投资基金发展阻力较大。

4. 艺术银行

艺术银行可分为两类，第一类是公益性艺术银行，其一般由政府设立，旨在支持当代艺术家，尤其是本土艺术家的发展。通过文化艺术机构购买艺术家作品，再将作品转租或销售给政府、公共空间、有临时陈列和装饰需求的企业与个人，实现良性循环。最早进行艺术银行实践的加拿大采用的就是这种模式。第二类是金融类艺术银行，将艺术品作为投资标的，通过自有或与第三方专业艺术机构专家合作，以艺术相关金融产品交易的形式实现投资回报，目前瑞士艺术银行、德意志银行、JP 摩根银行的相关业务已经较为成熟。我国从 2006 年开始探索设立艺术银行，墙美术馆艺术银行、民生银行、光大银行、上海公共艺术银行等先后开展了艺术银行的业务。艺术银行的高峰期在 2011~2012 年，但由于缺少统一的价值评估标准和权威鉴定标准，加之部分金融产品投机性强，缺乏有效监管，相关业务难以维持，该业务在 2015 年之后逐渐停止。

从西方艺术银行的发展情况来看，在我国发展艺术银行主要有三方面的潜在促进作用。第一，艺术银行具有艺术展示功能。因此，对当代艺术家来说，作品被艺术银行购买，除了售卖艺术品的收入之外，艺术银行的传播性对其也具有很大吸引力。第二，艺术银行能够促进艺术品一级、二级市场协调发展。长期以来，我国以画廊为主的艺术品一级市场不成熟、规模较小、体系混乱，相对于二级拍卖市场的体量较为弱小；遇到经济不景气以及突发事件等，难以维持。而艺术银行对当代艺术家的成长具有推动作用，作为画廊的"战略合作伙伴"，其也有助于推动艺术品一级市场的成熟。第三，艺术银行的租赁模式有助于推动艺术品流通，促进艺术品保险、艺术品运输等多主体发展，并开辟新市场。艺术银行能够让艺术品流动起来，助力艺术服务业体系的完善。艺术品流动性的提升也能提升艺术品关注度，让每件艺术品的"效率"提升，增强其社会效益。从艺术品作为资产的角度来看，其流动性提升也是艺术金融健康发展的基础。

5. 文物艺术品保险

2021 年，我国文物艺术品保险寻求稳健发展，以避险功能为主，海外文物艺术品保险和中小保险公司在中国的业务涉及文物艺术品保险衍生功能。文物艺术品保险按保险目的划分可以分为两类功能：一是基础功能，即避险功能，目的是防范文物艺术品发生损坏引起的损失，主要包括自然灾害意外损失、运输损坏和偷窃损失；二是文物艺术品保险的衍生功能，主要包括文物艺术品保单用于质押/抵押、估值定价参考、辅助交易和融通资金的功能。

目前，我国的文物艺术品保险以避险功能为主，保险本身并不对文物艺术品的价值进行担保，不做价值认定，由部分中小保险公司以及国外的文物艺术品保险提供衍生业务。文物艺术品保险的衍生功能风险高，且通常需要第三方专家团队协作，监管难度大，因此极少被涉及。目前已有多家国内外保险公司开展了文物艺术品保险业务，包括中国人保、法国安盛、德国安联、泰康、友邦等。除此之外，还有百余家小型保险公司提供文物艺术品保险相关服务。以人保文物艺术品保险为例，文物艺术品保险主要覆盖包含两类：文物艺术品财产损失保险和文物艺术品运输保险（人保珍品艺术品运输）[①]。其他文物艺术品保险的业务还包括关税保证保险，即与中国海关合作，为文物艺术品进出口提供必要的保单。

艺术品保险尤其是文物艺术品保险评估流程非常复杂，除文物艺术品本身的评估外，还涉及对投保人投保目的的识别以及对运输公司、文物艺术品存放机构的专业性评估等。目前我国文物艺术品保险主要面临的问题包括以下几点：第一，文物艺术品属于非标品，在保险风险管理中涉及多种变量因素，需要对场地、团队、潜在人流等因素进行考察和预测，对运输公司和委托人的专业性进行评估；第二，文物艺术品保险业务涉及对文物艺术品出处、历史数据等多方面内部信息的全面调查，对部分重要信息的保密要求高；第

---

① 文物艺术品财产损失保险主要覆盖因火灾爆炸、暴雨洪水、地面塌陷、盗窃造成文物艺术品丢失等保险责任；文物艺术品运输保险包括火灾爆炸、自然灾害，运输工具发生碰撞、沉没，因挤压发生的文物艺术品损坏，装卸人员在装卸、搬运过程中出现疏忽、过失导致的文物艺术品损坏等责任。

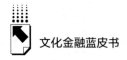
三，文物艺术品投保目的复杂，风险防范难度大，且保险公司难以对文物艺术品做估值定价。

6. 上市公司与资本市场共建艺术生态

资本市场与上市公司参与、支持艺术产业与艺术金融的方式更加多元。从我国 A 股上市公司参与艺术收藏和投资情况来看，主要包括以下几种参与方式：第一，直接购买艺术品，通过收藏实现价值增值和税收筹划；第二，通过资金支持、产品赞助、设立奖学金等方式支持特定艺术领域和艺术家的发展，提升品牌影响力；第三，通过战略合作的形式与艺术家或艺术机构开展项目合作；第四，增设专业团队进行相关产品及业务开发。以电广传媒为例，该公司的投资板块主要包括创业投资和艺术品投资，旗下拥有达晨创投。该公司还通过艺术特展与跨界合作的方式持续推动艺术板块布局①。近年来，随着数字科技的迅速发展，越来越多的平台与科技公司开始涉足数字展示与数字艺术。目前行业内常用的技术包括运用 VR/AR/MR/XR、全息影像、CG 视觉、裸眼 3D、CG 特效、人机交互等。数字新媒体技术研发及数字内容生产与展览搭建服务公司风语筑的主营业务包括数字化体验一体化打造、展示系统和展览等②。据公开信息披露，该公司约 80% 的营业收入来源于创意设计、互动体验、CGI 特效、VR/AR、全息影像及其他各类软硬件系统服务。2021 年，该公司通过旗下非营利艺术机构在艺术科技与 NFT 艺术方面发力。

---

① 从 2006 年开始，电广传媒持续在艺术品投资领域布局，管理艺术品基金的总规模达 20 亿元，先后投资收藏了齐白石、徐悲鸿、张大千、吴昌硕、黄宾虹、傅抱石、李可染、靳尚谊等中国近现代书画艺术大师的 200 多件艺术精品。艺术品投资是电广传媒"文旅+投资"战略的重要板块。电广传媒控股子公司中艺达晨是国内最早开展艺术品专业投资管理的公司之一，成功发行了国内首支艺术品基金。2021 年 6 月湖南广电携旗下上市公司电广传媒在"山河颂"艺术特展上首次展出"宝藏级"艺术品。展出的作品包括：李可染的《东方欲晓》、徐悲鸿的《愚公移山》、何海霞的《驯服黄河》、齐白石的《祖国颂》。近年来，电广传媒还通过与罗中立奖学金合作瞄准新赛道，把运营的重点从近现代书画作品转换到对年轻艺术家作品的收藏和推广。

② 风语筑从 2012 年就开始运用各种数字技术对展览空间进行视觉和体验增强，落地场景包括城市文化空间体验、政务服务、数字展示、新零售、文旅项目等众多领域。风语筑旗下支持的非营利艺术机构"雷电所"在 2021 年筹办了首届大型科技艺术展览"不准停电"。展览内容以艺术科技为核心，经过评选呈现出 20 组国内领先的数字艺术实践者的作品，每件作品从不同角度探索了虚拟与现实的边界和连接，以回应当下的科技艺术实践。

7. 资本市场主体对元宇宙概念与NFT艺术的关注度持续上升

NFT是一种基于区块链技术的特殊数字资产①。早期通过炒作而市值暴涨的多数虚拟货币为同质化代币（FT），而NFT即便基于相同底层协议标准，每一枚也都不同，可用于存储信息。因此，对比FT，NFT在标记物品归属、存储信息、追溯的作用上更为突出。NFT目前在我国以数字藏品形式存在，有发行市场但没有二次交易市场，并受到严格监管。

与数字艺术品相关的还有元宇宙，元宇宙作为NFT未来的庞大应用场景，是NFT艺术发展的基础，NFT将作为基础设施与元宇宙共同发展②。元宇宙产业链由基础设施、技术构建、应用平台与服务、内容创建者与分销商四大板块构成。目前，元宇宙与NFT还处于"从0到1"的初级发展阶段，技术与应用开发尚未成熟，主要依托VR、AR技术搭建虚拟世界而呈现。2021年是元宇宙元年，以大型科技公司和芯片制造商为首的多家国内外巨头先后入局③。

8. 以艺术平台为主的投融资成为方向

从2019年开始，我国文玩电商市场开始快速增长。艾媒咨询数据显示，2020年中国文玩电商市场交易规模为1630亿元，2021年接近3000亿元，预计2022年交易规模将超过4000亿元。文玩品类的逐渐细化、价格的亲民化使文玩艺术品逐渐从小众的高端收藏转向大众消费。从行业发展来看，目前文玩电商头部格局基本形成，微拍堂App于2015年上线，是文玩艺术品

---

① NFT可以与任何数字形式的主体结合，信息会通过区块链存储，使作品具有独特属性。NFT可以代表数位文件，如艺术创作、声音影像等。用户的个人数据或商业数据等也可以通过上链放置在区块链网络上。NFT发展至今已经出现了三种底层协议：ERC-721，ERC-1155和ERC998。ERC-721由Cryotokitties于2017年发布，是最常见的底层协议。

② Wind元宇宙指数以2019年1月2日为基日，以1000点为基点。元宇宙（Metaverse）代表的是一种新的生活方式，突破物理界限，获得精神与感官上的体验，并不指代一种产品或技术。由于目前元宇宙概念的产业、公司与研究覆盖多体现在AR、VR、XR等技术上，并在游戏、显示设备等领域有初步的产品或者服务落地，因此现阶段元宇宙的呈现形式和表达具有局限性。从完整的元宇宙构成来看，未来需要从硬件产品、软件应用、技术、内容、平台、沉浸体验等多方面发展。

③ Roblox、微软、英伟达、AMD、高通、Unity、腾讯、字节跳动等先后进军元宇宙。

直播竞拍模式入局最早的平台，创造了"直播拍卖+免费鉴宝"的销售模式，与玩物得志 App、天天鉴宝 App 占据第一梯队，用户黏性和活跃度均远超同类平台（见表8）。

表8　2021年头部文玩电商平台

序号	文玩电商名称	服务模式	App 上线年份	商品种类
1	微拍堂	文玩艺术品直播竞拍	2015	玉翠珠宝、工艺品、文玩杂项、紫砂陶瓷、书画篆刻、茶酒滋补、花鸟纹玉、钱币邮票
2	天天鉴宝	集"鉴、逛、聊、买"服务于一体，采用直播连线鉴定模式，提供免费的直播鉴定或图文鉴定服务	2019	翡翠、和田玉、彩宝珍珠、文玩杂项
3	玩物得志	商家入驻平台开店卖货，涵盖直播、拍卖等文玩工艺品交易、专家在线鉴宝和国风生活社区等	2019	玉翠珠宝、紫砂陶瓷、木雕盘玩、文玩杂项、茶酒滋补、书画篆刻、工艺品

资料来源：网经社。

在文玩电商发展的背后也隐藏着一系列问题。文玩艺术品属于非标品，电商销售渠道的线上化使消费者无法接触到实物，行业内存在假货、瑕疵、以次充好、退款难等问题。虽然平台提供鉴定服务，但鉴定标准和鉴定资质目前无法规范，消费者仍需要有鉴别能力。

2019~2021 年，我国文玩电商市场先行者得到了资本的青睐；2021 年，我国文玩电商市场有 4 家平台获得融资。《2021 年中国文玩电商融资数据榜》数据显示，域鉴文化、唯一艺术、铜师傅、葫芦兽 4 家平台共获得了超 2.5 亿元融资[①]。除艺术品交易平台之外，2021 年数字艺术尤其是 NFT 艺术发展迅猛，带动了数字艺术品的创作和藏购热潮，艺术的呈现形式和大众

---

① 资料来源于网经社"电数宝"。"域鉴文化"为艺术品文玩电商，2021 年 1 月完成天使轮融资，投资方为源来资本；2021 年 12 月完成数千万元 A 轮融资，主要用于产品升级、团队扩充、供应链整合、用户精细化运营，投资方为玖玥泉投资。"唯一艺术"（TheOne.art）　（转下页注）

的审美理念更加多元化。许多品牌方、设计师、艺术家、NBA 球员、影视公司都在陆续推出 NFT 数字商品、创作数字 IP 形象。Opensea 等数字艺术交易平台 2021 年的商品交易总额实现了爆发式增长。区块链技术的应用和普及有利于数字艺术的知识产权保护，为数字艺术确权和交易打下基础，扩大和提高了数字艺术增量市场和交易频率，同时扩大了艺术品藏家群体。从 2021 年我国的数字艺术平台发展来看，CryptoArt. Ai、元気星空（METACHI）等一批具有 NFT 数字艺术概念的平台也在逐步发展壮大。

（三）艺术品财富管理的需求与导向

1. 全球藏家最关注的艺术品财富管理服务

越来越多的企业和客户开始涉足艺术品收藏，对艺术品财富管理服务的需求更加多元。财富管理端也对此趋势做出反应，加强对艺术品财富管理服务的研究与设计。2011 年，全球仅有 56%~57% 的艺术从业者和藏家对艺术品和可收藏品应纳入艺术品财富管理产品体系持支持态度；而在 2021 年，全球 96% 的艺术从业者和 76% 的藏家认为艺术品和可收藏品应纳入艺术品财富管理产品体系（见图 10）。

从德勤和 ArtTactic 最新发布的 2019 年和 2021 年全球藏家最关注的艺术品财富管理服务变化情况来看，近几年，全球藏家对艺术品市场调研和信息的需求上升，从 2019 年的 71% 上涨至 84%；同时，全球藏家对艺术品藏品管理的需求从 2019 年的 57% 上升至 62%。2021 年新增对艺术品风险管理（49%）和艺术品相关法律服务（48%）的需求（见图 11）。

（接上页注①）是一个数字艺术电商平台，致力于打造中国最大的数字艺术品交易市场，目前已有上百位国内外知名艺术家入驻，于 2021 年 10 月获敦鸿资产 1000 万元的天使轮投资，用于提升技术研发能力、完善迭代公司产品。"铜师傅"是一家铜制工艺品垂直品类电商，以出售原创铜制工艺品为主。2021 年 8 月，"铜师傅"完成 2 亿元 C 轮融资，由国中资本领投、金鼎资本与复星创富联合投资，用于扩充产能，支持后续研发创新，以及发展现代文创品类。文玩珠宝电商"葫芦兽"于 2020 年 9 月底成立，与近千个玉石、珠宝、珠串、茶叶等传统文化商品供应商达成合作。在 2021 年 2 月获由梅花创投领投，传统文化领域的供应链资本参与跟投的千万元种子轮融资，用于团队建设和供应链建设。

图10　2011~2021年全球艺术从业者和藏家对艺术品和可收藏品应纳入艺术品财富管理产品体系的支持率

说明：德勤和ArtTactic发布的报告中未统计2012年、2013年和2016年全球艺术从业者和藏家对艺术品和可收藏品应纳入艺术品财富管理产品体系的支持率，因此本报告中没有列出，不影响整体趋势。

资料来源：德勤和ArtTactic，Art & Finance Report 2021。

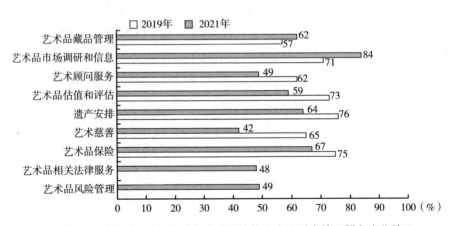

图11　2019年和2021年全球藏家最关注的艺术品财富管理服务变化情况

资料来源：德勤和ArtTactic，Art & Finance Report 2021。

2. 全球财富管理体系中的艺术品资产

从德勤和ArtTactic整理的2011~2021年全球财富经理在其提供的艺术品财富管理产品和服务中含有艺术品相关成分的统计来看，2011年为最高，超过80%的财富经理提供的艺术品财富管理产品和服务中有涉及艺术品，之后呈现出下降趋势，但在2016年后参与度保持在65%上下。在其整理的2021年全球财富经理将艺术品纳入财富管理的十大原因中，有85%的财富经理认为"客户经理需要与客户建立一种全面的咨询关系，了解客户各种资产配置情况和需求"。有75%的财富经理认为"由于财富管理行业竞争加剧，客户对艺术品作为新型理财产品和财富管理解决方案的需求上升"（见表9）。

表9　2021年全球财富经理将艺术品纳入财富管理的十大原因

序号	原因
1	客户经理需要与客户建立一种全面的咨询关系，了解客户各种资产配置情况和需求
2	艺术品价值持续上升，引发了艺术品财富管理服务的需求，以实现艺术品价值增值和变现
3	艺术品是一种价值储存手段
4	艺术品对通胀的对冲功能
5	由于财富管理行业竞争加剧，客户对新型理财产品和财富管理解决方案的需求上升
6	艺术品在客户整体资产/财富中所占的份额越来越大
7	客户越来越多地要求他们的财富经理帮助处理与艺术品相关的问题（包括风险管理服务、研究报告、估值、市场信息等）
8	艺术品和可收藏品提供投资组合和分散投资
9	经济形势变化，投资者需要新的投资机会
10	客户娱乐服务部分包含参加预展、艺博会和博物馆展览等附加服务

资料来源：德勤和ArtTactic，Art&Finance Report 2021。

三　艺术机构与资本的良性合作

2021年，随着艺术品市场的复苏，大众对艺术展览和相关活动的关注度有所增长。除了外部资本支持以外，许多非营利美术馆开始寻求更多元的方式，尝试实现自负盈亏。从西方成熟的私人美术馆运营体系的资金筹集方式来看，美术馆的资金来源主要有四个方向，分别是社会赞助、政府资助、自身营业收入和投资收入。美国的公益性基金会达65000多家，包括家族基金会、综合基金会、企业基金会和社区基金会，是美术馆的重要捐赠人。国内大型非营利性美术馆、艺术机构每年的运营成本通常在 1000 万元以上。美术馆通过慈善基金会向个人、企业、政府部门等主体募集资金，同时满足捐赠人的节税需求。一部分美术馆资金主要来源于赞助人、品牌赞助商的支持，因此维系与赞助人的良好关系成为馆长的主要工作之一；一部分美术馆采取艺术与商业结合的方式，使自身成为企业文化发展战略的一部分，相互扶持；一部分美术馆通过建立慈善基金会募集资金，或是通过慈善基金会的平台向社会公众募集资金。另外，大部分非营利性美术馆都有一定的营业收入来源，包括票务、衍生品、艺术课程等，形式多样。

（一）艺术机构背后的资本

1. 赞助商支持

美术馆的运营和展览筹办通常会涉及多领域合作，包括艺术品保险、运输、场地搭建、灯光设备、媒体宣传等。与相关赞助商建立长期战略合作关系，是美术馆获得赞助的重要方式之一。以今日美术馆为例，2006 年今日美术馆从企业所有的美术馆转变为非公司性的非营利性美术馆，通过吸收品牌资金缓解运营成本压力，基本实现自给自足[①]。另外，大型非营利性美术馆、艺术机构的展览预算开支中，艺术品保险和运输费用很高，通过票务收入难以收回成本，因此部分大型展览的举办需要更多品牌赞助商的支持。

在战略合作方面，随着数字化艺术的兴起和影响力的深化，越来越多的美术馆与数字科技公司开展了深度合作。2021 年 12 月，UCCA 与星云科技正式达成合作意向，以加强数字化营销技术在艺术领域的应用，促进数字营销一体化、加强数据利用、深度连接和服务用户并实现全域流量和销售增长。从 UCCA 的展览赞助来看，其赞助商和合作伙伴来自金融机构、科技公司、大使馆、基金会、酒店等多个领域。

---

① 目前，今日美术馆的赞助商包括顶级赞助商、战略合作伙伴、设备赞助商、渠道合作伙伴等多种类别。

2. 设立基金会

在一些西方国家，美术馆成立之前会先建立基金会，赞助人和资金方统一把资金捐给基金会，通过基金会再捐给美术馆①。由私人收藏和画廊发展而成的基金会与企业基金会最为常见。私人收藏和画廊通过设立基金会，能够扩充自身原有的艺术收藏，通常这类基金会专注于资助和收藏特定时间段和风格的艺术品，以延续私人收藏和画廊的定位。一部分企业基金会在艺术方面也会有一定的侧重，通过建立美术馆、开展企业收藏、主办或协办展览等方式提升企业形象，增强影响力②。其他常见的与艺术相关的基金会还包括由艺术家或其继承人创办的艺术家基金会。基金会通常会成立专门分支以支持艺术事业。

3. 企业羽翼下的美术馆

艺术与商业的结合是许多民营美术馆扩大社会影响力和实现可持续发展的途径。越来越多的商业地产企业家成为亿元艺术拍品买家并创立私人美术馆。从企业收藏的先行者来看，多家企业集团、上市公司近年来一直在扩充其艺术藏品③。表10为截至2021年末我国主要企业支持型私人美术馆清单。

表10 截至2021年末我国主要企业支持型私人美术馆清单

美术馆	创办人	关联企业	现任馆长	具有影响力的藏品/展览/侧重点
龙美术馆	刘益谦、王薇夫妇	新理益	王薇	收藏方向主要为中国传统艺术、红色经典艺术、世界现代艺术。重量级馆藏包括：任仁发《五王醉归图》、王羲之《平安帖》、宋徽宗《写生珍禽图》、齐白石《可惜无声册》、张大千《桃源图》、莫迪里阿尼《侧卧的裸女》

① 资料来源：中国美术报网。
② 我国法律规定，个人与企业向注册为非营利的社会文化机构包括民营美术馆、博物馆和艺术机构进行作品捐赠或赞助可享受"同额免税"。
③ 包括泰康集团、宝龙集团、苏宁集团、三胞集团、复星集团、大连万达集团、侨福集团、华谊兄弟、湖南广电、新疆广汇、中国民生银行等。

续表

美术馆	创办人	关联企业	现任馆长	具有影响力的藏品/展览/侧重点
中间美术馆	黄晓华	北京西山产业投资有限公司	卢迎华	以多重线索展开对中国当代艺术和文化的主体性叙述,探索开创艺术实践新范例的可能性
今日美术馆	张宝全	今典集团	张然	关注中国当代艺术及其关键人物,注重对青年艺术家的培养和国际交流
余德耀美术馆	余德耀	印尼第三大农业公司	董道兹(副馆长)	2019年余德耀基金会与洛杉矶郡立艺术博物馆LACMA达成合作关系以保证美术馆的持续运营;同年10月,余德耀美术馆、洛杉矶郡艺术博物馆和卡塔尔博物馆宣布三家机构将联合开发、共享展览和项目
和美术馆	何剑锋(何享健家族)	美的	邵舒(执行馆长)	2019年在伦敦佳士得以1.07亿人民币成交的毕加索晚年作品《男子与裸女》;和美术馆于2021年3月30日开馆,呈现建筑师安藤忠雄个展"超越:安藤忠雄的艺术人生"
上海chiK11美术馆	郑志刚	周大福、新世界	黄圣智	为大中华区的新锐艺术家提供资源支持
复星艺术中心	郭广昌	复星集团	王津元	专注公共艺术的研究与推广,立足国际,立足当代;2019~2021年先后举办草间弥生、Alex Katz、安藤忠雄等国际知名艺术家大展
宝龙美术馆	许健康	宝龙集团	王晓松	2021年末举办"现代的脉动:宝龙艺术大展"。展览超过150件重量级作品,包括齐白石《咫尺天涯——山水册》、傅抱石《蝶恋花》、张大千《巨然晴峰图》、周春芽《扬州个园小景》等
X美术馆	黄勖夫、谢其润	中生制药	黄勖夫	在与"极星中国"共同推出艺术车后,X美术馆将建设线上虚拟艺术空间"X虚拟艺术街区",将通过线上实时互动等创新手段,增强观展体验

续表

美术馆	创办人	关联企业	现任馆长	具有影响力的藏品/展览/侧重点
万林艺术博物馆/泰康空间	陈东升	泰康	唐昕(泰康空间总监、策展人)	中国第一家体系化的企业收藏；2021年9月泰康空间发布"泰康空间：机构实践与生产2003~2021"作为建立18年来的学术工作回顾和转型的节点
北京时代美术馆	赵燕	华熙集团	赵燕	青年艺术展立足于人与时代互生关系以及对青年艺术现象的关注，并设立"云中"项目，致力于民间文化推广
明珠美术馆	车建兴	红星美凯龙	李丹丹(执行馆长)	国内首家"美术馆+书店"结合的艺术机构，从2017年发起"艺文两栖人"系列展览；线下活动丰富
松美术馆	王中军	华谊兄弟	丁泽华	2014年以3.77亿元在纽约苏富比竞得凡·高的《雏菊与罂粟花》；2015年以1.85亿元在纽约苏富比竞得毕加索的《盘发髻女子坐像》；2016年在中国嘉德以2.07亿元竞得"唐宋八大家"之一曾巩唯一存世手迹《局事帖》
苏宁艺术馆	张桂平	苏宁集团	张桂平	以中国古代传统艺术到中国现当代艺术为梳理脉络的系统性收藏
广汇美术馆	孙广信	新疆广汇集团	张格芳	于2020年开馆，致力于中国近现代艺术收藏、研究与展览，力争打造极具影响力的城市公共美术馆
知美术馆	曾宝宝	花样年集团	王从卉	探索灵感与高科技的融合，融合新媒体艺术领域的前沿技术和艺术史结合的具有建设性意义的收藏及策展系统
上海外滩美术馆	欧亚平	百仕达	拉瑞斯·弗洛乔	推出了"RAM HIGHLIGHT""HUGO BOSS亚洲艺术大奖"等品牌展览
BY ART MATTERS之馆	李琳	江南布衣	弗朗切斯科·博纳米	于2021年12月开馆

资料来源：根据公开资料整理。

（二）美术馆自身的"造血"能力

对于我国的民营美术馆来说，现阶段提升自身资金来源的多样性和社会影响力是实现可持续发展的基础。中国民营美术馆的营业收入主要来源于门票、艺术商店、艺术工坊与艺术课程、出版物发行与销售、场地出租等。一些民营美术馆还会通过举办讲座、沙龙、版权运营等方式增加收入来源。

与国外美术馆、博物馆的运营和衍生品开发相比，我国美术馆在产品开发和盈利能力提升方面还有很大发展空间。近几年，我国美术馆在活动和产品创新方面都有丰富的尝试，也在不断学习借鉴国外头部美术馆、博物馆的运营和管理模式，如设计师衍生品、青年赞助人、博物馆奇妙夜等。以今日美术馆为例，其在作品展览期间获得相应的版权，再通过在国内外出售版权、衍生品、展览产权获得额外收益。随着数字艺术和多媒体装置艺术的发展、相关政策的出台和社会关注度的提高，许多美术馆还通过其积累的多媒体艺术家资源提供大型酒店多媒体外观、园区装置等服务。

四　疫情防控常态化时期艺术金融发展趋势、问题与对策

（一）趋势分析

1. 艺术品的资产属性逐渐强化

我国艺术品作为资产的属性正在不断增强。近年来，我国企业收藏和私人博物馆逐渐形成规模，支持艺术品交易中心建设与发展的政策逐步完善，政策支持逐步落地。从投融资来看，艺术品交易平台受到资本的关注，为艺术品的重复交易提供设施支持；艺术金融科技（Art Fin Tech）探索以及数据库建设作为艺术领域新基建，对艺术品交易体系的完善形成助力。从财富积累来看，即使受到疫情冲击和国际紧张局势影响，中外高净值人群的财富

集中度和影响力仍均有所增强。2022 年 1 月 14 日，胡润全球富豪榜发布，全球新增 153 位十亿美元企业家，总数达 3381 人。中国有 1133 位企业家进入胡润全球富豪榜十亿美元企业家榜单，比上年增加 75 人，领跑全球，其次是美国（715 人）、印度（215 人）、英国（150 人）①。艺术品作为资产配置正在越来越受到中外高净值人群和财富经理的关注。

2. 艺术新基建与平台化

随着数字艺术的发展以及艺术品交易需求的提升，我国艺术品平台的作用逐渐凸显。以艺术品综合服务平台为例，作为独立于第三方的综合性服务平台，能够对艺术品鉴定、征信追踪、交易记录、业务创新、风险管控等多个方面进行综合提升。艺术品综合服务平台也是艺术金融的新型基础设施，在价值评估和信用管理方面有着重要的潜在作用。传统业态的互联网化并不会创造出新业态，而以信息和数据为基础的新平台作为"新业态"是未来艺术品资产化和金融化的发展路径。西沐在《科技融合改变艺术金融创新方向》中提到，当今很多互联网金融的业务风控体系核心是质押/抵押，而不是基于数字化的新基础设施的建构。我国艺术品市场交易额约为 4000 亿元，但据测算，潜在需求为近 8 万亿元，推动艺术品综合服务平台的发展有望在未来使艺术品潜在需求得到释放②。

3. 科技"加持"下的艺术金融

金融科技（Fin Tech）不仅深刻影响金融产业的变革，同时推动艺术金融的发展。从技术层面来看，以大数据、人工智能、机器学习为基础的智能投顾在诸多行业同时落地，正在发展成为艺术领域投融资的发展趋势。另外，区块链是 NFT 数字艺术的底层技术，未来有望在艺术品交易中的各个环节进行渗透，包括确权、鉴定、估值等。科技与平台为未来艺术品规模扩张和重复交易、资产化、金融化提供技术支撑。基于数据资产发展出的市场

---

① 2022 年 3 月发布的胡润全球富豪榜披露全球十亿美元企业家的总财富比上年增长了 4%，达到 96 万亿元。预测到 2030 年，全球十亿美元企业家将达到 8000 多人，百亿美元企业家将超过 600 人，千亿美元企业家将达到 50 人以上。

② 西沐：《科技融合改变艺术金融创新方向》，《中国拍卖》2020 年第 12 期。

行情、指数、估值等服务也是艺术金融创新发展的重要方向，这些服务还能支持艺术金融体系的建立和规范发展。

（二）存在的主要问题

1. 估值问题与泡沫

从艺术品质押/抵押贷款、艺术品投资基金和艺术相关的资本市场投融资事件来看，艺术品的估值问题一直是限制其与金融结合的核心因素。与消费类产品不同，艺术品的估值与成本不具有相关性。在重复交易中，其价值易受主观因素的影响，导致流动性不足。因此，艺术品的独特性会加大金融化难度，从艺术品质押/抵押贷款来看，鉴定环节和估值环节均存在风险，需审核融资者的信誉和目的；从艺术品投资基金来看，艺术品份额化和脱实向虚给制造高价泡沫和虚假繁荣带来可乘之机；从艺术品保险来看，部分保险公司的艺术品衍生保险业务涉及艺术品价值认定，给出险后的赔偿事宜和作为质押/抵押物的艺术金融相关业务带来风险。

我国以艺术品租赁为主营业务的艺术银行已经在上海、北京、广州等地进行了初步尝试，然而在艺术银行的探索中，定价是难点，艺术品在二级市场的拍卖价格，画廊或代理的销售价格，以及艺术家、经销商的报价通常不能作为定价标准，只具有参考意义。第三方机构需要对所有租赁的艺术品进行系统的价值评估。

2. 信用缺失与信心不足

艺术品金融化需要建立在成熟的艺术品市场和完善的信用机制之上。当下，我国艺术金融缺乏活力的本质是信用缺失与信心不足。史跃峰在《什么是艺术金融》中提到，艺术金融是指各类围绕艺术品市场主体所进行的资金融通和与之相联系的信用活动的总称。活动形式是"资金融通"，本质是"信用活动"，核心在于对价值的认可①。从主体来看，艺术品市场信用机制的建设主要依靠机构主体，包括画廊机构、拍卖公司、艺术品交易平台

---

① 史跃峰：《什么是艺术金融》，《中国拍卖》2020 年第 7 期。

等。当前，我国艺术品市场公信力不足，导致价值认定和流动性受限。虽然艺术品不是消费品，但消费信心和经济环境对其发展起到关键作用。艺术品市场具有周期性规律，在规律性运行的状态下，艺术金融才能平稳发展。然而，我国艺术品市场常年动荡，价格波动剧烈，并没有形成周期性的闭环，导致公众对以当代艺术为首的艺术品市场信心不足。

3.脱离艺术实体的金融空转与泡沫

艺术品金融化的核心在于价值发现。当前，艺术品市场和艺术品交易平台的体量规模差异很大，在转换的过程中容易出现过度扩张和大量泡沫。艺术品是资产配置的一种形式，作为非标资产，艺术品的交易需求使艺术金融的规模不断扩大。艺术品的非标属性使艺术金融与传统金融的体系有较大差异，若在缺乏专业性的情况下加速发展，容易造成盲目跟风与投机行为，使艺术金融脱实向虚，在"爆雷后"被边缘化。

（三）对策建议

1.信用体系建设

当前，我国艺术品市场缺少有效监管和权威征信。金融征信是金融市场管理和风险控制的重要环节。相比传统金融产品，艺术品的透明度低，且交易具有复杂性，导致征信难度更大。因此，应加强艺术品交易各环节的关联性，降低信息不对称的影响；促进全面的信息溯源、跟踪和确权；通过定价规范参考性指引艺术品市场和金融主体。完善 B 端信用体系建设是艺术品资产化和金融化的着力点。艺术品价值建立在无形资产之上，机构信誉与经营是潜在的可量化指标。应加强机构审核，以机构为主体实施持牌经营，加强艺术机构管理与评级，将艺术金融产品细化并纳入监管可以在一定程度上使风险可控。

2.机制建设

相对于艺术品专家鉴定和"权威"观点作为规避风险的保障，艺术品交易更重要的环节是流通和真实交割。预收购人机制能够在质押/抵押贷款业务中发挥风控的作用，银行通过设立准入机制，对预收购人进行审核，包

括主体性质、经营状况、资产状况、专业性、市场资信、担保与违约记录、收购能力、与借款人的关联等。潍坊银行率先提出了基于预收购人机制的艺术品质押/抵押贷款业务，包括商业银行、借款人和预收购人三方主体。预收购人拥有专业知识和经验，替代了在质押/抵押贷款业务中担保人和第三方鉴定机构的作用，并且能够在借款人违约时以较低的价格购入质押/抵押艺术品并承担收购责任①。

3.数字科技应用与平台建设

发展数字新基建有利于通过数字技术改造现有的艺术品平台，也有利于实现艺术资产立体化。以交易为目的运营的艺术品平台类似于艺术品电商平台，通过线上渠道进行流通。这种模式的平台侧重消费环节，与艺术品资产与体系建设并不相关。而当下发展艺术金融强调的是实物和数字资产合一，即需要通过数字新基建构建出新的艺术作品体系。以数字孪生技术为例，在数字孪生技术的辅助下，每件实物作品的所有物理信息、元素、交易情况等都能以数字化的形式被记录，发展数字技术也将在艺术领域形成增量。

在艺术金融发展的过程中，数字技术应作为工具与艺术生产（创作）、流通、消费等各个环节进行结合，辅助发展。数字技术对于未来文物艺术品体系化发展以及艺术资产化的成熟具有重要意义，且有利于艺术领域价值链的建立。另外，推动数字技术的发展和应用有利于让以数字形式存在的作品和通过数字形态进行信息记录和追踪的实物作品有更大的应用空间，可用于艺术品再生产环节，并形成数字资产。

---

① 史跃峰、朱映凤、刘立安：《艺术品融资风险管理的创新：基于预收购机制》，《财经科学》2021 年第 11 期。

B.9

2021年数字文化产业投融资：
占据高位，引领文化金融发展

刘德良　张玉聪*

摘　要： 2021年，我国数字文化产业蓬勃发展，资本市场表现强势。数字文化产业融资规模达2344.64亿元，同比增长54.59%，占文化产业融资规模的62.45%。上市首次募资（IPO）贡献了数字文化产业融资规模的42.30%，为最主要的募资渠道。同时，在并购市场、新三板及上市企业投资市场，数字文化企业融资也有不俗的表现。基于发展基础与未来趋势，建议进一步优化顶层设计，引导良性发展；加强复合型人才培养，激发人力资源潜能；强化科技支撑，提高服务效能；丰富创新金融供给，优化资源配置，推进数字文化与金融深入融合。

关键词： 文化产业　文化金融　数字文化产业　股权融资

一　2021年数字文化产业发展分析

为贯彻落实文化产业数字化战略，近年来，我国出台多项政策文件，优化营商环境，推动形成良好的数字文化产业发展氛围。2021年，以直播、

---

* 刘德良，北京新元文智信息技术有限公司董事长，北京立言金融与发展研究院文化和旅游金融研究所副所长。张玉聪，北京新元文智信息技术有限公司文化金融部研究员。

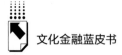

视频、互联网广告、智能设备制造等为代表的新业态表现强劲，数字文化产业呈现蓬勃发展之势。同时，我国庞大的网民基础以及数字文化消费群体基础，也为文化产业和数字经济进一步融合及未来发展提供了强大的内生动力与广阔的市场空间。

（一）文化产业数字化战略持续深入，政策环境利好

近年来，我国顺应文化产业发展新趋势，出台多项政策文件，营造良好氛围，推动文化产业数字化战略不断深入实施，促进数字文化产业持续健康发展。例如，2020 年 11 月，文化和旅游部发布了《关于推动数字文化产业高质量发展的意见》，从夯实发展基础、培育新型业态、构建产业生态、完善保障措施等多个角度出发，深化供给侧结构性改革，增强发展动能，推进文化产业与数字经济深入融合，进一步扩大数字文化产业规模，提高发展质量。2021 年 5 月，文化和旅游部发布了《"十四五"文化产业发展规划》，紧抓创新发展的规律，再一次明确"落实文化产业数字化战略"，为"十四五"时期文化产业发展指明方向，引导、促进数字文化产业发展。总体来看，我国不断优化顶层设计，完善数字文化产业生态体系，深入推进数字与文化有机结合，提高发展质量与核心竞争力，数字文化产业发展政策环境利好。

（二）数字文化产业发展繁荣，潜力巨大

随着疫情防控、经济社会发展的有序推进，数字文化产业发展环境不断优化，市场主体活跃，消费潜力凸显，发展态势向好。2021 年，文化产业数字化战略进一步实施，创新型企业、业态、消费模式蓬勃发展，产业规模走势上行。根据国家统计局数据，2021 年，规模以上文化及相关产业企业中，数字文化新业态特征较为明显的 16 个小类营收达 39623.0 亿元，同比增长 18.9%①。同时，

---

① 《2021 年全国规模以上文化及相关产业企业营业收入增长 16.0%，两年平均增长 8.9%》，国家统计局网站，2022 年 1 月 30 日，http：//www.stats.gov.cn/xxgk/sjfb/zxfb2020/202202/t20220208_1827252.html。

数字文化市场的消费潜力及价值进一步显现，《第 49 次〈中国互联网络发展状况统计报告〉》① 显示，截至 2021 年 12 月，我国的网民规模达到了 10.32 亿人，其中，网络视频（含短视频）、网络音乐、网络直播、网络游戏、网络文学用户分别为 97471 万人、72946 万人、70337 万人、55354 万人、50159 万人，超大的网民规模为数字文化产业发展提供了强大的内生动力与广阔的市场空间。

二 2021年数字文化产业投融资分析

随着发展环境的不断优化、疫情防控常态化下数字化转型的进一步加快，数字文化产业受到越来越多的关注，对文化产业投融资的引领带动作用也更加凸显。2020～2021 年，我国数字文化产业融资规模达到 3861.29 亿元，占同期文化产业融资规模的 59.66%。

（一）产业融资走势上行，市场升温

1.融资规模增长强劲，引领作用更加显著

产业融资发展向好，态势上扬。2021 年，数字文化产业发展向好，加之金融市场改革持续推进形成的良好市场基础，数字文化产业融资态势良好，实现增长。统计数据显示，我国数字文化产业分别依托上市渠道（上市首次募资渠道、上市再融资渠道）、债券渠道、私募股权融资渠道、信托渠道、新三板融资渠道、众筹渠道，通过 580 起融资事件融资 2344.64 亿元（见图 1），分别同比增长 38.76%、54.59%。同时，数字文化产业"助推器"作用增强，融资规模占文化产业融资规模的 62.45%，比 2020 年增加 6.64 个百分点（按新的统计口径，2020 年，我国数字文化产业融资 1516.65 亿元，占文化产业融资规模的 55.81%）。

---

① 《第 49 次〈中国互联网络发展状况统计报告〉》，中国互联网络信息中心网站，2022 年 2 月 25 日，http：//www.cnnic.net.cn/hlwfzyj/hlwxzbg/hlwtjbg/202202/t20220225_ 71727.htm。

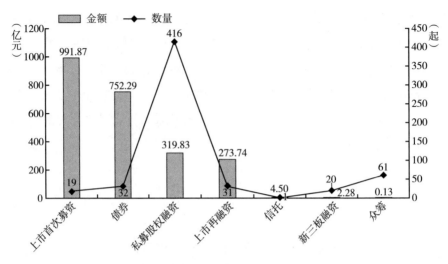

图 1   2021 年数字文化产业融资渠道分布

说明：本部分内容进行投融资统计分析时，采用的数字文化产业划分标准为同时满足以
下两个条件，一是投/融资方满足《文化及相关产业分类（2018）》界定的标准，二是投/融
资方满足《数字经济及其核心产业统计分类（2021）》中数字经济核心产业界定的标准。
资料来源：中国文化金融数据库（CCFD）。

股权融资市场增长强劲，上市首次募资规模领先。从融资渠道看，上市
首次募资的规模最大，达到 991.87 亿元，贡献了数字文化产业融资规模的
42.30%；债券次之，融资规模 752.29 亿元，占比 32.09%；私募股权融资最
为活跃，416 起融资事件占总融资事件数的 71.72%，融资规模 319.83 亿元，
不及前两个渠道，占比 13.64%；此外，上市再融资规模占比 11.68%，信托、
新三板融资、众筹的资金贡献度较低，合计仅占比 0.29%。2021 年，股权融资
渠道（上市首次募资、私募股权融资、上市再融资、新三板融资）地位更加突
出，共发生了 486 起融资事件，同比增长 72.34%，占总融资事件数的 83.79%，
比上年提高 16.33 个百分点；融资规模 1587.72 亿元，同比增长 137.10%，占总
融资规模的 67.72%，比上年提高 23.56 个百分点。债权渠道（债券、信托）通
过 33 起事件融资 756.79 亿元，分别占 5.69% 和 32.28%。

区域分布集中，北上广浙优势明显。从区域分布看，2021 年，北京通
过 154 起融资事件融资 915.63 亿元，分别同比增长 28.33% 和 104.79%，分

别占总融资事件数、总融资规模的 26.55% 和 39.05%，均居各省市首位。上海数字文化产业融资的两项指标值均次之，通过 135 起融资事件融资 628.70 亿元，分别占比 23.28% 和 26.81%。广东、浙江再次之，分别发生融资事件 117 起、61 起，分别融资 419.38 亿元、165.19 亿元。总体上看，数字文化产业融资区域集中度较高，4 省市融资事件数占比 80.52%，融资规模占比 90.80%。

2. 融资渠道表现不一，各有差异

私募股权融资活跃，融资规模上涨。近年来，数字文化产业蓬勃发展，新产品、新业态、新模式、新场景不断涌现；同时，文化产业数字化战略的推进，以及各省市积极建设新型基础设施、促进经济社会数字化转型，进一步激发了投资方活力，加快布局，使得私募股权融资市场升温。2021 年，数字文化产业发生 416 起私募股权融资事件，占比 71.72%，私募股权融资为最活跃的融资渠道；融资规模达 319.83 亿元，占比 13.64%。与 2020 年相比，2021 年私募股权融资市场升温，融资事件数、融资规模分别同比增长 84.07%、99.10%。从区域分布看，上海以 115 起私募股权融资事件融资 109.38 亿元，分别占全国私募股权融资事件数、融资规模的 27.64%、34.20%，均居全国首位。北京私募股权融资事件数、融资规模均由 2020 年的全国第 1 位下滑到第 2 位，但发生私募股权融资事件 110 起，融资规模达 89.62 亿元，分别同比增长 30.95%、14.52%，呈上行走势，分别占全国私募股权融资事件数和融资规模 26.44% 和 28.02%。浙江融资规模再次之，为 56.21 亿元，占全国私募股权融资规模的 17.57%。此外，广东排第 4 名，44.22 亿元的融资规模占比 13.83%。其他省市的融资规模均不超 10 亿元。

新三板企业融资低位运行，市场降温。与其他融资渠道相比，新三板融资的活跃度较低、规模较小。相比 2020 年，新三板市场融资呈下行走势。2021 年，新三板挂牌数字文化企业发生 20 起融资事件，都是发行股票融资，同比下降 13.04%，占文化产业总融资事件数的 3.45%；融资规模达 2.28 亿元，同比下降 62.83%，占文化产业总融资规模的 0.10%。2020 年以来的 43 起融资事件中，融资规模最大的为 2020 年"流金岁月"进入精选

层公开发行的 2.15 亿元，其他企业融资规模均相对较小，不超过 1 亿元。从区域分布看，2021 年，北京明显占据主导地位，9 起融资事件、0.90 亿元融资规模各占全国的 45.00%、39.47%。上海、广东次之，分别通过 3 起事件融资 0.49 亿元、0.35 亿元，占全国融资规模的 21.49%、15.35%。此外，海南、福建、江西、浙江、山东各发生 1 起融资事件，合计融资规模为 0.54 亿元，占全国的 23.68%。

上市首次募资活跃度维稳，融资规模增长强劲。2021 年，共有 19 家数字文化企业成功实现上市首次募资，与 2020 年持平；其中，快手、哔哩哔哩、百度（二次上市）等数字文化产业著名企业上市，受到市场热捧，进而促进上市首次募资规模实现增长，合计达到了 991.87 亿元，同比增长 199.57%，比数字文化产业总体增幅高出 144.98 个百分点。在数字文化产业各融资渠道中，上市首次募资规模最大，占比 42.30%，发挥了重要的引领带动作用。19 家上市企业分布于 7 个省市。北京共有 10 家企业上市，融资 725.38 亿元，企业数量、融资规模均遥遥领先其他地区，各占 52.63%、73.13%。广东有 4 家企业上市，融资 50.22 亿元，融资规模不及北京、上海，居全国第 3 位。上海、浙江、江苏、福建、四川分别有 1 家企业上市，分别融资 170.08 亿元、26.82 亿元、9.34 亿元、7.76 亿元、2.27 亿元。

已上市数字文化企业融资活跃度提升，融资规模小幅下滑。据统计，2021 年，已上市数字文化企业发生 47 起融资事件，同比增长 42.42%；融资规模 919.03 亿元，对比 2020 年略有下滑，下降 1.22%。其中，有 31 起融资事件为定向增发（上市再融资）事件，占已上市数字文化企业总融资事件数的 65.96%；融资规模达 273.74 亿元，占总融资规模的 29.79%。此外，已上市数字文化企业还通过 16 起发行债券事件融资 645.28 亿元（见图2），分别占全国已上市数字文化企业总融资事件数、融资规模的 34.04%、70.21%。从区域分布看，上海、广东融资规模最大，分别为 333.73 亿元、324.53 亿元，分别占全国已上市数字文化企业融资规模的 36.31%、35.31%，其他省市已上市数字文化企业融资规模均低于 100 亿元，相差较大。2021 年，上市再融资政策"松绑"效应更加明显，通过定向增发方式融资的事件数、规模分别同比增长121.43%、59.37%。31起定向增发融资事件分布在10省市。其中，北京发生10起事件，融资29.22亿元；广东发生7起事件，融资43.83亿元；而其余省市的定向增发融资事件数均不超过5起。

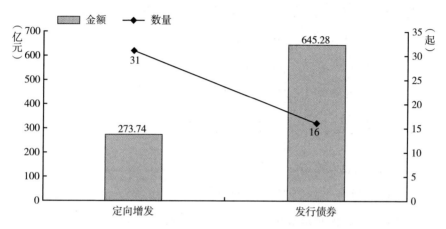

图2　2021年已上市数字文化企业融资分布

资料来源：CCFD。

债券市场相对稳定，指标值波动较小。2021年，数字文化产业发生32起债券融资事件，同比增长3.23%，活跃度小幅提升，仅占全国总融资事件数的5.52%；融资规模达752.29亿元，同比下降10.88%，波动幅度也相对较小，占总融资规模的32.09%，仅次于上市首次募资渠道。从区域分布看，32起债券融资事件涉及6个省市。上海、广东的融资规模明显领先，分别通过6起事件融资299.79亿元、280.69亿元，分别占债券融资总规模的39.85%、37.31%。北京融资规模次之，为66.01亿元，占比8.77%。浙江活跃度最高，发生10起融资事件；融资规模再次之，达60.00亿元，占比7.98%。江苏、西藏分别融资42.00亿元、3.79亿元，合计占比6.09%。此外，在债权融资渠道中，数字文化产业还通过1起信托事件融资4.50亿元，仅占数字文化产业总融资规模的0.19%，渠道贡献度较低。

众筹市场降温，资金贡献度最低。2021年，数字文化产业发生61起众筹融资事件，活跃度仅低于私募股权融资渠道，占全国总融资事件数的

10.52%；融资规模 0.13 亿元，明显低于其他渠道，仅占总融资规模的 0.01%。众筹市场呈下行走势，融资事件数同比下降 36.46%；融资规模同比下降 2.67%。从区域分布看，广东占据优势地位，26 起融资事件、0.06 亿元的融资规模，虽然分别同比下降 44.68%、20.81%，但均居全国首位，分别占比 42.62%、46.62%。浙江融资规模居全国第 2 位，为 0.03 亿元，同比增长 88.37%，占众筹融资规模的 26.75%。北京的活跃度较高，发生 10 起融资事件，仅低于广东，占比 16.39%。

（二）并购表现强势，上海市场规模领先

1. 并购市场活跃度增强，资金规模提升

据统计，2020 年和 2021 年，我国数字文化产业共发生 111 起并购事件，占文化产业并购事件总数的 64.91%；并购规模 1064.09 亿元，占文化产业并购规模的 90.85%，在文化产业并购市场中处于主导地位。其中，2021 年，数字文化产业发生 61 起并购事件，占比 70.93%，同比增长 22.00%；涉及资金 547.32 亿元，占比 87.21%，同比增长 5.91%（见图 3）。与 2020 年相比，并购市场升温。

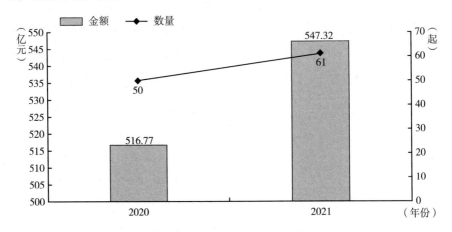

图 3　2020 年和 2021 年数字文化产业并购情况

资料来源：CCFD。

2.北京表现活跃，上海并购规模居首

2021 年，数字文化产业发生 61 起并购事件，涉及 11 个省市。其中，上海、北京、广东的合计并购事件数占总并购事件数的 65.57%、合计并购规模占总并购规模的 88.67%，指标值较为突出。上海发生 14 起并购事件，居全国第 2 位，占总并购事件数的 22.95%；并购规模 272.51 亿元，远高于其他地区，占总并购规模的 49.79%。北京并购事件数居首位，共计 21 起，占总并购事件数的 34.43%；并购规模 182.35 亿元，仅次于上海，居第 2 位，占总并购规模的 33.32%。广东并购规模居全国第 3 位，并购规模 30.47 亿元，占比 5.57%。

（三）挂牌企业投资收缩，上市企业投资积极性增强

1.新三板投资市场下行，北京指标值领跑全国

投资活跃度、投资规模均下滑，市场降温。数字文化产业是文化产业发展的重要引擎。在新三板挂牌文化企业中，数字文化企业也是投资的主导力量。据统计，2020~2021 年，新三板挂牌数字文化企业发生 393 起投资事件，占新三板挂牌文化企业投资事件数的 52.33%；投资规模 36.59 亿元，占新三板挂牌文化企业投资规模的 58.63%。两项指标均表明，新三板挂牌数字文化企业占据引领地位。受新冠肺炎疫情等因素影响，2021 年，新三板挂牌数字文化企业更加谨慎，共发生 170 起投资事件，同比下降 23.77%，占新三板挂牌文化企业投资事件数的 52.63%；投资规模 12.07 亿元，同比下降 50.81%，占新三板挂牌文化企业投资规模的 51.88%。从投资方式看，以新设子公司为主，其 110 起投资事件、8.20 亿元的投资规模均远高于其他 3 种投资方式，分别占新三板挂牌文化企业投资事件数、投资规模的 64.71%、67.94%。股权投资是另一种相对重要的投资方式，涉及 36 起投资事件、投资规模 1.95 亿元，分别占比 21.18%、16.16%。此外，新三板挂牌数字文化企业发生投资基金事件 7 起、并购事件 17 起，分别占比 4.12%、10.00%；投资规模分别为 1.29 亿元、0.63 亿元，分别占比 10.69%、5.22%（见图 4）。与 2020 年对比，上述 4 种方式的活跃度均出现下滑，投资事件数依次同比下降

24.66%、5.26%、36.36%、39.29%；从投资规模看，新三板挂牌文化企业除了对并购加大投入力度，促使投资规模同比增长68.14%外，新设子公司、股权投资、投资基金的规模依次同比下降36.36%、77.55%、50.18%。

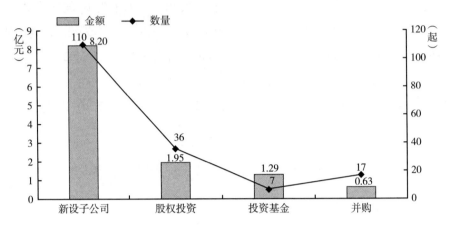

图4　2021年新三板挂牌数字文化企业投资分布

资料来源：CCFD。

北京保持领先，投资活跃度、投资规模均在全国居首位。从区域分布看，新三板挂牌数字文化企业投资事件涉及北京、陕西、湖南、辽宁、四川、山西等18个省市。其中，北京、上海、广东的新三板挂牌数字文化企业投资扩张力度明显大于其他地区，两项指标值均领先全国。2021年，北京新三板挂牌数字文化企业的投资活跃度、投资规模仍保持优势地位，居全国首位，发生投资事件60起、投资规模3.52亿元，分别同比下降4.76%、52.08%，分别占新三板挂牌数字文化企业投资事件数、投资规模的35.29%、29.16%。上海新三板挂牌数字文化企业的投资活跃度也有所下滑，同比下降46.88%，共发生17起投资事件，占新三板挂牌数字文化企业投资事件数的10.00%；投资规模反向同比增长112.18%，达到2.75亿元，居第2位，占新三板挂牌数字文化企业投资规模的22.78%。广东新三板挂牌数字文化企业投资活跃度居第3位，发生32起投资事件，占新三板挂牌数字文化企业投资事件数的18.82%；投资规模仅低于北京、上海，达到2.48亿元，占新三板挂牌数字文化企业投资规模的20.55%。广东新三板挂牌数字文化企业投资收紧，投资事件数、投资规模分别同比下降21.95%、18.84%。

2.上市数字文化企业投资活跃度、投资规模反向波动，广东扩张力度遥遥领先

上市数字文化企业投资活跃度实现增长，投资规模下滑。据统计，2020~2021年，上市数字文化企业积极布局，依托对外投资等加快发展步伐，实现资产增值，共发生987起投资事件，占上市文化企业投资事件数的72.52%；投资规模达2108.60亿元，占上市文化企业投资规模的78.05%。与非数字文化企业相比，数字文化企业投资力度更大。2021年，上市数字文化企业发生639起投资事件，同比增长83.62%，占上市文化企业投资事件数的75.98%；投资规模收缩，为742.78亿元，同比下降45.62%，占上市文化企业投资规模的72.33%。从投资渠道看，上市数字文化企业的资金主要通过股权投资、并购两种渠道投出。2021年，上市数字文化企业股权投资的力度加大，通过470起事件投资312.76亿元，分别同比增长161.11%、43.40%，各占所有渠道总投资事件数、总投资规模的73.55%、42.11%。并购投资事件数虽然只有60起，占总投资事件数的9.39%，但投资规模达到304.92亿元，占总投资规模的41.05%，仅次于股权投资渠道。并购投资事件数、投资规模分别同比下降14.29%和68.82%。上市数字文化企业发生58起投资基金事件，占比9.08%；投资规模97.40亿元，占比13.11%。上市数字文化企业还通过51起新设子公司事件投资27.71亿元，分别占比7.98%、3.73%（见图5）。

广东企业投资活跃度、投资规模明显领先，优势突出。2021年，上市数字文化企业投资涉及20个省市，其中，广东、北京、上海、浙江、天津、江苏、福建、安徽、陕西、湖北投资规模居前10位，共计730.47亿元，占总投资规模的98.34%。广东的指标值明显占据优势，发生投资事件317起、投资规模达441.92亿元，分别是排第2位的2.56倍、5.26倍，分别占总投资事件数、总投资规模的49.61%、59.49%。与2020年相比，广东投资事件数增长了133.09%，活跃度提高，但投资规模下降34.37%。北京两项指

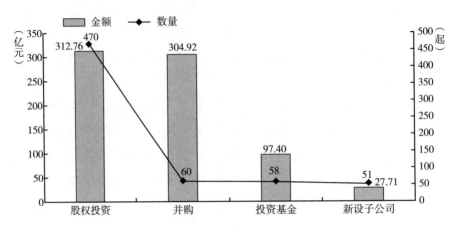

图5 2021年上市数字文化企业投资分布

资料来源：CCFD。

标值均居第2位，发生投资事件124起，同比增长49.40%，占总投资事件数的19.41%；投资规模达84.03亿元，同比下降72.68%，占总投资规模的11.31%。上海投资规模居第3位，通过83起事件投资72.42亿元，分别占比12.99%、9.75%。

三 案例分析

2021年1月15日，稻草熊影业正式在港交所上市，股票简称"稻草熊娱乐"，并以5.88港元/股的价格，发行1.91亿股，首发募资11.21亿港元，计划用于电视剧制作、投资并购、购买IP等。

（一）公司介绍

稻草熊影业专注于电视剧产业，从事投资、制作、发行等业务，是2021~2023年41家持有电视剧制作许可证（甲种）的单位之一。公司采用平台型模式运营，在经营影视制作的同时，依托资源优势，提供平台服务。

（二）营收模式

稻草熊影业主要通过自制剧以及买断播映权许可、提供定制剧承制服务等获得收入，客户群体包括电视台、互联网视频平台、第三方影视发行商等。公司拥有较稳固的客户基础，与北京卫视、东方卫视、浙江卫视、湖南卫视、优酷、爱奇艺、腾讯等存在良好合作关系。根据其上市招股书，2018年，稻草熊影业营收6.79亿元，同比增长25.10%；2019年，营收7.65亿元，同比增长12.66%。

（三）上市分析

通过上市，稻草熊影业进一步彰显了自身优势与投资价值。上市不仅有利于其提升品牌形象，吸引更多合作资源，增强经营能力；还有利于其拓宽融资渠道，获得更多资金支持，进而保障经营，迎来更广阔的发展空间，提高核心竞争能力。同时，稻草熊影业发展存在潜在风险，可能对未来投融资产生不利影响，如行业的收益不确定性因素较多，盈利存在隐患；专注影视业务，营收来源相对单一；易受到环境及自身因素影响，不利于抵御风险。

四　发展建议

近年来，我国积极推动供给侧结构性改革，促进经济社会数字化转型，在此背景下，数字文化产业勃兴，与金融产业的联系更加紧密。建议进一步完善相关配套政策措施，提高管理制度及机制运行效率；加强复合型人才培养，发挥人力资源的推动作用；积极利用数字新技术，提高投融资市场的运行效率；依托数字文化产业投融资特点进行创新，推进数字文化与金融深入融合。

（一）进一步优化顶层设计，引导良性发展

目前，我国已出台多项政策文件，不断落实文化产业数字化战略，引导

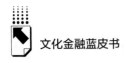

数字文化与金融深入融合。建议基于发展基础以及市场新形势、新趋势，进一步完善相关配套政策措施，优化顶层设计，提高管理制度及机制运行效率，鼓励、引导、规范数字文化产业投融资良性健康发展。首先，相关部门可以引导金融部门面向数字文化产业持续创新产品、改进服务流程、提高服务质量；其次，推动金融机构与数字文化关联方的联动，探索、研究产业发展规律与趋势，加深理解、加强合作，提高服务效率与风险控制能力；最后，营造更佳的市场环境，指引数字文化企业提升诚信意识，加强金融知识储备，高效使用金融工具，助力数字文化产业高效发展。

（二）加强复合型人才培养，激发人力资源潜能

随着科技的进步、产业的发展，新产品、新业态、新模式、新场景不断涌现，能够准确把握数字文化产业发展需求与规律，并且熟练掌握金融专业性工具的复合型人才，对于降低信息不对称风险、推动数字文化与金融紧密融合至关重要，建议完善复合型人才引进与培养体系，搭建平台，加强与人才的沟通、交流；开展复合型人才引进与培养项目，挖掘人力资源潜能，造就应用型人才；加强高校与企业、金融机构等的互动，设立相关课程，加强复合型人才储备，完善培养机制，提高人力资源供给质量。

（三）强化科技支撑，提高服务效能

随着科技的发展，数字技术得到深入应用，逐渐成为经济社会创新、升级的重要动力，建议建立或者依托知识产权交易所、投融资服务中心等平台，推动大数据、云计算、区块链、人工智能等技术深入应用，提升数字文化产业投融资市场的数据搜集、处理、分析等能力，以降低信息不对称风险，准确把握投融资双方选择偏好，构建较佳的匹配路径，降低投融资成本，提高投融资效率；同时，基于数字技术的准确性、安全性以及数据的封闭性等特征，完善数字文化产业投融资市场信用管理体系、交易管理体系、风险控制体系等，构建更加高效的服务机制。

（四）丰富创新金融供给，优化资源配置

数字文化产业投融资具有多重特点，如产业创新活跃、业态更新快速、最佳发展机会期相对较短，对投融资完成周期的期限要求较高；一般拥有的无形资产难量化、难评估，交易存在困难；发展不确定性强，投资风险高，收益或亏损空间大。面对这些特点，建议创新数字文化产业投融资市场供给，高效匹配数字文化和金融资源，如创新开发满足数字文化产业需求的互联网金融产品和服务，实现投融资快速交易；探索在无形资产管理领域应用区块链、人工智能等技术，提升交易市场流动性、安全性以及评估的适用性和风险的可控性。

区 域 篇
Regional Reports

B.10
2021年北京市文化金融发展分析报告

刘德良　刘晓哲*

摘　要： 2021年，北京市经济持续恢复，文化及金融产业发展态势向好，文化金融发展环境持续优化。在文化金融市场，北京文化产业融资规模达999.66亿元，同比增长62.07%，发展势头强劲。其中，股权融资渠道贡献了90.94%的资金，发挥重要作用。同时，新三板融资、上市企业融资表现较为突出，居全国前列。为巩固成果及进一步推进文化金融发展，建议优化优势资源配置，提高金融供给质效；深化培育服务，助力文化企业"无缝"衔接资本市场；促进各方联动创新，探索发展版权ABS融资等。

关键词： 文化产业　文化金融　金融供给　北京市

---

* 刘德良，北京新元文智信息技术有限公司董事长，北京立言金融与发展研究院文化和旅游金融研究所副所长。刘晓哲，北京新元文智信息技术有限公司文化金融部研究员。

一 文化金融发展环境分析

为优化文化金融服务环境，进一步完善文化金融生态系统，构建更为高效的产业投融资运营体系，2021年，北京市继续加强对文化金融的政策支持，引导和促进文化与金融更加紧密融合，激发市场活力，持续推动文化产业繁荣、高质量发展。同时，在国家层面，金融市场改革取得一系列成效，营商环境持续优化。北京市文化及金融产业发展良好，为文化金融发展奠定了坚实的基础。

（一）文化金融政策支持加强，金融市场改革深入落地实践

2021年，北京市持续优化营商环境，完善体制机制，引导文化与金融有效融合，提升配置效率，以满足产业发展进行的投融资及交易等需求。北京市出台的《关于进一步推动提高北京上市公司质量的若干措施》《关于推进股权投资和创业投资份额转让试点工作的指导意见》《北京市"十四五"时期文化和旅游发展规划》等多项政策文件，进一步引导文化金融发展方向，优化金融供给结构，促进资本助力文化产业发展，进而更好地服务北京经济社会高质量发展。在国家层面，2021年，金融市场改革成果显著，为激发文化金融市场活力提供了强有力的支持。如金融市场制度更加完善，监管更严格，违约违法违规化解处置工作更加突出，政策环境更为稳健；深市主板同中小板合并，全面实施注册制更进一步；北京证券交易所成立，多层次资本市场迎来全新格局；等等。目前，北京市不断落实政策措施，我国金融市场改革日趋深化，文化金融发展的政策环境进一步完善，有利于文化与金融合作持续拓宽领域、提升层次，构建更加完善的文化金融发展生态。

（二）文化产业发展态势良好，金融业地位稳固

近年来，北京市积极推动政策创新，促进文化产业高质量发展，成效显

著。2021 年，随着疫情防控及经济社会发展有序推进，北京市文化产业市场环境进一步优化，文化产业发展态势良好，产业规模持续扩大。据北京市统计局对规模以上文化产业的调查，2021 年，上述法人单位实现收入17563.8 亿元，保持上升态势，同比增长 17.5%，增速比上年提高 16.6 个百分点；实现利润 1429.4 亿元，比 2020 年增长 47.5%，增长强劲①。其中，优势行业的主导作用明显，内容创作生产等核心行业收入占比 90.2%，利润占比 94.0%。九大行业中，新闻信息服务收入最高，为 5124.9 亿元，占文化产业总收入的 29.2%；文化娱乐休闲服务收入增速最大，同比增长38.5%（见图 1）；内容创作生产利润增长最明显，总额最多，同比增长132.6%，达 1131.8 亿元，占总利润的 79.2%。

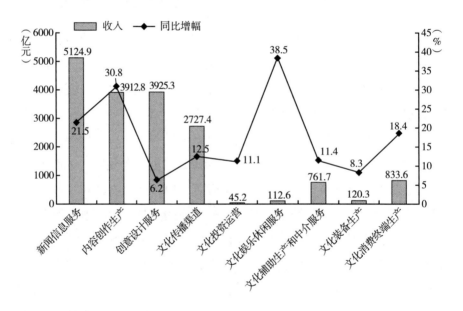

图 1　2021 年北京市规模以上文化产业收入情况

资料来源：北京市统计局。

①《规模以上文化产业情况》，北京市统计局网站，2022 年 2 月 7 日，http：//tjj. beijing. gov. cn/tjsj_ 31433/yjdsj_ 31440/wh/2021/202202/t20220207_ 2605342. html。

同时，北京市金融业继续对经济发展发挥重要作用，为文化金融发展提供了良好条件。据北京市地方金融监督管理局公开数据，2021年，北京金融业增加值达到7603.7亿元，同样保持正向增长的发展趋势，同比增长4.5%[①]；超过900家的法人金融机构资产共计180余万亿元，金融业仍为首都经济增长中拉动力最大、结构中占比最高、财政增收贡献最明显的产业。目前，北京市文化产业、金融业发展良好，为文化与金融进一步融合奠定了坚实基础。

二 文化金融发展成果分析

随着国民经济及文化产业发展的持续恢复，文化金融市场呈现较强活力，发展态势良好。2021年，我国文化产业融资指标值实现两位数增长。其中，北京市更是发展强劲，融资事件数同比增长40.48%，增速比全国整体高5.44个百分点；融资规模同比增长62.07%，增速比全国整体高23.91个百分点。

（一）融资指标值增长强劲，市场升温

1. 产业融资市场上行，融资规模领跑全国

2021年，北京市文化产业融资表现活跃，在上市渠道（上市首次募资、上市再融资）、债券渠道、私募股权渠道、信托渠道、新三板渠道、众筹渠道共计发生531起融资事件，同比增长40.48%，活跃度居全国首位，占整体融资事件数的22.12%；融资999.66亿元，上扬态势强劲，同比增长62.07%，融资规模全国领先，占整体融资规模的26.62%。在全国文化产业融资市场上，北京市占据了主导地位，展现了强大动力，融资事件数、融资规模增幅均高于全国。

---

① 《北京金融业增加值占地区生产总值18.9%占比接近国际金融中心城市》，北京市地方金融监督管理局网站，2022年2月14日，http：//jrj. beijing. gov. cn/ztzl/jrykdkf/202202/t2022 0214_ 2609474. html。

2.融资领域广泛，互联网文化娱乐平台规模领先

从细分领域看，2021 年，北京市文化产业融资涉及互联网文化娱乐平台、信息服务终端制造及销售、设计服务等 30 个领域，分布较为多样。其中，互联网文化娱乐平台以 14 起事件融资 471.20 亿元，融资规模居首位，占总融资规模的 47.14%。互联网信息服务次之，融资 366.03 亿元，虽然排名比 2020 年下滑 1 位，但融资规模同比增长 44.52%，占总融资规模的 36.62%。其他细分领域融资规模均不超过 50 亿元，与上述领域相差较大（见图 2）。

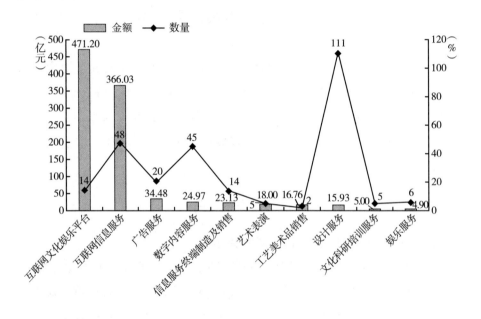

图 2　2021 年北京文化产业融资规模分布（分领域 TOP10）

资料来源：中国文化金融数据库（CCFD）。

（二）股权融资资金贡献度高，涨幅明显

据统计，2021 年，在北京市文化产业融资资金（除银行信贷）中，股权融资规模占总融资规模的比例达 90.94%。北京市共发生 189 起文化产业股权融资事件，融资 909.12 亿元，同比分别增长 37.96%、76.15%。其中，

上市首次募资规模达 742.13 亿元，私募股权融资规模达 121.21 亿元，上市再融资规模达 44.10 亿元，新三板融资规模达 1.68 亿元。债券、信托渠道合计发生 17 起事件，融资 89.87 亿元，同比分别下降 29.17%、10.21%。债券、信托融资规模占总融资规模的 8.99%。众筹渠道活跃度最高，发生融资事件 325 起，占比 61.21%；但融资规模偏低，共计 0.66 亿元，仅占比 0.07%（见图 3）。

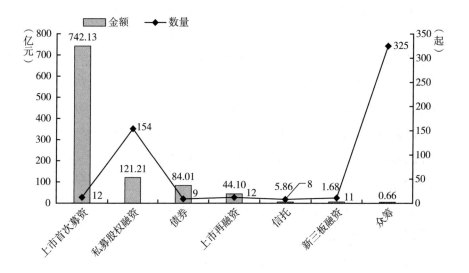

图 3 2021 年北京文化产业融资规模分布（分渠道）

资料来源：CCFD。

1. 私募股权融资市场升温，综合实力突出

2021 年，文化产业发展态势良好，资本市场环境进一步优化，投资者欲望受到激发，北京市文化产业私募股权融资市场获益。2021 年，北京市文化产业私募股权融资事件数达 154 起，同比增长 43.93%，占北京市文化产业总融资事件数的 29.00%，活跃度仅次于众筹渠道；融资规模达 121.21 亿元，同比增长 33.04%，占北京市文化产业总融资规模的 12.13%，居各渠道第 2 位。该渠道对整体融资事件数、整体融资规模贡献均较为突出。从细分领域看，互联网信息服务以 37 起事件融资 27.93 亿元，活跃度提升，融资事件数同比

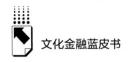

增长 184.62%，融资规模同比下降 13.53%，占私募股权融资规模的 23.04%，仍居各领域首位。互联网文化娱乐平台发生 10 起融资事件，融资规模达 23.93 亿元，仅次于互联网信息服务，占比 19.74%。信息服务终端制造及销售融资 17.43 亿元，居第 3 位，占比 14.38%。数字内容服务最活跃，发生 40 起融资事件，同比增长 25.00%，占私募股权融资总事件数的 25.97%。

2. 新三板市场活跃度提升，资金贡献率较低

据统计，2021 年，北京市文化产业共发生 11 起新三板融资事件，同比增长 37.50%；募集资金 1.68 亿元，同比下降 42.15%。与其他渠道相比，新三板融资渠道地位较低，融资事件数仅占总体的 2.07%，融资规模仅占总体的 0.17%。从细分领域看，11 起融资事件涉及 6 个细分领域，广播影视节目制作、互联网信息服务各发生 3 起融资事件，广告服务发生 2 起融资事件，印刷设备制造、会议展览服务、出版服务各发生 1 起融资事件。其中，印刷设备制造融资 0.47 亿元，融资规模最高，占新三板融资总规模的 27.98%。

3. 上市首次募资规模增长，上市再融资活跃度提升

头部企业带动效应明显，上市首次募资规模大幅增长。2021 年，北京市共有 12 家文化企业上市，同比下降 14.29%；其中，快手、百度（二次上市）融资规模均超过 200 亿元，带动上市首次募资规模提升，达 742.13 亿元，同比增长 99.14%。在各渠道中，上市首次募资的事件数占比 2.26%，低于众筹及私募股权融资；融资规模占比 74.24%，居首位，为北京市文化产业融资做出重要贡献。从细分领域看，互联网文化娱乐平台有 3 家企业上市，首次募资 436.66 亿元，占该渠道融资规模的 58.84%；互联网信息服务有 4 家企业上市，首次募资 272.12 亿元，占比 36.67%；工艺美术品销售、广告服务各有 2 家企业上市，分别募资 16.76 亿元、8.55 亿元，分别占比 2.26%、1.15%；此外，还有 1 家数字内容服务企业上市，募资 8.05 亿元，占该渠道融资规模的 1.08%。

上市再融资活跃度提升，规模反向下滑。据统计，2021 年，北京市上市文化企业发生 12 起再融资（为发行股票融资）事件，同比增长 50.00%，占各渠道融资总事件数的 2.26%；融资 44.10 亿元，同比下降 10.78%，占各渠道融资总规模的 4.41%，资金贡献度处于中游，高于信托、新三板、众筹渠道。上市再融资主要集中在创意设计服务行业，设计服务、广告服务分别发生 2 起、4 起融资事件，合计占比 50.00%；分别融资 14.89 亿元、11.20 亿元，合计占比 59.16%。互联网信息服务通过 2 起事件融资 0.92 亿元，占上市再融资渠道融资总规模的 2.09%。互联网文化娱乐平台、信息服务终端制造及销售、摄录设备制造及销售、广播影视节目制作各发生 1 起融资事件，分别融资 10.61 亿元、5.69 亿元、0.69 亿元、0.10 亿元，分别占比 24.06%、12.90%、1.56%、0.23%。

4. 债券市场下行，艺术表演融资规模小幅增长

2021 年，北京市文化产业通过 9 起发行债券事件融资 84.01 亿元，同比分别下降 40.00%、10.41%。从渠道活跃度看，债券渠道活跃度仅高于信托渠道，融资事件数占比 1.69%；从渠道融资规模看，低于上市首次募资、私募股权融资规模，居第 3 位，占比 8.40%。债券融资涉及 4 个领域，互联网信息服务以 2 起事件融资 64.81 亿元，融资规模最大，占比 77.15%。艺术表演发生 5 起融资事件，同比下降 16.67%；融资规模达 18.00 亿元，同比增长 5.88%，占该渠道融资总规模的 21.43%，居第 2 位。广告服务、广播电视信息服务分别通过 1 起事件融资 0.82 亿元、0.39 亿元，分别占比 0.98%、0.46%。

5. 信托市场走低，融资活跃度低

据统计，2021 年，北京市文化产业通过 8 起信托事件融资 5.86 亿元，分别同比下降 11.11%、7.24%。在各渠道中，信托渠道的活跃度最低，融资事件数仅占比 1.51%；融资规模仅占比 0.59%，仅高于新三板及众筹渠道。整体上看，信托融资处于低位运行状态。从细分领域看，广播影视发行放映以 1 起信托事件融资 4.50 亿元，投资与资产管理以 7 起信托事件融资 1.36 亿元，融资规模分别占比 76.79%、23.21%。在 2020 年，上述两个领域均未发生信托融资事件。

6. 众筹融资走势上行，渠道特点显著

2021 年，北京市文化产业众筹市场向好，发生 325 起融资事件，均为奖励众筹，同比增长 49.77%；融资规模达 0.66 亿元，同比增长 6.58%。在各渠道中，众筹融资特点最为明显，活跃度最高，占各渠道融资总事件数的 61.21%；融资规模最低，仅占比 0.07%。从细分领域看，出版服务占据优势，融资事件数同比增长 103.13%，达 130 起，居各领域首位，占比 40.00%；融资规模同比增长 8.25%，为 4329.96 万元，远高于其他领域，占比 65.61%。游乐游艺设备制造融资规模居第 2 位，以 39 起事件融资 951.12 万元，分别同比增长 18.18%、13.16%，分别占该渠道融资事件数、融资规模的 12.00%、14.41%。设计服务活跃度较高，发生 106 起融资事件，仅低于出版服务，同比增长 29.27%，占该渠道融资事件数的 32.62%；融资规模达 789.52 万元，同比下降 34.91%，占该渠道融资规模的 11.96%，居第 3 位。

（三）挂牌企业扩张力度全国最大，上市企业投资活跃度提升

1. 新三板文化企业投资下滑，广告服务投资加码

近年来，北京市积极培育文化企业发展，良好的环境造就了众多创新型中小企业。其中，大批企业挂牌新三板，寻找更广阔的成长空间。截至 2021 年末，北京市新三板文化企业数量居各省市首位，占全国新三板文化企业数量的比重为 23.23%。2021 年，北京市新三板文化企业发生 91 起投资事件，在各省市中活跃度最高，占比 28.17%，；投资规模 5.66 亿元，也居全国首位，占比 24.34%。相比 2020 年，新三板文化企业投资下行，投资事件数下降 13.33%，投资规模下降 42.85%。从投资方式看，以新设子公司为主，新三板文化企业发生投资事件 55 起，同比下降 17.91%，占北京市新三板文化企业投资事件数的 60.44%；涉及资金 3.87 亿元，同比下降 51.84%，占北京市新三板文化企业投资规模的 68.37%。投资基金、并购投资规模相近，分别为 0.79 亿元、0.70 亿元，分别占比 13.96%、12.37%。此外，股权投资规模为 0.30 亿元，在 4 种投资方式中最低，占比 5.30%。从细分领域看，数字内容服务投资规模最大，以 15 起事件投资 1.45 亿元，

同比分别下降44.44%、16.54%，分别占北京市新三板文化企业投资事件数、投资规模的16.48%、25.62%。广告服务活跃度最高，发生34起投资事件，同比增长41.67%，占比37.36%；投资规模居第2位，为1.39亿元，同比增长61.07%，占比24.56%（见图4）。

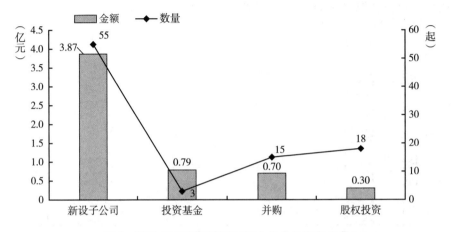

图4　2021年北京挂牌新三板文化企业投资分布

资料来源：CCFD。

2. 上市文化企业投资活跃度上升，互联网信息服务投资最强劲

截至2021年末，北京市上市文化企业数量居全国前列，仅低于广东，占全国上市文化企业数量的比重为22.00%。据统计，2021年，北京市上市文化企业共发生136起投资事件，同比增长47.83%，投资活跃度低于广东，居全国第2位，占全国投资事件数的16.17%；涉及资金93.77亿元，同比下降69.67%，投资规模居全国第3位，占比9.13%。从投资方式看，并购投资规模最大，以15起事件投资35.88亿元，同比分别下降25.00%、85.92%，分别占北京市上市文化企业投资事件数、投资规模的11.03%、38.26%。股权投资的活跃度提升，投资事件数同比增长95.65%，共计90起，占4种方式总投资事件数的66.18%；涉及资金规模反向同比下降11.71%，为22.70亿元，占4种方式总投资规模的24.21%。北京市上市文化企业发生19起投资基金事件，投资19.37亿元，分别占比13.97%、20.66%（见图5）。此

外，新设子公司发生 12 起投资事件，占比 8.82%；投资规模 15.82 亿元，占比 16.87%。从细分领域看，互联网信息服务投资最为强劲，以 59 起投资事件、26.22 亿元的投资规模领先其他领域，分别占比 43.38%、27.96%。数字内容服务投资规模 22.66 亿元，居第 2 位，占比 24.17%。互联网文化娱乐平台投资规模 9.98 亿元，居第 3 位，占比 10.64%。

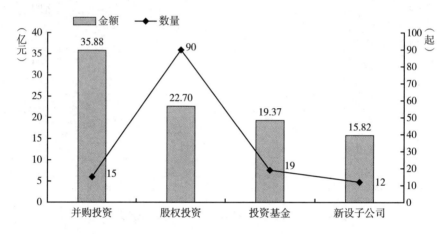

图 5　2021 年北京上市文化企业投资分布

资料来源：CCFD。

三　发展建议

近年来，北京市积极推进文化金融发展，取得一系列瞩目成绩。建议北京市在已有成果上，进一步发挥金融资源优势，提高配置效率，推动金融业高质量供给；深化服务，加强与资本市场合作，形成全板块联动，完善培育服务机制；持续推动创新，探索发展版权 ABS（资产证券化）融资等。

（一）优化优势资源配置，提高金融供给质效

北京市具有强大的金融资源，建议发挥相关优势，提高配置效率，推动金融业更好地服务文化产业发展。如基于北京市银企对接系统、首贷及续贷

中心等平台，探索开发创新性工具及产品，以及面向文化企业的专业化、个性化服务，以精简融资所需的材料、流程，提高金融服务的便捷程度、效率与质量。2020年末，北京市在全国率先进行股权投资和创业投资份额转让试点。建议相关部门紧抓机遇，通过政策扶持等方式引导、鼓励有条件的主体参与设立文化产业二级市场基金；探索、支持中介服务发展，有效减少相关资产管理、份额转让的时间、资金等成本，拓宽资本退出路径，提高文化产业股权一级市场流动性，激发文化产业股权市场活力。

（二）深化资本市场服务，助力文化企业"无缝"衔接

2021年，北京证券交易所成立，资本市场形成全新局面，对文化企业的覆盖面持续扩大。面对逐步试点实践的转板机制、错位发展的多层次资本市场体系，建议北京市深化服务，助力文化企业"无缝"链接资本市场。比如，依托北京市文化企业上市培育基地及前期取得的工作成果，进一步形成并加强与资本市场的"全层次"联动合作，即与北京四板市场文化创意板、新三板、北交所、深交所、沪交所以及港交所全部板块共建、完善培育及专项服务机制，从节约企业时间、资金等成本出发，面向文化企业在各板块挂牌、上市、双重上市、转板等各类需求，提供资本市场全面培育服务，实现"无缝"衔接。另外，建议在普惠性服务基础上，探索引入市场化参与主体，如建立或者引入与北京市文化企业上市培育基地配套的投资基金，为文化企业提供更多支持。

（三）促进各方联动创新，探索发展版权 ABS 融资

近年来，北京市持续推动文化金融创新发展，如搭建"投贷奖"、风险补偿等体系，进行政策创新引导，积极探索及实践新产品、新模式等，充分发挥了全国文化金融发展引领示范作用。建议北京市进一步激发相关主体能动性，针对文化产业特性，挖掘创新潜力，释放更多动能，推动文化金融持续快速发展。如加强政府相关部门、权威担保机构、证券交易所、拥有优质

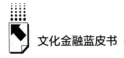

版权资源文化企业等的联动，探索以版权质押贷款为基础的 ABS 融资，即围绕优质版权，推动担保机构开展质押融资服务，并通过政策性补贴、机构费率优惠等方式降低文化企业贷款成本；担保机构再将享有的相应担保权益作为基础资产，依托证券交易所等机构发行 ABS 产品进行融资，进而实现资金流通，解决文化企业融资难、融资贵、融资慢问题。

B.11
2021年深圳市文化金融发展报告

陈能军　王晓锐　戎涛*

摘　要： 近年来，深圳市文化产业规模和产值快速增长，产业结构优化升级，呈现出科技含量高、创意能力强、外向性突出、市场主体发达和集聚程度高等特点。依托深圳市健全的金融服务体系和丰富的金融工具，深圳市金融产业成为文化产业高质量发展的重要支撑。2021年，深圳市加大政策力度支持文化金融快速发展，通过文化金融服务平台帮助文化企业对接金融资源，鼓励金融机构创新、丰富文化金融产品与渠道，加强文化金融基础设施建设，并针对艺术金融、数字文化金融合作等特色领域有的放矢地提供支持。本报告提出，深圳市文化金融服务应强化深港澳文化金融融合发展，统筹深圳市文化金融创新发展，建设适用国际规则的国家艺术品拍卖中心，加快推进国家文化大数据交易中心建设，充分利用政策导向和自身优势加大力度高质量发展文化金融产业，为文化金融产业高质量发展提供强劲动力。

关键词： 文化产业　文化金融　深圳市

* 陈能军，经济学博士，南方科技大学研究副教授，深圳市文化金融服务中心理事，国家金融与发展实验室文化金融研究中心特聘研究员。王晓锐，深圳文化产权交易所总经理助理，深圳市文化金融服务中心常务副主任。戎涛，工商管理硕士，对外经济贸易大学深圳研究院特聘副研究员。

一　深圳市文化产业发展概述

（一）文化产业规模持续扩大

"十三五"期间，深圳市文化产业发展迅猛，2015年，深圳市文化产业增加值为1021亿元，占全市地区生产总值的比重达5.8%；至"十三五"期末即2020年已增长到2200亿元，占全市地区生产总值的比重达8.0%。文化产业的年均增长速度远快于全市地区生产总值增长速度。据市统计局测算，截至2020年底，深圳市文化产业相关从业人员已超过100万人，相关法人单位已有10万余家。2020年深圳规模以上（以下简称"规上"）文化企业2996个，全年营业收入8267亿元，同比增长5.40%（全国2.20%），占全国规上文化企业营业收入的比重达8.39%。目前，深圳文化产业规模仅次于北京、上海，规上文化企业法人单位数、从业人数、资产规模、营业收入等主要指标均位居国内15个副省级城市第一。

（二）产业结构不断优化

产业结构不断优化，企业整体竞争力大幅提升，新型文化业态加快涌现，数字创意设计、影视动漫、文化传媒、珠宝玉石、美术工艺、文化软件、文旅融合等业态结构不断优化，文化产业数字化不断推进，大数据、人工智能和增强现实/虚拟现实/混合现实（AR/VR/MR）等技术在新型文化场景的集成应用加速落地，电竞、直播、短视频、云直播、云音乐、云旅游、云会展等新业态日渐丰富。创意设计、动漫游戏、网络文化等行业在全国的竞争优势明显提升，进一步巩固了深圳文化产业的支柱地位。

（三）文化产业发展特色鲜明

深圳文化产业形成了科技含量高、创意能力强、外向性突出、市场主体发达和集聚程度高等特色。利用高新科技发达的优势，积极推进"文化+科技"融合发展，以现代信息技术手段为支撑助推新型文化企业快速发展。深圳是国内第一个被授予"设计之都"的城市，在诸多设计领域占据国内较大市场份额，深圳设计周、"创意十二月"等活动在全国均有较大影响。利用位居改革开放前沿和毗邻港澳的优势，深圳积极拓展海外文化市场，文化贸易总量占全国的 1/6 左右。通过政策引导和打造良好的营商环境等手段，深圳激发市场主体创业创新的活力，支持企业做大做强，培育与发展了一批充满活力的以民营文化企业为主的市场主体。深圳共有市级以上文化产业园区 71 个，业态类型齐全，产业集聚效应逐步显现。

（四）重点文化企业不断成长

2021 年，在"世界 500 强企业"入围名单中有深圳的腾讯，在"全国文化企业 30 强"评选中，深圳华侨城和华强方特也连续多年入选。重点文化企业不断成长，持续巩固了深圳文化产业四大支柱的优势地位。在"深圳 100 强文化企业"中，文化制造业产值占比逐年下降，文化服务业占比不断提升，文化服务业产值快速提升，龙头企业数量增多。以连续入选"深圳 100 强文化企业"的腾讯音乐为例，腾讯音乐 2016 年营业收入仅为50 亿元，2020 年营业收入近 300 亿元，5 年增速高达 5 倍，腾讯音乐成为我国乃至全球数字音乐领域的龙头企业。截至 2021 年底，"深圳 100 强文化企业"中国家高新技术企业占比超过九成，实现产业增加值 509 亿元，实现营业收入 2769 亿元。境内外主板上市企业 28 家，其中 2 家入选"全国文化企业 30 强"，充分显示了深圳重点文化企业不断创新发展的最新成果。

（五）文化产业数字化转型趋势明显

深圳将传统文化制造业与数字化技术融合，实现了更大的优势叠加效应、价值增值效应，促进产业与技术相得益彰、共同发展。当前，科技与文化的融合日益广泛和密切。科技的创新应用已逐渐渗透到文化产品研发设计、生产销售、传播推广等各个层面、各个环节，为文化产业跨越式发展提供了强有力的支撑。深圳通过应用人工智能、云计算、大数据等创新技术工

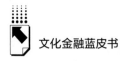

具，融合文化产业应用场景，促进文化产业创新业态、创新模式快速发展，涌现出"AI+文化"等新场景。数字化转型已经成为当今企业必须面对、思考并跟进实施的重要战略之一。深圳文化金融高质量发展进程中，传统文化制造业在保护传统工艺的基础上，融合数字创意和文化科技进行产业数字化升级，给自身带来新的经济增长点。目前，深圳的印刷、黄金珠宝两大传统优势产业与环保科技、3D 打印、直播等新兴数字科技融合发展，成功提升了自身市场竞争力。

二 深圳市金融市场环境分析

（一）金融行业体系健全

截至 2020 年底，深圳市金融机构的数量、密度和规模均居全国大中型城市前列。其中，法人证券公司总资产 2.22 万亿元，居全国首位；法人保险机构总资产 5.46 万亿元，居全国第 2 位；银行总资产 10.45 万亿元，居全国第 3 位。此外，从数量上来看，深圳市共有证券、保险、银行分行及以上持牌金融机构 690 家。创新型金融机构相继落户，建设银行、招商银行、平安银行旗下理财子公司率先落户，理财业务规模约占全国的 1/5；设立全国首只规模百亿元的天使投资引导基金，国内首个个人征信公司、第 2 家人民币国际投贷基金等注册成立；与实体经济密切相关的 PE/VC（私募股权投资/风险投资）、小额贷款、融资担保等地方金融业态发展活跃。一批本土法人机构进入行业前列。2020 年，深圳市有 5 家证券公司的营业收入、6 家公募基金公司的资产管理规模、5 家创投机构的管理资本量进入行业前 20。平安保险、招商银行分别在"世界 500 强"榜单上排第 21 位、第 189 位，地方金融控股公司——深圳市投资控股有限公司进入"世界 500 强"行列。

（二）金融工具运用充分

2020 年 4 月，深圳市成为中国人民银行进一步扩大金融科技创新监管试点市（区）；2021年9月，深圳市正式对外发布首个成功完成测试并开始运行的金融科技创新应用"百行征信信用普惠服务"，通过合理运用现金类和衍生类金融工具，以互联网产业中小企业为对象，在具体的融资项目服务运营中，融入机器学习、人工智能、大数据等专业技术工具，对金融、商业的相关量化指标体系进行构建，建立全方位的风控模型；打造智能风控平台，与尽职调查、贷后管理等线下风控环节相结合，通过线下多场景实践，有效提高金融资本对中小企业的服务效率与风险控制能力，从而推动深圳市金融和实体经济的良性互动。

（三）金融创新独树一帜

早在2016年，深圳市就开始超前布局大数据、云计算、区块链等金融科技，加快推动金融业变革和创新，特别是顺应互联网技术的发展以及全球支付方式的深刻变化，超前研究具有更高运行效率、更强经济适应性的数字货币。2022年4月7日，《深圳市支持金融企业发展的若干措施》《关于促进深圳风投创投持续高质量发展的若干措施》《深圳市扶持金融科技发展若干措施》等"一揽子"金融支持政策出台，体现了深圳市努力为各类金融机构创新发展提供最优惠的政策、最优质的服务、最优良的环境，打造国际一流的金融营商环境，为金融业实现更高质量、更高能级的发展"保驾护航"。

（四）金融监管机制健全

成立地方金融行政处罚委员会，构建"查处分离"工作机制，提高监管履职法治化水平。重点领域风险整治成效明显。成立深圳市网贷风险处置实体化工作专班，在全国率先建立网贷机构良性退出指引、知情人举报制度、失信惩戒规范、清产核资指引等一系列制度，推动网贷机构数量、借款余额、出借人数大幅"三降"；协同化解私募行业风险，有序推进商业保理、融资租赁行业规范运行。深入开展打击非法集资和电信网络诈骗等行动，开展金融领域"扫黑除恶"专项斗争，坚决遏制金融违法犯罪行为。监管科技应用持续加强。创新搭建地方金融风险监测预警系统、监管信息系

统、灵鲲金融安全大数据平台，构建非现场监管指标体系，利用现代技术手段，提高风险精准识别和实时预警能力，打造监管科技品牌。金融知识宣传教育持续深化。实施"深圳市居民金融素养提升工程"，通过公开课、云直播、金融安全"百宝箱"手册等项目，从基层入手，普及金融法制知识，加强市民风险教育，构建源头治理、贴近民生的风险防范长效机制。

三　深圳市文化金融发展动态

（一）服务平台作用积极发挥

2021 年，深圳市文化金融服务中心积极发挥了公共服务平台作用。深圳市文化金融公共服务平台整合了区域内文化企业、项目、金融机构和第三方服务机构等资源，通过金融服务、政策服务、企业服务、活动资讯四大核心功能，为文化企业提供战略咨询、融资对接等一站式全生命周期服务，助力深圳市文化企业与金融机构全面对接。2021 年，深圳市文化金融服务中心积极承办"新时代深圳文化金融发展"沙龙，围绕深圳市文化金融发展、福田区文化创意产业发展、数字创意产业发展、文化艺术基金发展等方面展开讨论与主题分享，为创建国家文化与金融合作示范区建言献策。

（二）文化金融渠道产品完善

2021 年，深圳市文化金融服务中心针对深圳市部分文化企业"融资难、融资贵、融资慢"的现象，从文化企业与金融机构信息不对称、沟通对接渠道不畅等现状问题出发，联合深圳市十几家专业银行，创新地推出了文化金融产品直通车服务，从而更好地实现了文化企业与金融产品的有效、精准对接。2021 年，深圳市共有 20 多件文化金融产品入围文化金融创新奖，产品分布在沉浸式文旅、数字文化人工智能、虚拟现实、文化 IP 等领域，中国建设银行深圳市分行、中国工商银行深圳市分行、北京银行深圳市分行等银行机构，深圳达晨创业投资有限公司、北京真格天成投资管理有限公司、

IDG 资本投资顾问（北京）有限公司等投资机构的文化金融产品都名列其中，反映出深圳市文化金融产品渠道逐渐完善。

（三）文化金融基础设施完备

深圳市在文化金融发展过程中，尤为注重文化金融专营机构和基础设施建设，通过加强对深圳证券交易所、中央国债登记结算有限责任公司深圳客户服务中心、深圳高新投融资担保有限公司、深圳文化产权交易所、深圳市银联金融网络有限公司、中国版权保护中心粤港澳版权登记大厅、中国（南方）知识产权运营中心、北京中金浩资产评估有限责任公司深圳中心、连城资产评估有限公司深圳中心等各类文化金融专营机构和基础设施的建设，为接下来开展的一系列文化金融市场行动奠定了良好的发展基础。

（四）文化金融支持政策系统

围绕深圳市文化金融发展，深圳市相关职能部门制定了文化产业投资基金、投贷、投保、银租联动等政策，鼓励商业银行、融资担保机构、融资租赁公司、商业保理公司设立服务文化企业的特色分支机构或文化金融事业部，并推出各类文化金融产品和拓宽投融资渠道支持政策。在银行贴息、融资担保、保险产品等方面已经形成了较为系统的文化金融政策体系。出台《深圳市国民经济和社会发展第十四个五年规划和二〇三五年远景目标纲要》，提出探索开展可大规模复制和推广的知识产权证券化新模式，推动文化创意与旅游、金融、科技、建筑等融合发展并加强国家级文化产业平台建设，争创全国文化与金融合作示范区。《深圳市金融业高质量发展"十四五"规划》提出，要加快"金融+文化"布局，支持深圳文化产权交易所合规运营，推动文化产权交易和艺术品交易市场健康有序发展。规划建设深圳金融文化中心，汇集全球金融文化要素，提升深圳金融文化软实力。发布《关于推进文化与金融深度融合发展的意见》，促进跨境文化贸易和投融资便利化，加强港澳资本合作，构建多元化、跨区域的投融资体系。

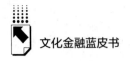

（五）上市文化企业情况分析

2021年，"深圳文化企业100强"中有24家上市文化企业，其中在港交所上市的文化企业占比17%，在纳斯达克和纽交所上市的文化企业均占比4%，在上交所上市的文化企业占比4%；其余均为在深交所上市的文化企业，占比71%（见图1）。此外，2021年11月，深圳市柏星龙创意包装股份有限公司（以下简称"柏星龙"）已向中国证券监督管理委员会深圳监管局提交了公开发行股票的相关资料，并向北京证券交易所提交了上市辅导的备案材料。目前，柏星龙的上市辅导备案材料已获得中国证券监督管理委员会深圳监管局的受理，柏星龙正在接受国金证券的上市辅导。拟于科创板上市的"90后"创业公司影石创新科技股份有限公司，于2021年9月的IPO首发上会直接"免试"通过。

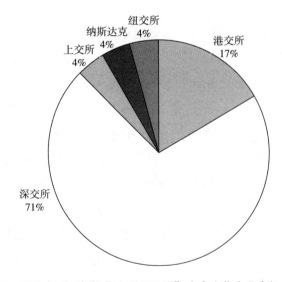

图1 2021年"深圳文化企业100强"上市文化企业市场分布

说明：深圳市文化广电旅游体育局公布的深圳文化企业100强（2020~2021年）名单上有28家上市文化企业，但根据天眼查、东方财富网和文化企业官网信息可知只有27家正常上市，27家中有3家属于新三板，不算上市公司，故按照24家上市文化企业进行计算。

资料来源：根据天眼查、东方财富网搜集整理。

2021年"深圳文化企业100强"中，包括超万亿元市值的腾讯在内，共有42%的文化企业市值在100亿元以上，市值在50亿元以上的文化企业共占比63%，29%的文化企业市值在10亿~50亿元，8%的文化企业市值在10亿元及以下（见图2）。

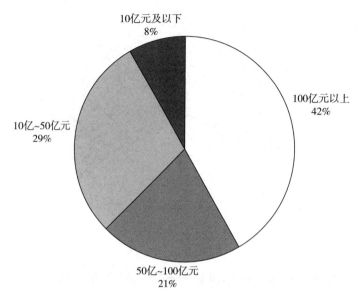

图2　2021年"深圳文化企业100强"上市文化企业市值分布

资料来源：根据天眼查和东方财富网搜集整理。

2021年"深圳文化企业100强"中，除仍未公开2021年财报的4家文化企业，有3家文化企业在2021年净利润为负，大部分文化企业净利润在10%以下，尤其是部分文化企业营收较高但净利润表现较差，表明文化企业盈利能力有待提高。

2021年"深圳文化企业100强"中的上市文化企业中，25%的上市文化企业市盈率为负，9%的企业市盈率介于0~10，33%的上市文化企业市盈率介于10~20，4%的上市文化企业市盈率介于20~30，29%的上市文化企业市盈率大于30（见图3）。对比上市文化企业净利润表现可以看出，部分上市文化企业存在净利润高估现象，这类现象产生的原因之一是文化产业存在无形资产评估难的问题，主要体现在无形资产的评估缺乏规范统一的标准程序。上市文化企业的资产负债表上难以真实呈现经评估的无形资产的公允价值，而市场对文化产品的培育与其对文化产业的未来预期有关。

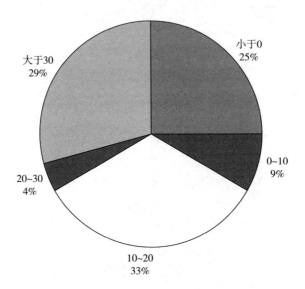

图3 2021年"深圳文化企业100强"上市文化企业市盈率

资料来源：根据天眼查和东方财富网搜集整理。

（六）文化企业直接融资情况分析

"清科私募通"数据显示，2021年深圳市文化企业的融资较为乏力，仅发生15起融资事件，与北京、上海两地文化企业有较大差距，除3起未公开外，总融资规模为7.35亿元。其中，深圳市万声文化科技有限公司和深圳市不要音乐文化有限公司分别融资3.87亿元和1.56亿元，占总融资规模的52.65%和21.22%。这两家分别注册于南山区和福田区的文化企业都是B轮融资且从事音乐相关平台运营业务。其中，深圳市万声文化科技有限公司专注于正版音乐内容的采购、运营和结算，同时应用大数据等工具协助用户管理和产品运营，定位为专注于终端厂家和内容版权的国际化数字音乐平台型公司。深圳市不要音乐文化有限公司是一家校园音乐人孵化公司，利用校园音乐短视频平台孵化校园音乐人，以新媒体短视频的形式推广校园音乐人，通过和各大音乐学院合作选拔优秀的音乐人，再将这些音乐人推向独立音乐工作室、音乐综艺选秀平台或直播平台。深圳市乐的文化股份有限公司融资1亿元，占比13.61%。该公司主要聚焦亲子游乐和潮流游艺两大板块，是室内游乐品牌运营商。其他事件融资规模均在1亿元以下。总体上，深圳市文化企业融资规模呈现出随轮次增加而上涨的趋势，2021年深圳市文化企业融资轮次分布见图4。

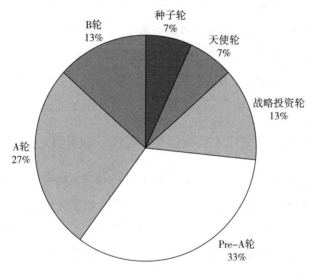

图4　2021年深圳市文化企业融资轮次分布

资料来源：根据天眼查、东方财富网搜集整理。

四　深圳市文化金融服务创新活动

（一）文化金融投融资对接交流活动

2021年，受文化和旅游部产业发展司委托，深圳市文化金融服务中心负责组织举办了以"文化和旅游产业专项债券及投资基金融资"为主要内

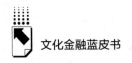

容的 3 场文化和旅游产业专项债券、投资基金融资对接交流活动。其中，2 场为线下活动，分别于四川省广安市、广东省深圳市举办；1 场为线上活动，以线上直播形式举办；累计服务企业 100 余家，参与人数 320 余人。另外，深圳市紧跟政策变动，创新性地将政府和社会资本合作（PPP）项目及投融资促进活动调整为不动产投资信托基金（REITs）产品。

（二）政策咨询与辅导、项目路演、文化金融沙龙等服务活动

2021 年，深圳市文化金融服务中心积极发挥平台的资源对接优势，创新性地为本地文化企业提供政策咨询与辅导、项目路演、文化金融沙龙等服务活动。2021 年共举办 3 场线下文化金融服务活动，其中包括 2 场文化金融沙龙，分别关注文旅大消费基金和新时代深圳文化金融发展；1 场数字文化企业路演，帮助文化企业了解金融工具、对接金融渠道。

（三）首期国家文化大数据标准化工作培训班服务工作

在中国公共关系协会文化大数据产业委员会以及国家文化大数据产业联盟等机构的指导下，深圳文化产权交易所积极开展了大数据标准化工作培训班服务工作，在复合人才培养方面，通过对国家文化大数据体系的政策、架构、标准、交易的解读，在数据采集加工、底层关联、数据授权、文化生产线建设运营、文化体验发展趋势、文化消费结算等方面开展专题教学和互动研讨，首次对国家文化大数据体系进行了系统梳理和全面讲解，受众涵盖来自 16 个省（区、市）的文旅、科技、宣传、广电、出版、文化、大数据等行业内人士。

（四）创新性地为全国各地搭建文化产业招商推介和投融资服务平台

2021 年 9 月，首次尝试线上线下结合办展的第十七届中国（深圳）国际文化产业博览交易会（以下简称"文博会"）在深圳国际会展中心成功举办。这届文博会实现了全国 31 个省（区、市）及港澳台地区全部

参展的"满堂红",展出文化产品近 10 万件,近 4000 个文化产业投融资项目在现场进行展示与交易。盐田区分会场举办文化旅游招商推介会,签约洽谈项目涵盖文化科技、沉浸体验、品牌活动赛事等领域,总投资额超 10 亿元。文博会组委会办公室还借此机会主办了首届文化产业招商大会,将文博会作为重要的服务与资源对接平台,吸引来自全国各地的文化产业招商推介和投融资服务商,展示出了文博会在促进文化产业资源要素流动、加速资源整合、优化布局等方面的重要作用[1]。此次招商大会完成了 8 个重点项目的签约,涉及金额近 32 亿元,涵盖深圳市福田、南山、龙岗等区域的优质文化产业项目。

五　深圳市文化金融发展建议

面对百年未有之大变局和新冠肺炎疫情的影响,中国经济也难免受到冲击。2021 年是我国"十四五"规划开局之年,以习近平同志为核心的党中央团结带领全党全国各族人民,立足新发展阶段,完整、准确、全面贯彻新发展理念,构建新发展格局,推动高质量发展,统筹疫情防控和经济社会发展的成果得到持续拓展和巩固,经济运行持续稳定恢复,稳中加固、稳中向好。深圳市文化金融发展也需要在危机中育新机,于变局中开新局。

(一)融入"双区"发展战略及政策体系,强化深港澳文化金融融合发展

深入落实《深圳建设中国特色社会主义先行示范区综合改革试点实施方案(2020—2025 年)》相关部署,加大金融业的对外开放力度。支持金融机构统筹母子公司资源提供跨境金融服务,开发推广符合对外贸易特点的金融产品及服务,支持金融机构为文化企业开展境外业务提供融资支

---

[1]　深圳市还积极推动开展艺术品拍卖业务,支持引导深圳本土艺术品拍卖机构开展艺术品拍卖活动,此届文博会期间成功举办了北京保利拍卖"2021(深圳)精品拍卖会""2021 中国书画专场秋季拍卖会"等一系列拍卖活动,总成交额 7.975 亿元。

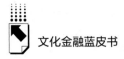

持，支持文化企业海外并购、境外投资，通过加强深港澳合作，推进文化贸易投资外汇管理和结算便利化。贯彻《粤港澳大湾区发展规划纲要》，利用粤港澳大湾区资本市场与金融创新优势，构建多元化、跨区域的文化投融资体系。落实国家、省（区、市）支持粤港澳大湾区建设的相关金融政策，加强金融支持文化产业的探索和实践，打造粤港澳大湾区文化和金融合作平台。支持符合条件的深圳文化企业与港澳金融机构合作，引导港澳投资机构投资深圳文化企业，借助人民币国际化、深港澳金融深度融合以及资本开放等机遇，进一步提升深圳市在国际金融标准制定、金融风险管理、金融创新服务等领域的国际话语权，进一步加强国内外资金的互联互通以及合作对接，增强深圳市对全球高端文化金融资源的集聚能力和配置能力，进而探索具有深圳特色的文化与金融合作发展模式，促进深圳市文化金融高质量发展。

（二）以国家文化与金融合作示范区创建为抓手，统筹深圳文化金融创新发展

以创建国家文化与金融合作示范区为抓手，推动文化与金融深化合作，在鼓励和引领各类资本与文化产业结合的同时，打造文化金融基础设施、专营机构、专业产品与专业人才共荣共生的现代化文化和金融深度融合发展新生态，通过金融服务推动文化产业传统业态焕发新动能、孕育新生命，为粤港澳大湾区乃至全国提供文化与金融合作的示范案例，推动深圳文化金融深度融合取得新突破。

一是统筹机制。推进完善文化金融体制机制，完善沟通协调机制，完善合作机制，完善文化金融政策支持机制，完善文化金融人才引进和培养机制。二是统筹文化金融工具创新应用。探索建立文化金融服务元宇宙应用场景，运用区块链技术建立文化艺术品鉴证备案溯源体系，推进文化企业社会信用管理体系与大数据融合发展试点等。三是统筹文化金融空间发展。在遵循深圳市整体空间发展规划的基础上，通过形成"一核三中心多支点"的空间发展布局，推动文化和金融深度融合发展，以福田为核心打造总部集聚

区，构建深圳市文化金融服务中心、全国文化大数据交易中心和对外文化贸易金融服务中心，发挥功能服务作用，以深圳市 71 个市级以上文化产业园区和特色文化街道为依托布局多支点，在更大范围内促进文化金融要素流动和资源配置，实现文化产业区域联动发展。

（三）创新艺术金融发展业态，建设适用国际规则的国家艺术品拍卖中心

支持深圳市文化改革创新，认真分析艺术品拍卖市场面临的新形势，研究艺术品拍卖发展方向，高起点、高标准规划建设深圳国际艺术品拍卖中心。一是加强引进并支持国际国内知名艺术品拍卖机构及分支机构落地深圳，如佳士得、苏富比、嘉德、保利等国际国内顶级拍卖行，汇聚全国艺术品拍卖资源，引进世界知名艺术机构在深开设画廊，支持本地画廊品牌做大做强。二是积极探索建设以征信体系为核心的艺术品拍卖、交易市场诚信机制，以艺术品市场立法为核心，构建深圳市国际艺术品拍卖市场法治化体系，推动相关法律法规的制定与完善，争取多方支持，改善行业经营环境，保障艺术品拍卖市场的健康有序发展。三是及时查处违规经营行为，规范艺术品市场经营秩序。加强典型案例宣传，发挥行政处罚的警示和教育作用。加强对相关从业人员的法律普及教育，明确艺术品经营行为的法律边界。四是探索建立拍卖、鉴定等专业人员行业规则，引导专业人员诚信执业。进一步优化营商环境，努力为艺术品产业发展提供优质服务。五是设立统一办事窗口，为艺术机构提供工商登记、通关报检、外汇结算、展览审批、财税申报等配套服务。

（四）科技赋能文化金融融合发展，加快推进建设国家文化大数据交易中心

数据是数字经济的核心。数字竞争新优势的核心在于收集以及用好各类数据。文化数据是最重要的文化资源之一，在大数据时代，文化大数据作为底层架构将为大数据金融服务。建设国家文化大数据交易中心对于推进深圳

市文化金融发展意义重大。

一是做好平台的架构设计和制度建设，依托深圳文化产权交易所，积极开展国家文化大数据标准化工作培训。梳理对国家文化大数据体系的政策、架构、标准、交易的解读，在数据采集加工、底层关联、数据授权、文化生产线建设运营、文化体验发展趋势、文化消费结算等方面开展专题教学和互动研讨。二是建立国家文化大数据服务体系。推动建立企业主体、产品、产权"三位一体"数据库，建立文化企业、金融企业数据库，建立国家文化大数据服务体系，厘清国家文化大数据交易中心的功能、服务对象，建设好国家文化大数据交易中心。三是构建国家文化大数据应用生态体系，强化文化大数据的公共服务功能。加快文化大数据采集、存储、标准化、数字版权、安全与隐私保护等关键领域的技术攻关。

B.12
2021年南京市文化金融发展分析报告

黄琴 方爱军 姜晓东 彭凌云 朱嘉 纪增龙*

摘 要： 2021年南京市推进文化金融工作深入开展，工作重点是编织文化金融服务多重网络、深入一线探索服务模式创新、优化迭代首贷中心和续贷中心、推动完善金融机构专业化服务体系、"靶向"培育数字文化企业。2021年，南京市10家文化银行及文化小贷公司共对文化企业发放贷款567批次，金额17.71亿元。截至2021年底，南京市共有上市企业19家，新三板挂牌企业8家，四板挂牌企业18家。其中，稻草熊影业于2021年1月在香港交易所挂牌上市，成为行业亮点。2021年，南京市文化金融迭代内生动力，搭建了南京文化金融服务集团，聚集"平台+基金+小贷+租赁+典当"的金融要素，进一步完善文化金融服务链条，实现了从小文化金融服务到大文化金融服务的跨越。

关键词： 文化产业 文化金融 数字文旅 投融资 南京市

一 南京市文化产业整体发展情况

（一）产业规模平稳增长

虽然受新冠肺炎疫情影响，但南京市文化产业依然保持平稳增长。南京

---

* 黄琴，南京市文化和旅游局党委委员，副局长。方爱军，南京市统计局副局长。姜晓东，南京市文投集团党委委员，副总经理。彭凌云，南京市委宣传部文化产业处副处长。朱嘉，南京文化金融服务中心顾问，新媒体"文化产业评论"创始人。纪增龙，南京市委宣传部常务副部长，一级巡视员，本报告编写顾问。

市统计局发布的 2021 年调查数据显示，南京市 1840 家规模以上文化企业实现营业收入 3526.80 亿元，比 2020 年同期增长 15.10%，比 2019 年同期增长 34.80%，两年平均增长 16.10%。两年平均增速比全国高 7.20 个百分点，高于全省 0.50 个百分点。2021 年，全市 10 家文化企业入选"江苏民营文化企业 30 强"，入选数量位居全省第一；4 家文化企业入选南京市"独角兽企业"；34 家文化企业入选"培育独角兽企业"；12 家文化企业入选"瞪羚企业"。阿里华东总部、小米、58 同城等一批数字领军企业落户，稻草熊影业等一批优质文化企业挂牌上市。南京全市文化产业增加值达 1063.99 亿元，成功迈过"千亿关"。

（二）数字化趋势明显

2021 年，南京文化产业与数字技术的融合不断加深，产业数字化趋势明显。树立政策引领"风向标"，出台《关于促进南京市数字文化产业高质量发展的实施方案》《关于深入推进南京文化和科技融合工作实施方案》，市文化发展专项资金、市大运河文旅基金重点扶持文化和科技融合、数字文化项目，推动文化产业"上云用数赋智"，重点打造创意设计、网络文学等 7 个优势业态，力争打造全国数字文化产业高质量发展"南京样板"。培育产业发展"领航船"，引进阿里华东总部、字节跳动、喜马拉雅等一批数字领军企业落户，靶向引培数字企业，重点培育艾迪亚、达斯琪、南京网觉、硅基智能等新型数字文化企业；新认定网易南京数字产业基地等 9 家数字园区。绘制产业发展"晴雨表"，在全国率先开展数字文化产业标准试定和产业研究，构建"20+28"数字文化产业体系。2021年，以互联网为基础的数字出版、动漫、多媒体等 16 类文化新业态的规模以上文化企业实现营业收入 1420.0 亿元，占全市全部规模以上文化企业营业收入的 40.0% 以上，同比增长 19.3%，营业利润、应交增值税等主要经济指标继续呈现两位数高速增长，强势带动南京文化产业转型发展。

二 南京市文化金融发展情况

2021 年，南京市 10 家文化银行及文化小贷公司共对文化企业发放贷款 567 批次，金额 19.84 亿元，其中基准利率贷款 5.69 亿元，占比 28.68%；信用贷款 5.05 亿元，占比 25.45%。其中，向初创期、成长期文化企业发放贷款 417 批次，金额 15.69 亿元，占比 79.08%。截至 2021 年底南京市 10 家文化银行及文化小贷公司向文化企业累计发放贷款情况见表 1。从数据来看，因受疫情影响，南京市文化金融整体放贷规模有所下降，但信用贷款和基准利率贷款的比例均明显增加，信用贷款同比增长 0.14%，基准利率贷款同比增长 8.63%。

表 1　截至 2021 年底南京市 10 家文化银行及文化小贷公司向文化企业累计发放贷款情况

单位：万元

行别	初创期、成长期文化企业累计贷款	成熟期文化企业累计贷款
南京银行	1063680.79	190727.21
北京银行	71939.90	21320.00
中国银行	150548.00	14414.50
交通银行	132507.29	29562.60
广发银行	162.35	2153.00
浦发银行	47063.77	20800.00
工商银行	24550.00	17865.00
江苏银行	10002.00	4260.00
招商银行	5200.00	500.00
紫金农商行	38592.75	2950.00
文化小贷	24255.00	110468.00
合计	1568501.85	415020.31
总计	1983522.16	

资料来源：《2021 年 12 月南京文化金融专报》。

在资本市场上，截至 2021 年底，南京市共有上市企业 19 家，新三板挂牌企业 8 家，四板挂牌企业 18 家。其中，稻草熊影业通过开创特殊的平台运营模式以及其与平台之间的共创探索模式，成功打破传统影视企业发展壁

垒，于2021年1月在香港交易所挂牌上市，上市后表现亮眼，给整个影视行业"打了一针强心剂"。

三　2021年南京市文化金融政策实施情况

总体来看，2021年南京延续了2020年以来文化金融政策重点思路，并在实施中做了创新，推动了文化产业发展。主要体现在5个方面：搭建文化金融服务多重网络、深入一线探索服务模式创新、优化迭代首贷中心和续贷中心、推动完善金融机构专业化服务体系、推动数字文化产业"靶向"培育数字文旅企业。

（一）优化服务体系，搭建文化金融服务多重网络

2021年，南京文化金融工作在服务平台建设上，呈现出两手抓的特点：一是完善优化自有服务平台，二是拓展搭建多重服务网络。

1. 完善优化自有服务平台

一是在南京市委宣传部的支持指导下，在新建设的"南京文化产业网"平台上专项开发"文化金融"子板块，一站式提供文化金融产品介绍、金融机构对接、融资申请、专项资金申报等功能，将文化金融政策、合作机构、产品等在线上展示发布、及时更新，并实现文化金融所有操作线上办理。二是依托南京文化金融服务中心，联合南京数字金融研究院，在版权数字化交易基础上，升级打造数字文化生态圈，利用大数据、区块链等先进技术，实现数据隐私保护和合规使用、全生命周期追溯，线上生成企业用户画像，评估授信额度，实现线上精准金融服务，创新建设数字文旅企业线上投融资服务模式。

2. 拓展搭建多重服务网络

2021年，南京文化金融服务中心联动金融服务平台，形成平台叠加效应。一是对接南京金服平台。南京金服平台涵盖宁创贷、转贷基金、政策性担保、央行支小支农再贷款、票据贴现、科创基金投资、科技金融路演、"众创板"挂牌、小额贷款保证保险等51项金融业务和"股权投资十条"

申报审核、私募基金跟踪服务、大学生创业专版等子系统，目前累计入库企业超 8.43 万家、授权注册企业 11176 家，累计债权融资 557.49 亿元，股权融资 19.06 亿元。2021 年，南京文化金融服务中心与南京金服平台完成了后台系统对接，南京文化金融服务中心库内企业可以直接登录南京金服平台，享受南京金服平台各项服务。

二是对接南京联合产权（科技）交易所。南京联合产权（科技）交易所负责运作南京市民营企业转贷互助基金，目前转贷融资服务累计规模已突破 500 亿元。南京文化金融服务中心联动南京联合产权（科技）交易所，帮助全市文化企业充分利用南京市民营企业转贷互助基金。

三是对接建邺区"金鱼嘴每日路演"平台。建邺区是南京最大的金融类机构集聚地，已集聚金融类机构超 1064 家，其中持牌金融类机构省级以上总部达 136 家。2021 年，南京文化金融服务中心借助该平台举办南京市优质文化企业专场路演活动，助力文化企业对接多层次资本市场。活动中，南京文化金融服务中心推荐了 6 家优质文化企业进行路演，并通过深交所燧石星火平台和南京金服平台向全国投资机构和投资人进行了直播。活动后，启盛投资等投资机构和意向文化企业进行了后续对接，部分路演文化企业与投资机构达成了合作。股权融资渠道的畅通，为全市优质文化企业开辟了新的资本之路。

（二）线下深入一线，探索服务模式创新

2021 年，为持续优化营商环境，不断提升服务意识和水平，推动文化金融服务创新，形成南京文化金融服务品牌效应和示范作用，在南京市委宣传部、南京市文旅局的关心和指导下，南京文化金融服务中心实施了"三送三进"（送政策、送服务、送产品；进行业、进园区、进企业）品牌服务计划。

"三送三进"品牌服务计划通过协会和园区寻找有需求的企业，并从企业实际需求入手，协同文化银行、股权基金、文化小贷等金融机构，提供有针对性的、专业化的金融解决方案。同时，南京文化金融服务中心主动开展下沉式服务，对近两年服务的文化企业进行专项电话回访，逐一沟通了解文化企业发展情况和当前的融资需求，整理后推送给相应文化银行、文化小贷

和股权投资公司。截至2021年底，已回访文化企业1700余家，一对一推送有融资需求的文化企业104家。

"三送三进"品牌服务计划对创新升级文化金融模式进行了探索，总结起来对文化金融工作有如下几个层面的思考借鉴意义。

一是在招商阶段即开始与产业园区合作共建。南京文化金融服务中心与南京环南艺艺术文化街区开展深度合作，推出"文化金融服务赋能招商模式"，即在招商阶段就引入文化金融服务，产业园区可利用南京文化金融服务中心平台资源，开发招商、招租等增值服务项目。南京文化金融服务中心也可根据准入园文化企业的融资需求，整合、优选文化银行、文化小贷、股权投资等金融机构，为产业园区招商项目提供量身定制的金融支持方案和专属服务，促进重点项目的落地。此合作模式的建立，旨在探索文化金融对产业园区文化企业的精准服务模式，是全面落实将政策、产品、服务送进产业园区、送进文化企业的一次全新尝试，是在疫情防控常态化时期南京文化金融加快文化产业恢复振兴步伐的举措之一。

二是为金融机构定点常驻产业园区提供先行先试。引导金融机构结合南京文化产业发展布局，贴近市场、贴近服务。在合理布设网点方面，由南京文化金融服务中心牵头先行在产业园区进行实践服务，特别是在文化要素聚集效应明显的产业园区、街区、功能区、实验区、示范区等区域，为金融机构设立文化专营机构或特色分行提供先行先试。

三是助力探索打造新型文化产业园区。当前，文化产业园区发展已经从以地产（租赁）和旅游为支撑的"瓦片经济"模式（1.0模式），升级到通过专业化运营和各类服务平台创造收入的增值服务模式（2.0模式），并且正在向投资型产业园区模式（3.0模式）和虚拟产业园区模式（4.0模式）发展。"三送三进"品牌服务计划的实施，不仅夯实了产业园区增值服务模式的基础，也为产业园区发展提供了更大的拓展空间，特别是金融机构的加持，为建设投资型产业园区提供了基础支撑，也为未来元宇宙场景下虚拟产业园区的建设和南京建设国家文化与金融合作示范区提供了实践新探索。

（三）优化迭代首贷中心和续贷中心

目前，国内企业融资的主要模式仍然是银行贷款，在南京文化金融服务体系中，主导力量是文化银行。在实际运作中，中小微文化企业贷款有 2 个难点。一是首次申请银行授信难度大。中小微文化企业首次申请银行授信时往往处于初创阶段，企业信用尚未建立，成功率普遍较低。如果首次成功获得银行授信，后面申请续贷或者在其他银行申请贷款的难度均明显降低。二是贷款申请时长不可控。中小微文化企业申请贷款的时效性较强，但由于企业情况不同，银行贷款审批时间、授信放款时间不可控，往往会对申请企业的经营带来较大影响。因此帮助中小微文化企业获得文化银行首次授信和及时取得放款是南京文化金融的重点工作内容之一。

2020 年 8 月，中国人民银行南京分行营业管理部联合南京市委宣传部印发《金融支持文化产业稳企业保就业工作的实施方案》，在南京文化金融服务中心设立首贷中心、续贷中心，集中受理中小微文化企业的首贷、续贷申请，提升服务效能。各银行机构充分对接首贷中心、续贷中心，同时结合线上线下、"名单+走访"等多种形式，努力拓展首次从银行体系获得贷款的中小微文化企业户数。南京文化金融服务中心对各银行办理的首贷和续贷业务进行定期监测，并对银行服务进行评估。各银行办理的首贷、续贷业务纳入银行机构年度信贷政策执行情况综合考评。

经过 1 年多的实践，南京文化金融服务中心的首贷中心、续贷中心取得了 4 个方面的成效。一是让首次授信流程更加顺畅。通过首贷中心、续贷中心的集中受理，南京文化金融服务中心发挥了行业信息补充和增信功能，打消和解决了文化银行的风险顾虑和尽调意愿问题。二是让贷款时效更加可控。南京文化金融服务中心根据申请中小微文化企业实际情况，有针对性地将其推荐至相应文化银行，并为中小微文化企业提供融资辅导，及时督导文化银行按时办结，推动文化银行进一步提高授信时效和成功率。三是让文化银行更加专注、专营、专业。首贷中心和续贷中心可让文化银行集中受理中小微文化企业的贷款申请，促进文化银行服务中小微文化企业更加专注、专营、

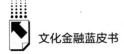

专业。四是让平台服务更加深化。设立首贷中心、续贷中心，将政府、金融机构、中小微文化企业、要素市场等资源在南京文化金融服务中心充分衔接、相互融通，各类资源得到了有效整合，进一步完善了南京文化金融服务体系。

（四）推动完善金融机构专业化服务体系

多年来，南京不断推动完善金融机构专业化服务体系，依托南京文化金融服务中心一手紧抓股权投融资服务，积极对接江苏省大运河文化旅游发展基金、江苏聚合创意新兴产业投资基金、南京文化创业投资基金、南京文创天使投资基金等；一手紧抓债权融资服务，引导金融机构发挥各自比较优势，打造适合不同赛道文旅企业特点的特色金融产品。截至 2021 年底，10 家金融机构已有近 20 个专门面向文旅企业的金融创新产品（见表 2，加粗产品为 2021 年新推出）。以南京银行为例，成立了 13 家科技文化支行、配备了 21 个专业团队；2016~2021 年，累计为超 8000 户科技文化企业发放超过 1700 亿元的信贷资金，其中信用及信用放大类业务占比超过 50%。

表 2　截至 2021 年底南京金融机构专门面向文旅企业的部分金融创新产品

产品名称	开发机构	产品简介
鑫动文化	南京银行科技文化金融服务中心	设计开发了演艺贷、出版贷、影视贷、动漫贷、广告贷、设计贷、文教贷、旅游贷八大系列子产品，按担保方式优化并降低了倍增贷、税联贷、投联贷等产品的应用门槛
苏影保	南京银行南京分行	成立影视文化子项专家调研团队，向受疫情影响的影院、发行企业、影视公司、影视基地等提供信用贷款服务，由江苏省信保集团提供有效增信并承担贷款本金50%的风险补偿责任，南京银行承担50%的风险责任，南京财政给予最高90%的风险代偿
金陵创意贷	北京银行南京分行	专为支持文旅企业和产业园区而量身定制的特色金融组合产品。细分为10类子产品，具体包括文艺演出贷款、出版发行贷款、影视制作贷款、动漫网游贷款、广告会展贷款、艺术品交易贷款、设计创意贷款、文化旅游贷款、文化体育休闲贷款、文化创意产业集聚区建设贷款等

续表

产品名称	开发机构	产品简介
文旅"专精特新"贷和高企成长贷	交通银行江苏省分行科技(文化)金融服务中心	针对"专精特新"文旅企业,以及"瞪羚、培育独角兽和独角兽"文旅企业的专属授信方案。业务品种全,担保方式灵活,优质企业可直接获得授信;专属团队服务,享受审批绿色通道;单户授信敞口额度最高可达5000万元;根据企业实际情况灵活匹配授信期限,最长可达8年
文化旅游普惠贷	中国银行新城科技园支行	针对不同发展阶段的文化型中小企业的经营特征和融资需求,设计多样化的融资方案,优质的文化型中小企业客户可享受优惠贷款利率,提供差异化融资服务
中银知贷通	中国银行新城科技园支行	针对文旅知识产权类贷款。免抵押、中银信贷工厂"T+3"天完成审批,贷款最高500万元,贷款期限最长3年
小微创业贷	工商银行江苏分行	以小微文旅企业创业创新发展融资基金作为增信手段,按照一定放大倍数对符合条件的小微文旅企业发放贷款,以提供小微文旅企业成长发展过程中正常生产经营所需资金。无抵押、无担保、受众广、门槛低、速度快、成本优
文化创业贷	江苏银行泰山路支行	针对文旅型小微企业,利率低至贷款市场报价利率(LPR),弱抵押、弱担保、法人或实际控制人担保,额度最高可达1000万元
文旅税银通	广发银行南京分行	针对文旅类企业的全线上化信用贷款产品;授信额度可达300万元;授信期限最长可达1年;随借随还,用款灵活
小微贷	浦发银行南京分行	由江苏省风险补偿基金、市(县)风险补偿基金、融资担保机构提供增信,向小微文旅企业发放低成本、低门槛、高效率的贷款,单户最高1000万元
投联贷	招商银行南京分行	以"股权投资+贷款"模式,为已投或拟投的中小文旅企业提供信用贷款,通过优质的产品和高效率的服务助力中小文旅企业发展
文旅行业"防疫专项贷"	紫金农商银行	针对文娱产业、旅游景区(企业法人)及其入驻商户和酒店住宿企业。担保方式以信用为主、免抵押、灵活搭配担保方式。额度根据租金等固定费用、广告宣传等额外费用测算。利率参照最新LRP,优质客户可下浮
影院快贷	紫金农商银行	针对南京市电影协会的会员企业及其他南京市优质电影院线企业的专属金融产品;不少于2亿元专项信贷额度,纯信用方式发放,期限最长可达5年

产品名称	开发机构	产品简介
旅游快贷	紫金农商银行	面向旅游经营主体、休闲农业经营主体等,投放不少于10亿元的信贷资金,单户最高额度可达5000万元,最长可贷5年
文旅企业股权质押专项产品	南京联合产权(科技)交易所	以"宁创贷"风险代偿资金为依托,由合作银行对符合条件的中小微企业发放贷款,以其股东合法持有的该企业股权进行质押并作为债权增信的信贷融资业务

资料来源:相关金融机构整理上报至南京文化金融服务中心。

(五)深耕数字文化产业,"靶向"培育数字文化企业

近年来,数字文化产业蓬勃发展,新兴业态持续涌现。南京文化金融聚焦数字文化领域,升级服务功能,创新开展文化科技融合工作,赋能数字文化产业发展。早在2013年,南京就已经实现了科技金融与文化金融工作的衔接,不仅将科技金融政策覆盖到文化企业,还建立了有效的沟通协调机制。2021年,南京文化金融服务中心联合南京数字金融研究院,在版权数字化交易基础上,升级打造数字文化生态圈,利用大数据、区块链等先进技术,实现数据隐私保护和合规使用、全生命周期追溯,线上生成企业用户画像,评估授信额度,实现线上精准金融服务,创新开发数字文化企业线上投融资服务模式。

从文化产业发展来看,数字与科技不断发展催生出来的新业态、新模式,都是"专精特新"的体现。基于此,南京文化金融服务中心联合交通银行江苏省分行推出了针对"专精特新"文化企业制定的专属授信方案,发掘尽调了诸如小米产业链内的文化科技融合企业——南京机器岛智能科技有限公司等。

四 南京市文化金融高质量发展展望

南京文化金融的发展已经步入了第10个年头,文化金融工作正在系统

化协同推进之中，任务涉及方方面面。从短期来看，2022 年南京文化金融工作将在以下几个方面重点推进。

（一）发挥文投集团的文化金融服务体系枢纽作用，从小文化金融服务向大文化金融服务跨越

南京是全国文化金融的先行者，南京市文投集团是南京文化金融的主要肩负者。当前，南京市文投集团已经通过文化银行、文化基金、文化小贷、文化担保、文化保险等多元化的金融工具形成了完善的文化金融服务链条，同时在企业协作、大数据征信等方面也有一定的尝试和基础，文化金融服务的"航母舰队"已经形成。2021 年，南京市文投集团进一步整合资源，搭建包含文化金融服务中心、股权投资、文化小贷、融资租赁、邮币卡、典当等多业态的南京文化金融服务集团，聚集"平台+基金+小贷+租赁+典当"的金融要素，进一步完善文化金融服务链条，同时加强文化金融机构之间的联动，联合文化银行、保险、担保、保理、投资、法律、版权登记等机构，形成更为完备的文化金融服务体系。

南京文化金融服务集团涵盖 6 家公司，分别发挥了不同的作用。一是南京文化金融服务中心作为平台，发挥了连接政府、企业、金融机构三方的桥梁作用，从全市层面是政府政策、产业融合和资源对接的落地平台，从集团层面可为金融板块及集团其他公司提供金融支持和协作服务，是集团金融业务枢纽中心。二是南京市金陵文化科技小额贷款有限公司作为集团和板块重要的利润点，在发挥文化企业贷款灵活补充功能的同时，与基金公司、融资性担保公司互动，形成"投贷保"联动的经营格局。三是南京文投股权投资管理有限公司承担南京市文化产业基金管理平台职能，践行和发挥其作为南京市新兴文化业态投资主体、城市文化 IP 孵化培育主体的职责和作用。目前已管理江苏省大运河（南京）文化旅游基金、南京秦淮网文谷文化产业发展基金、文学之都文化产业发展基金等。四是南京文投艺库典当有限公司依托传统的典当模式和十竹斋百年艺术经营底蕴，进行"艺术+金融"的新业态融合创新经营。五是江苏邮币卡交易中心公司（筹建）是省内唯一专业从

事邮币卡及其他艺术品交易的交易场所。六是南京文投融资租赁有限责任公司（筹建）是文化金融服务体系和集团板块的重要组成部分，以文化科技业务为特色，积极探索多场景的创新业务，进一步加强文化金融板块对影视传媒、文化艺术品、文化创意、文化基建等文化产业的助力作用。

（二）以争创国家文化与金融合作示范区为契机，行稳致远、进而有为

自 2013 年以来，南京市由市文改办牵头，市委宣传部、市文广新局、市财政局、市金融办、市科委、人民银行南京营管部 6 个部门参与，依托全市国有文化产业专业投融资平台——市文化投资控股集团，按照“政府引导、市场运作、公共服务、多方共赢”的原则，遵循“互通融资信息、完善服务链条、搭建综合平台、打通实际路径”的建设思路，组建了全国第一家具备综合功能的文化金融服务中心，积极探索金融服务中小文化企业的“南京模式”，满足文化企业特别是广大小微文化企业的金融需求。南京市出台了《南京市创建“全国文化金融合作试验区”工作方案》（宁委宣通〔2014〕49 号），江苏省陆续出台《关于促进文化金融发展的指导意见》《江苏省文化金融合作试验区创建实施办法（试行）》（南银发〔2016〕146 号）等一批政策措施，积极推动南京市创建“全国文化金融合作试验区”。南京文化金融经过 10 年的发展，已有了成熟的发展模式，在此基础上，南京市将积极组织申报第二批“国家文化与金融合作示范区”。

与此同时，南京市一直保持与文化和旅游部及相关部门的沟通，积极开展“国家文化与金融合作示范区”申报准备工作。2021 年，“全国文化产业和旅游产业投融资培训班”在南京市举办，该培训班由文化和旅游部产业发展司主办，江苏省文化和旅游厅协办，南京市文化和旅游局和南京文化金融服务中心承办。该培训班通过专题教学、案例分析、实地调研、经验分享等多种形式，为各省市 80 多位参训学员提供了精彩的课程，并组织了实地教学考察，有效展示了南京文化金融发展成果，进一步为南京市申报第二批“国家文化与金融合作示范区”夯实基础。

（三）以服务文化科技融合为重心，打造数字文化产业金融服务新样板

目前，南京市正计划出台全市数字经济发展具体工作部署，南京文化金融将作为其中重要的工作内容之一。根据此部署，南京文化金融将以数字化发展为方向，综合各种科技金融手段，不断挖掘和培育数字文化龙头企业，并强化与南京数字金融研究院的合作对接，从版权区块链入手，持续完善数字文化生态圈功能。同时，积极开展"三送三进"品牌服务计划，以服务促融合。在科技金融合作方面，南京文化金融将积极发挥科技金融优势，争取科技金融政策的融合，以文化科技融合的新场景、新业态、新模式、新发展，推动文化与科技的融合发展，助推数字文化产业高质量发展"南京样板"的不断完善。

B.13
2021年宁波市文化金融发展分析报告

陈彩凤　邝菁琛　王亚琪*

摘　要： 2021年，宁波市高度重视文化金融发展，通过制定"十四五"专项规划凝心聚力，继续围绕国家文化与金融合作示范区创建，推进专营文化金融机构创设、推动文化信贷产品升级、促进文化直接融资、增强文旅企业抗风险能力。数据显示，宁波市文化金融专营机构超过14家，文旅产业贷款余额连续两年超千亿元，在各类资本市场上市挂牌的文旅企业超过300家，宁波市文化金融发展基础更加坚实稳固。经过两年的探索实践，宁波市创建国家文化与金融合作示范区各项工作顺利开展，完善"政府+文旅+金融"多领域协同共建的顶层设计，强化"文旅+金融+科技"跨业态融合发展的需求侧引领和"机构+团队+平台"全链条集成创新的供给侧结构性改革，形成了"宁波经验"。

关键词： 文旅产业　文化金融　宁波经验　专营机构　顶层设计

一　宁波市文化金融发展环境

2021年是"十四五"规划开局之年，宁波市高度重视文化与旅游产业发展，文化金融发展环境持续优化。《宁波市国民经济和社会发展第十四个五年规划和二〇三五年远景目标纲要》明确提出，要通过构建现代公共文

---

* 陈彩凤，宁波市文化广电旅游局副局长。邝菁琛，宁波市文化广电旅游局二级调研员。王亚琪，宁波市文化广电旅游局三级调研员。

化服务体系、发展更具竞争力的文旅产业等政策抓手，"提升城市文化软实力，建设独具魅力文化强市"。根据总体规划要求，宁波市迅速出台了两大专项规划，协同推进文化金融发展。同时，文旅产业高质量发展取得了可喜进步，金融行业服务实体经济能力逐步增强，为宁波市深入推进文化与金融合作发展奠定了坚实的产业基础。

（一）政策体系：两大专项规划协同引导

根据宁波市"十四五"总体规划要求，宁波市发展和改革委员会、中共宁波市委宣传部、宁波市文化广电旅游局等部门协同攻关，先后出台了《宁波市文化产业发展"十四五"规划》（以下简称"产业规划"）和《宁波市文化和旅游发展"十四五"规划》（以下简称"文旅规划"）两大专项规划，对"十四五"时期的文化金融发展提出了更高的要求。

1. 产业规划

产业规划对文化金融发展的核心要求就是"高质量完成国家文化与金融合作示范区创建"，为今后的示范区创建提供可复制、可推广的"宁波经验"，发挥宁波市的示范引领作用。

产业规划的主要政策抓手包括：一是建立稳定的财政投入机制，争取更多的财政资金支持，引导社会资金规模投向，形成文化资金长效投入机制；二是强化文化产业金融投资，充分发挥国有文旅集团的引领作用，整合产业基金、保险资金等投融资渠道，探索文化资产证券化等创新路径，支持重大文化产业项目；三是引导金融支持文化产业实体经济，建设文化金融服务平台，引导金融机构进行产品服务创新，创设更多的专营金融机构。

2. 文旅规划

文旅规划主要面向文化事业、文化产业和旅游产业三大领域，规划内容更加复杂多样。文化金融发展的中心工作仍然是"深入推进国家文化与金融合作示范区创建"。

文旅规划围绕国家文化与金融合作示范区创建，主要关注以下几个层面的政策实施：一是打造健全的文化金融体系，鼓励合规金融机构设立文化金融专营机构，推动新型地方金融组织，如小额贷款公司、担保公司、产业基金会等，适应文旅产业发展特征并实现转型升级；二是构建多元投融资机制，完善文旅产业信贷风险资金补偿机制，充分发挥宁波文化发展基金作用，鼓励社会资本和企业创设文旅产业基金；三是支持文旅企业充分借助多层次资本市场发展壮大，积极鼓励中小文旅企业在宁波股权交易中心"文化创意板"挂牌展示，支持优势文旅企业挂牌"新三板"或进入上市流程；四是支持文化金融合作服务平台建设，构建和创新中小文旅企业信用评价体系，建设中小企业文旅数据库、文化与金融合作典型案例库、文化金融课程资源库；五是积极支持文旅保险创新，支持保险机构研发文旅保险产品，完善文旅保险服务体系，探索建立文旅保险创新中心。

3. 规划协同分析

两大专项规划对文化金融发展都有全面、精准的政策描述，表明经过近两年的国家文化与金融合作示范区创建，宁波市已经充分认识到金融对文旅产业发展的巨大推动作用。同时，文化金融更需要从多层面、跨领域、全链条进行整体布局、协同推进，才能为自身长远发展奠定坚实的政策规划基础。

通过对两大专项规划比较分析可以发现，发展文化金融的核心目标是完全一致的，即文化金融的各项工作应始终围绕推进国家文化与金融合作示范区创建，共同推动文化事业、文化产业和旅游产业的高质量发展。从构建文化金融产业链层面，要不断优化财政、金融的投入结构，支持各类文化金融供给侧结构性改革；从优化文旅生态层面，则要确保各类文化金融资源的共建共享、文化金融业态的共生共荣、文化金融产出的共创共赢。因此，两大专项规划内容虽然有所重叠，但着眼点和施政点均有所侧重，具有较强的政策引导性和可操作性，很好地体现了宁波市文化金融发展顶层设计中的统一性、协同性和整全性特征。两大专项规划"文化与金融合作"工作协同情况见图1。

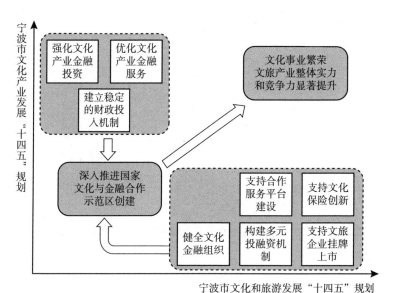

图1　宁波市两大专项规划"文化与金融合作"工作协同情况

资料来源：自行整理。

（二）文旅产业：规模质量双提升

1.文旅产业规模持续提升

按照宁波市统计口径，2021年宁波市实现文创产业增加值1252.6亿元，占地区生产总值的8.6%，较2020年增长26.8%，增速高于宁波市地区生产总值增速（8.2%），具体数据如图2所示。旅游层面，2021年宁波市完成旅游总收入838.8亿元，接待国内游客超过5151.1万人次。

2.市场主体培育成效显著

截至2021年底，宁波市文化与旅游企业数量维持在3万家左右，与新冠肺炎疫情前基本持平。宁波市规模以上文创企业数量达到1045家，其中省级以上文化出口重点企业26家，国家级制造业单项冠军示范企业3家，省级隐形冠军企业（含培育）6家。2021年，宁波市规模以上文创企业营业收入达到2092.9亿元，同比增长22.1%。

3.文化进出口规模保持增长

2021年宁波市文化产品出口额达到242.4亿元，2019~2021年年均复

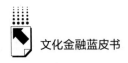
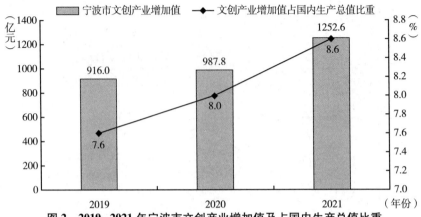

图2　2019~2021年宁波市文创产业增加值及占国内生产总值比重

资料来源：宁波市统计局。

合增长率9.0%。2021年宁波市文化服务出口额达到25.5亿元，2019~2021年年均复合增长率18.4%（见图3）。

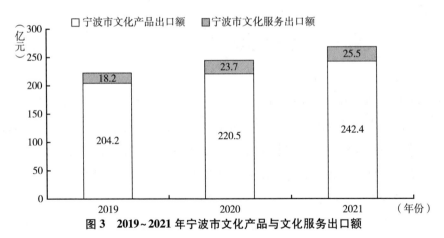

图3　2019~2021年宁波市文化产品与文化服务出口额

资料来源：宁波市统计局。

（三）金融行业：服务实体经济能力逐步增强

1. 金融行业规模平稳增长

金融行业增加值持续提升。2021年宁波市金融行业实现增加值1062.7

亿元，占地区生产总值比重为 7.3%，占第三产业增加值比重为 14.7%，比上年增长 7.3%。

金融业务规模不断扩大。截至 2021 年末，宁波市本外币存款余额和贷款余额分别为 27228.9 亿元和 29045.5 亿元，贷存比为 106.7%。新增境内上市公司 14 家，境内上市公司累计达到 107 家，全年完成资本市场再融资 910.8 亿元。2021 年宁波市完成保费收入 375.1 亿元，其中财险保费收入 175.7 亿元，寿险保费收入 199.4 亿元，全年累计提供风险保障 48.4 万亿元，比上年增长 58.5%。

2. 金融机构数量稳中有升

2021 年末，宁波市共有银行业金融机构 65 家，分布如图 4 所示。市级及以上保险机构 57 家，其中财产保险机构 32 家、人身保险机构 25 家；专业保险中介机构 93 家；证券公司 1 家，期货公司 1 家，证券投资咨询公司 1 家，证券期货分公司 42 家，证券期货营业部 181 家。

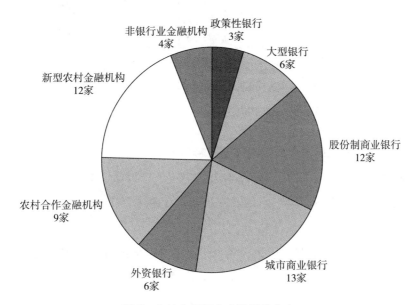

图 4　宁波市银行业金融机构分布

资料来源：《2021 年宁波市国民经济和社会发展统计公报》。

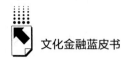

（四）文化金融市场：发展基础更加坚实稳固

1. 文旅产业贷款余额连续两年超千亿元

截至 2021 年末，宁波市文旅产业贷款余额 1158.6 亿元，相比 2020 年的 1037.4 亿元，新增 121.2 亿元，同比增长 11.7%，高于各项贷款增速 4.7 个百分点，文旅产业贷款余额连续两年超千亿元。2019~2021 年文旅产业贷款规模见图 5。

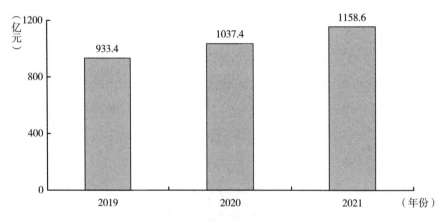

图 5 2019~2021 年宁波市文旅产业贷款规模

资料来源：中国人民银行宁波市中心支行。

2. 上市挂牌文旅企业数量再创新高

截至 2021 年末，在海内外资本市场上市的宁波市文旅企业共有 39 家，在宁波股权交易市场挂牌展示的文旅企业累计超过 290 家。

二 宁波市推动文化与金融合作发展的主要举措

2021 年，宁波市深入推进国家文化与金融合作示范区创建，全面落实宁波市"十四五"时期文化金融发展的重大规划部署，各项工作取得了阶段性成效。

（一）支持文化金融专营机构跨越发展

1.专营机构数量超过14家

截至2021年末，宁波市共有各类文化金融专营机构14家，具体创设信息见表1。其中，2021年新增5家，占总数的35.7%，超过1/3；2020～2021年累计新增9家，占总数的64.3%，接近2/3，宁波市文化金融专营机构创设速度明显提升。

表1 宁波市文化金融专营机构

类别	主办或承办机构	专营机构名称	创建年份	创设层级
银行	农业银行宁波分行	文创支行	2014	全市首家 农行系统首家
	甬城农商行	普惠事业二部（文创专营机构）	2021	全行首批
	甬城农商行	城东支行（文创专营机构）	2021	全行首批
	鄞州银行	首南支行（文旅专营支行）	2021	全行首家
	北京银行宁波分行	文化金融部	2021	分行首家
保险	人保宁波分公司	全域旅游保险营运中心	2018	全市首家 人保系统首家
	国寿财险宁波分公司	宁波文旅保险创新中心	2021	全市首家 国寿系统首家
产业基金	宁波市政府	宁波文化产业发展基金	2016	全市首家
	宁波文旅集团	宁波市文旅产业基金	2020	集团首家
地方金融组织	宁波市文创小额贷款有限公司	宁波市文创小额贷款有限公司	2013	全市首家
	宁波股权交易中心	文化创意板	2017	全市首家
服务平台	宁波文旅集团	宁波市文化金融服务中心	2020	全市首批
	宁波民和文化产业园	宁波市文旅金融服务中心	2020	全市首批
	宁波市普惠金融信用信息服务平台	文旅企业"我要贷"专窗	2020	全市首批

资料来源：自行整理。

2.专营机构服务能力显著提升

2021 年，宁波市各类文化金融专营机构通过调研、座谈等形式深入文旅产业一线，认真梳理和总结文旅产业发展特征，匹配并研发文化金融产品和服务，为文旅企业提供了综合全面的金融服务。据不完全统计，2021 年全年宁波市各类文化金融专营机构共开展企业调研超过 200 次、座谈会和研讨会近百场；服务文旅企业超过 3000 家次，赢得了社会广泛好评。

典型案例 1：宁波文旅产业基金支持区域产业升级

宁波文旅产业基金积极支持当地优质文旅企业发展，截至 2021 年末，宁波文旅产业基金已累计完成 4 个投资项目，累计投资金额接近 1 亿元，并提供了包括股权投资、上市辅导、资源导入等方面的综合资本运营服务。同时，宁波文旅产业基金立足本地、面向全国，通过股权投资方式为宁波引入产业头部数字内容、原创 IP 品牌企业，促进了区域制造产业升级。2021 年，宁波文旅产业基金重点聚焦"文旅+数字化"领域，筹备并组建了宁波影视产业子基金，重点为宁波影视产业的内容制作、宣发等业务提供支持。截至 2021 年末，宁波文旅产业基金参与并带动股权投资超过 50 亿元。

（二）推动文化信贷产品迭代升级

1.优化风险池业务流程

经过多年发展，宁波市文化产业信贷补偿资金业务（以下简称"风险池业务"）为宁波中小微文旅企业发展提供了急需的信贷支持。截至 2021 年末，参与风险池业务的银行机构达到 5 家、保险机构 2 家，2019～2021 年上半年风险池业务累计发放贷款超过 2.38 亿元，单笔最高贷款 500 万元。

随着时代发展，风险池业务具备了进一步优化的条件。2021 年，风险池业务在 3 个层面进行了流程优化。一是扩大了保证机构范围，在保留已有保险公司的基础上，首次将政策性担保机构纳入业务环节，扩大了文旅企业对信贷增信机构的选择范围。二是初步确定了线上线下相结合的信贷审批流程，通过"宁波市文化产业信贷风险池在线融资平台"，文旅企业可以随时完成在线注册（登录）并申请贷款，银行完成线下审批后将信贷结果反馈给该平台，文旅企业可以实时查看申请进度，有效增进了融企互信。三是提高了业务信息报送效率，该平台初步具备了业务信息实时分析与报送功能，为政府部门决策提供了及时必要的数据支撑。

2. 拓展信贷抵质押品类

针对中小微文旅企业轻资产、弱担保的痛点，宁波市支持金融机构拓展信贷抵质押品类，创造性地将应收账款、知识产权、版权、新三板股权等纳入抵质押品类范围，有效缓解中小微文旅企业融资难、融资贵、融资慢的压力。

在中国人民银行宁波市中心支行的引导支持下，9 家金融机构推出了由央行政策工具定向支持、财政资金风险池增信、产业部门专项资源引领的"甬知 E 贷"品牌，包含"商标贷""版权贷"等 10 余款特色产品。中国银行宁波市分行深入调研影视行企业资金需求，探索建立了以版权、应收账款等无形资产为基础的授信模式，先后推出了"影视通宝""银保通达"等产品。农业银行宁波市分行的"文创快捷贷"面向乡村振兴和共同富裕而推出，将旅游景区收益权纳入担保品类，推出以支持乡村旅游、县域景区开发为重点的特色产品。

3. 鼓励细分文旅行业定制化服务

为了更好地满足细分文旅行业的信贷需求，特别是帮助受新冠肺炎疫情影响较大的细分文旅行业纾困解难，宁波市发动金融机构深入文旅企业进行调查研究，为特定细分文旅行业提供定制化信贷服务。

典型案例 2：象山农信联社定向支持民宿产业链

近年来，象山民宿产业发展迅猛，等级民宿超过 30 家，占宁波全市

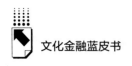

等级民宿数量的 40% 以上。疫情防控期间，象山民宿产业受到较大冲击，资金缺口明显放大。象山农信联社深入调研民宿及其相关产业的资金需求，及时推出了面向民宿产业的定制化信贷产品——"游乐宝"，为旅游服务公司、村经济组织、各类合作社和农户投资民宿建设、民宿装修、民宿餐饮、旅游产业升级改造和影视文化服务产业链建设提供最高 30 万元的信用贷款。目前，象山民宿产业正逐步走出疫情阴影，步入快速成长期。

（三）促进文化直接融资质量齐升

1. 文旅企业多层次资本市场工作成效亮眼

宁波市充分利用我国多层次资本市场，培育文旅企业主体，建设文旅企业梯队，拓宽融资渠道。截至 2021 年末，宁波市海内外资本市场上市文旅企业共有 39 家，其中沪深市场上市文旅企业 9 家，北京证券交易所上市文旅企业 23 家。截至 2021 年末，宁波市文旅企业在资本市场和银行间债券市场募集长期资金累计超过 250 亿元；韵升等 3 家文旅企业通过在银行间市场发行债务融资工具，累计融资超过 50 亿元。

截至 2021 年末，宁波股权交易中心"文化创意板"累计挂牌和展示的文旅企业超过 290 家，累计培育营收 500 万元以上文旅企业 156 家，其中营收 2000 万元以上文旅企业 97 家，营收 5000 万元以上文旅企业 46 家。

2. 文旅企业直接融资服务体系逐步成型

2021 年，主要依托宁波股权交易中心构建的文旅企业直接融资服务体系逐步成型。一是该中心筛选并建立了一个年营业收入在 5000 万元以上并且保持较强竞争力和较高成长性的"拟上市企业"培育库，其中多家企业开始筹备上市事宜。二是该中心面向众多中小文旅企业成立了"文旅之家"，为中小文旅企业搭建沟通、交流平台。邀请各类上市辅导专家，为中小文旅企业提供了董秘培训、财务总监培训、股份制改造、股权激励等高端课程；多次开展"中小文旅企业对接更高层次资本市场"学习调研活动，结合"走进深交所""走进上市公司"考察交流、邀请股转系统专家来宁波等活动，帮助中小文旅企业获得关于合规运营、企业价值管理等方面的专业辅导，同时鼓励中小文旅企业向标杆文旅企业取经问道，学习成功登陆资本市场的经验。三是该中心联合文创特色银行、文创小贷公司、会计师事务所、律师事务所等机构成立"文创助创专家团"，累计开展各类培训、投融资路演、考察交流、园区宣讲活动38场，覆盖全宁波，合计服务文旅企业近654家次。

（四）切实增强文旅企业抗风险能力

1. 保险产品创新

2021年，宁波坚持政保合作，与国家保险创新综合试验区建设实现协同共振，推动文旅保险创新，提升文旅企业自身的经营风险管控能力。

在企业责任保险方面，宁波各保险公司针对影视、演艺企业开发了演艺责任险、完片保证险、活动中断取消保险等创新险种，针对非遗类产品开发了质量保证类保险。2019~2021年，中国太平洋保险公司宁波分公司共计承保30家影视企业，其中完片保证险占比超过80%，累计保额超过2亿元，因影片未按时完成或未按期上映而赔付的金额达600万元，赔付率70%。中国人寿财险宁波市分公司创新文旅产品质量保证类保险，借助区块链等技术手段办理了全国首单非遗类产品保险——越窑青瓷溯源保险，为越窑青瓷提供品质保障、信用贷款、协销等多元化增值服务。

在信用保证保险方面，宁波各保险公司针对文旅企业的经营特殊性培养专业服务团队，提高服务能力并切实降低服务费用。中国人保宁波市分公司在推出"金贝壳"城乡小额贷款保证保险的基础上，针对文旅企业特点推出了"文旅保"产品，并配备专业服务团队，在管理机制上对文旅类项目有所倾斜，累计为80多家文旅企业提供增信贷款8000多万元，服务覆盖批发零售、影视制造、影视放映、艺术品制造等多个产业链核心环节，保险费

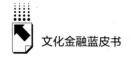

率也从 3% 下降至 2% 左右。

在疫情防控保险方面，中国人寿财险宁波市分公司在宁波已有的"政策性复工防疫保险"基础上，针对民宿产业迭代升级"民宿保"，为民宿企业提供一揽子保险保障，化解民宿经营风险，初步形成了"保险+服务"以及"保险+科技"等疫情防控服务模式。

2. 担保服务创新

自 2020 年开始，宁波积极鼓励政策性担保机构服务创新，整合推出了"微担通"政策性担保业务，定向支持小微企业、"三农"主体和个体工商户，取得了令人瞩目的成绩。截至 2021 年末，全市担保机构数量 33 家，担保业务在保余额 260.3 亿元，其中政策性担保余额达到 226.9 亿元。目前，政策性担保业务已经全面覆盖中小文旅企业，但由于该业务开展时间较短，只有宁波市融资担保有限公司（以下简称"市融担"）等为数不多的几家政策性担保机构专门研发了文旅担保产品并进行了统计核算。

典型案例 3：市融担"惠通文旅保"成效显著

2021 年，市融担为支持在宁波市行政区域内注册的中小文旅企业发展，推出了"惠通文旅保"专项产品。该产品规定，贷款金额单笔不超过 500 万元、单户不超过 1000 万元，担保保障程度最高可达贷款本金的 80%，担保期限可以根据中小文旅企业用款需求确定，但原则上不超过 3 年。2021 全年市融担共服务中小文旅企业超过 400 家，担保余额超过 8.7 亿元。

3. 研发机制创新

为了更好地推动文旅风险保障服务产品的研发与应用，优化升级已有风险管理产品，推动文旅保险供给侧结构性改革，2021 年宁波文旅保险创新中心创立并逐步投入运行，该创新中心主要职责包括以下几方面。

一是文旅保险创新项目研发。强化文旅保险的政保合作理念，协调组织保险机构、保险中介和保险科技围绕具体的细分文旅行业进行调研，针对文旅企业风险防控需求进行产品服务创新研发。

二是文旅保险科技应用。发挥文旅保险科技的数字经济优势，基于各类文旅金融在线服务平台，为文旅企业提供在线投保、核保、理赔、防灾防损服务，减轻文旅企业负担，丰富和完善文旅企业动态信息监测体系。

三是文旅保险决策支撑。在确保数据安全的前提下，汇集规整文旅产业发展数据，为各类文旅保险创新项目提供风险防控服务，并对已有或准备上市的文旅保险产品进行合规和风险测试。

三　宁波市创建国家文化与金融合作示范区的基本经验

经过 2020~2021 年的探索实践，宁波创建国家文化与金融合作示范区各项工作顺利开展，围绕中小文旅企业融资难、融资贵、融资慢这一核心问题，从顶层设计、需求侧引领、供给侧结构性改革等 3 个层面进行了重点突破，获得了一些有益经验。

（一）顶层设计："政府+文旅+金融"多领域协同共建

宁波创建国家文化与金融合作示范区的引领示范作用主要体现为为中小文旅企业提供优质的金融资源，推动文旅产业高质量发展。在国家文化与金融合作示范区创建的顶层设计中，宁波细致总结了多个国家级文旅金融试点经验，在支持政策、专营机构、产品服务、经营模式等层面进行大胆创新，初步形成了"政府+文旅+金融"多领域协同共建态势。一方面借助金融杠杆引导文旅企业聚焦共同富裕、乡村振兴等重点领域，另一方面鼓励文旅企业与金融机构进行广泛对接，指导金融机构扎实做好服务文旅实体经济工作，初步实现了文化金融资源配置的帕累托改进。宁波创建国家文化与金融合作示范区的顶层设计经验如图6所示。

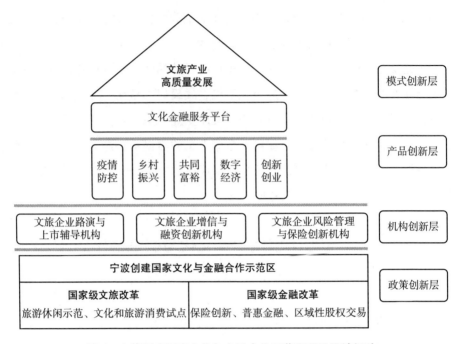

图6 宁波创建国家文化与金融合作示范区顶层设计经验

（二）需求侧引领："文旅+金融+科技"跨业态融合发展

由于宁波文化产业以中小文旅企业为主，需要金融支持的文旅企业数量多，但单个中小文旅企业的资金需求额度小，资金要满足中小文旅企业的日常经营和管理需求，必然要求金融服务的响应要快，期限、额度要相对灵活。此外，宁波中小文旅企业对金融机构的了解不多，金融机构更是对中小文旅企业相对陌生，中小文旅企业和金融机构之间存在严重的信息不对称现象。在国家文化与金融合作示范区创建中，宁波高度重视科技的支撑与应用，初步形成了"文旅+金融+科技"跨业态融合发展的基本趋势。

典型案例4：宁波保税区"文化+金融+科技"融合发展实践

作为浙江自贸区宁波片区的核心区域，宁波保税区充分发挥政策产业优势，密切对接宁波创建国家文化与金融合作示范区工作，依托金融科技产业园、国际文化产业园两大载体，大力支持数字经济赋能文化与金融合作，着力构建场景化、数字化的文化金融产业链，推动文化产业高质量发展。

在合作模式创新方面，引入创业邦、艾鸥科技等新兴数字经济业态，为中小文旅企业打造集"公司注册""管理咨询""股权投资"等功能于一身的公共服务平台。在产品服务创新方面，为各类金融机构提供大数据、区块链、人工智能、云计算等科技支撑，协调文旅管理部门和地方金融监管部门对金融创新实施动态督导，共同推动金融创新及时落地与监管合规。

（三）供给侧结构性改革："机构+团队+平台"全链条集成创新

文化金融供给主体是各类合规金融机构，但由于文旅产业业态多元，金融机构无法用常规业务流程满足所有的文旅产业金融需求。宁波市在国家文化与金融合作示范区创建中，从专营金融机构、专业金融服务团队、文旅产业金融服务平台等3个突破点入手，为细分文旅行业提供专业精准的金融服务，逐步集成发展出多条"机构+团队+平台"的创新链条。宁波市主要文旅产业金融创新链如表2所示。

表2　宁波市主要文旅产业金融创新链

文旅细分行业	专营金融机构	专业金融服务团队	文旅产业金融服务平台
文化制造	农业银行文创支行 甬城农商文创专营机构	鄞州银行文旅易贷团队 招商银行宁波分行江北团队	宁波市文化金融服务中心
影视动漫	农业银行文创支行 北京银行宁波分行文化金融部	中国银行宁波分行文创信贷团队	创意管家：影视行业一站式财务管理平台
旅游民宿	中国人保宁波分公司全域旅游综合保险业务部	奉化农商银行业务管理部 象山农信联社"游乐宝"服务团队 广发银行宁波分行"民宿贷"团队	宁波市文化金融服务中心；宁波文旅保险创新中心
文旅产业园区	宁波市文创小额贷款有限公司	中官路双创大街普惠金融"慧谷创业贷"团队 宁波7号梦工场产业园服务团队	宁波文旅金融服务中心（宁波民和文化产业园）

资料来源：根据"2021宁波文化金融合作创新总评榜"评选结果整理。

四 宁波市文化金融发展的主要短板与对策建议

（一）宁波市文化金融发展的主要短板

1. 信息不对称问题依然显著

金融机构不熟悉小微文旅企业的业务模式，无法对小微文旅企业进行风险评估。同时小微文旅企业对金融业务不了解，不重视企业财务管理，导致无法获得金融机构的关注。

2. 信贷资源配置普遍失衡

文旅企业规模通常不大，所需资金也不多。金融机构则习惯于向优势文旅企业、有充足抵押的文旅企业发放贷款，对单个小微文旅企业无充足抵押的小额贷款需求兴趣不高。因此宁波市小微文旅企业的信贷需求仍然十分强烈。

3. 文化金融认知不清晰

金融机构通常不会对文旅企业进行细分行业分析，往往一概而论，对于细分文旅行业的定制化金融服务尚处初级阶段。相应地，文旅企业只对银行贷款感兴趣，对自身的诸多风险没有全面的了解，造成了一谈及文化与金融合作就限定在如何获得银行贷款上，而对创投、保险、融资租赁等金融服务要么不了解，要么低估其作用和价值。

（二）宁波市文化金融发展的对策建议

1. 加强组织领导

认真总结国家文化与金融合作示范区创建的成功经验，完善国家文化与金融合作示范区创建联席会议制度，完善信息互通渠道，定期通报重大工程建设进度，加强部门协作。建立和完善全市文旅企业、文旅产业金融相关数据统计机制，建立健全以市场为主导的文化金融服务评价指标体系，精准化制定文旅企业财政金融资助标准。

2. 规范行业治理

提高中小文旅企业"入园率",加大对小微文旅企业园区各项金融扶持优惠政策的宣传力度,鼓励园区提供专业化的服务、指导和培训,帮助中小文旅企业逐步建立和完善合规的财务制度和管理体系,解决融企信息不对称问题,为中小文旅企业对接金融服务提供有利条件。

3. 优化行业环境

大力发展提供文化经纪代理、评估鉴定、技术交易、推介咨询、担保拍卖等中介服务的机构,鼓励相关文旅科技企业合规采集、使用和共享文旅产业动态数据,建立政府、银行、保险、资本市场等多部门联动的文旅企业信用信息共建共享机制,探索各机构文旅企业信用评价标准协同联动。

4. 实现科技赋能

基于小微文旅企业园区、产业互联网平台、供应链等的管理模式,运用电子合同技术、电子发票技术以及网络大数据技术、区块链技术、物联网技术等,实现中小文旅企业精准画像,通过证券化、标准化、可流转化的金融创新,实现实时、低成本的金融服务,便利中小文旅企业融资。

参考文献

《推进文化与金融合作助力文旅产业高质量发展——浙江省宁波市争创国家文化与金融合作示范区见实效》,《中国旅游报》2020年1月27日。

杨晓君:《企业服务丨浙江宁波:"两个体系"让金融活水润泽文旅企业》,"文旅中国"百家号,2021年8月24日,https://baijiahao.baidu.com/s? id=17089393907111 19739&wfr=spider&for=pc。

滕帆等:《文化与金融合作发展:宁波实践与经验》,浙江大学出版社,2022。

朱孟进:《创新供应链金融 助推宁波实体经济发展》,《宁波通讯》2019年第21期。

顾江:《文化产业研究:高质量发展》,南京大学出版社,2020。

李勇辉、刘卫江:《"文化创意+"金融业融合发展》,知识产权出版社,2019。

刘克、张琦:《文化产业与科技、金融融合发展》,经济管理出版社,2020。

B.14
2021年成都市文创金融发展报告

谭 莹 刘照晖 蒲盈吟 *

摘 要： 在建设世界文创名城和打造"三城三都"城市标识征程中，成都以创建国家文化与金融合作示范区为指引，通过不断深化文创金融融合创新，促使成都文创产业呈现蓬勃生机，文创产业增加值在2021年首次突破2000亿元，实现2016~2021年平均复合增长26.8%。"十四五"时期，成都正全面开启建设社会主义现代化城市新征程，持续构建以"债权融资+股权投资+路演孵化+金融科技"四大路径为支撑的成都文创金融生态体系，充分部署"数字文创"等重点文创产业领域，把握文创金融新的历史方位和发展方位，准确识变、科学应变、主动求变，以创新适应发展动力、趋势、环境、格局的新变化。

关键词： 文创产业 文创金融 数字文创 "文创通" 成都市

一 成都市文创金融发展概况

（一）文创产业规模不断扩大，产业布局持续优化

在一系列政策引导下，近年来成都文创产业不断迭代升级。成都政

---

* 谭莹，成都市委宣传部产业发展处处长，成都市文化产业发展促进中心副主任。刘照晖，成都市委宣传部产业发展处干部。蒲盈吟，成都市文化产业发展促进中心干部。

务公开数据显示，成都文创产业增加值从 2016 年的 633.6 亿元增长到
2021 年的 2073.84 亿元，增幅超 2 倍，年均复合增长率 26.8%（见表
1）。2020 年，文创产业增加值占成都地区生产总值的比重首次突破
10.0%，同比增幅高达 23.7%[①]。2021 年，成都文创产业增加值实现
2073.84 亿元，首次突破 2000 亿元大关，占全市地区生产总值的
10.4%，同比增长 14.8%，文创产业已成为成都新兴支柱产业和重要经
济增长点。

表 1 2016~2021 年成都文创产业增加值变化情况

单位：亿元，%

年份	文创产业增加值	占地区生产总值比重	同比增幅
2016	633.60	5.20	27.30
2017	793.00	5.71	25.20
2018	1172.90	7.64	47.90
2019	1459.80	8.58	24.50
2020	1805.96	10.19	23.70
2021	2073.84	10.40	14.83

资料来源：《关于印发〈成都市"十四五"世界文创名城建设规划〉的通知》。

　　从行业布局来看，成都重点发展传媒影视、创意设计、音乐艺术、信息
服务、文体旅游等八大核心领域。成都政务公开数据显示，2021 年信息服
务、创意设计、现代时尚、传媒影视标准以上（含规模以上）增加值增幅
较为明显，均超过 15%。在大力支持重点领域发展的基础上，成都将依托
各优势细分领域的蓬勃发展，持续构建完善特色鲜明、附加值高、原创性
强、成长性好的现代文创产业体系。

　　从区域发展来看，高新区、锦江区、金牛区、青羊区、武侯区五大
城区的文创产业发展优势突出。五大城区文创产业增加值合计占全市的

---

　　① 本报告文创产业数据按照《成都市文化创意产业分类目录（修订版）》进行统计。

57.39%，其中，高新区得益于区域内大型企业，文创产业增加值占比最高，以527.03亿元占比25.41%；武侯区增幅最为明显，近5年文创产业增加值从26.49亿元增长到143.24亿元，增长了4.41倍；青羊区作为传统的文旅大区和金融业强区，在文创金融基础设施方面先行先试，依托建设"文化和旅游金融服务中心"，搭建文创路演项目平台，畅通文创企业融资渠道，2021年实现文创产业增加值150.66亿元，占成都文创产业增加值的比重达7.26%。整体上看，成都全域文创产业发展新格局在不断优化，文创产业集群化、特色化、差异化发展呈现出良好态势。

（二）金融能级位势不断提升，创新转化能效显现

成都以建设西部金融中心为指引，以服务实体经济、防控金融风险、深化金融改革为主要任务，推动西部金融中心能级位势不断提升。成都金融机构聚集、金融总量情况均处于西部领先位置，为文创金融发展提供了良好条件。2016～2021年成都金融业呈现稳步增长的态势，金融业增加值年均复合增长率达10.39%。2021年成都实现金融业增加值2271.6亿元，同比增长6.10%。截至2021年12月末，成都金融机构人民币存款余额为46639亿元，同比增长10.40%。其中，住户存款余额为19020亿元，同比增长11.30%；金融机构人民币贷款余额为45140亿元，同比增长13.70%。

伴随金融业发展，金融服务助推产业创新转化能效明显。2020中国"双创"金融指数（CIEFI）显示，成都金融综合排名全国第六、中西部第一，其中，"双创"金融生态表现尤为突出，得分全国排名第五，仅次于京沪深广四大一线城市。截至2020年6月末，成都共有各类金融机构及中介服务机构2700余家，地方金融组织近400余家。截至2021年8月末，注册在成都的私募基金机构共有388家，管理规模1574.24亿元，投出项目1574个。

（三）文创金融融合成果显著，投融资市场更显活跃

1. 文创产业融资：整体发展态势良好，领域集中特性明显

文创产业融资事件数、融资规模双向回升，股权渠道集中发力。2019~2021年，成都文创产业通过私募股权融资、上市再融资、债券、上市首次募资、信托、新三板融资、众筹等渠道共发起191起融资事件，融资规模达196.51亿元。2021年，成都文创产业融资发展态势良好，融资事件数、融资规模分别同比增长57.45%、137.75%，达到74起、100.52亿元（见图1）。从融资渠道看，私募股权融资表现强劲，为产业融资36.94亿元，已上市文创企业发行股票再融资34.58亿元，上市首次募资18.97亿元。

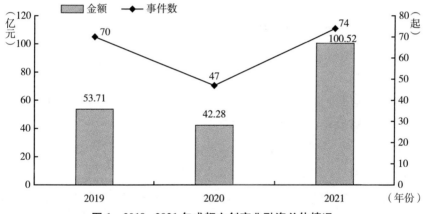

图1 2019~2021年成都文创产业融资总体情况

说明：因银行信贷数据未公开披露，计算各渠道融资总规模时未计入银行信贷数据；为统一标准，本报告中涉及投融资数据分析时，产业分类均采用《文化及相关产业分类（2018）》标准。

资料来源：中国文化金融数据库（CCFD）。

融资领域分布相对集中。2019~2021年，成都文创产业融资资金主要流向投资与资产管理、广告服务、文化科研培训服务、互联网信息服务等4个细分领域，4个细分领域合计融资139.16亿元，占成都文创产业融资规模的70.82%（见图2）。

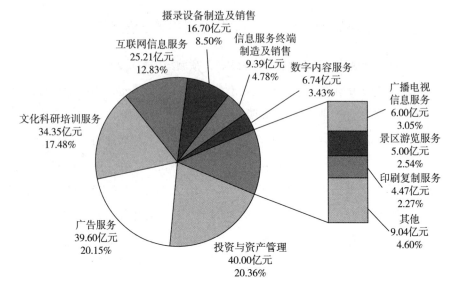

图2　2019~2021年成都文创产业融资领域分布

资料来源：CCFD。

成都整体融资规模超越广州、宁波，内部融资城区分布集中。2019~
2021年，虽然成都文创产业融资取得一系列成绩，但相比北京、深圳、
上海等文创金融发展较好的城市，仍处于追赶阶段，整体融资规模优势不
够突出。从2021年看，成都文创产业融资规模超过广州、宁波，低于北
京、上海、深圳等城市。从成都文创产业融资规模城区分布看，2019~
2021年，高新区成绩最为优异，发生融资事件75起，占成都文创产业融
资事件数的39.27%；融资规模91.26亿元，占成都文创产业融资规模的
46.44%（见图3）。

2.文创企业投资：挂牌、上市文创企业投资事件多，文化科研培训服务
投资力度大

挂牌、上市文创企业投资事件最多，投资活跃性强。近年来，成都新三
板挂牌、交易所上市文创企业积极开展投资活动，借助资本力量整合资产，
加速发展壮大。2021年，挂牌、上市文创企业投资活跃性增强，投资事件数
同比增长21.28%，达57起；挂牌、上市文创企业在投资端资金收紧，投资规

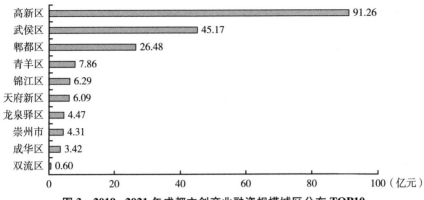

图3 2019~2021年成都文创产业融资规模城区分布TOP10

资料来源：CCFD。

模同比下降24.17%，投入资金20.90亿元（见图4）。从成都主要城区的挂牌、上市文创企业投资扩张力度来看，2019~2021年，锦江区、郫都区、武侯区挂牌、上市文创企业投资规模居于各城区前3位（见图5），锦江区、武侯区、高新区挂牌、上市文创企业投资事件数高于其他区域。

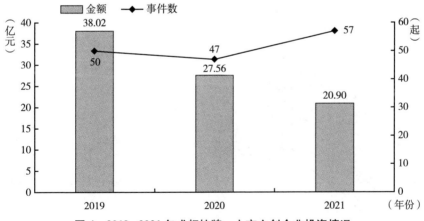

图4 2019~2021年成都挂牌、上市文创企业投资情况

资料来源：CCFD。

文化科研培训服务投资规模始终保持最大。2019~2021年，开展投资活动的挂牌、上市文创企业主要涉及11个领域，文化科研培训服务、信息服

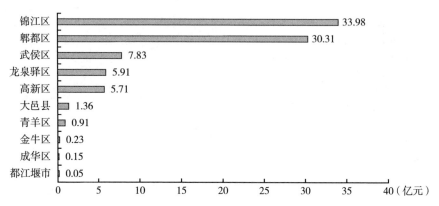

图5 2019~2021年成都主要城区挂牌、上市文创企业投资规模TOP10

资料来源：CCFD。

务终端制造及销售领域投资力度明显大于其他领域，分别涉及资金32.92亿元、26.88亿元（见图6）。其中，文化科研培训服务领域的投资表现强劲，近3年依次投资10.74亿元、11.02亿元、11.16亿元，始终居于首位，并保持上升态势，显示出强烈的扩大投资信心。

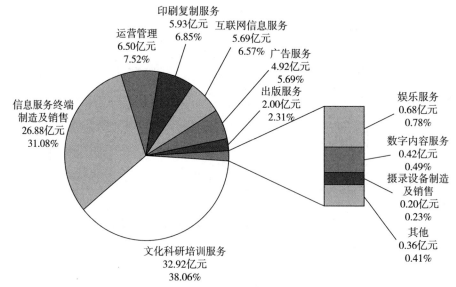

图6 2019~2021年成都各领域挂牌、上市文创企业投资情况

资料来源：CCFD。

二 成都市文创金融政策生态体系建设概况

在加快建设世界文创名城、全面打造"三城三都"城市标识的指引下，成都紧抓金融要素支持，持续构建以"债权融资+股权投资+路演孵化+金融科技"四大路径为支撑的成都文创金融生态体系，打造出文创金融服务的"成都模式"，为文创产业高质量发展强化资本支撑与保障。

（一）强化政策引领，连通文创金融要素市场路径

近年来，成都制定并实施了一系列政策文件，持续推动文创金融深度融合，营造良好的文创金融营商环境。2020年11月，成都市委宣传部、成都市地方金融监管局等联合出台《关于深入推进文创金融合作 高质量发展文创产业的实施意见》，提出鼓励金融机构针对龙头文创企业创新发放并购贷款，开展供应链金融业务。针对中小微文创企业特点，创新开发以专利权、商标权、著作权等无形资产为质押的贷款产品；针对文创企业创始人、高管团队开发用于文创企业经营发展的信贷产品"文信贷"；针对知名手艺人、艺术家、设计师推出信贷产品"匠人贷"。鼓励保险机构开发针对文创产业项目风险的"文创保"系列保险产品和专属服务。2022年，成都市文产办、成都市文广旅局联合印发《成都市"十四五"世界文创名城建设规划》。该规划明确文创金融深度融合的重点工程，提出全面提升文创金融服务水平，深化文创金融合作体制机制创新，探索文创金融发展的新领域、新路径、新模式，促进金融资源与文创资源高效对接，创建国家文化与金融合作示范区。

（二）加强投贷联动，支持中小文创企业蓬勃发展

成都聚焦文创产业13个门类8个重点领域，设立1亿元文创风险补偿资金池，实行风险分担；成立中西部首家文创银行，创新开发"文创通"贷款产品；探索建立"能贷、敢贷、愿贷"长效机制；开展"文创通同舟

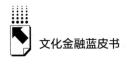
行动"，推动贷款利息和担保费"双降双补贴"。截至 2021 年 12 月 31 日，"文创通"贷款产品累计支持文创企业 248 家，贷款金额超 19.8 亿元，首贷比例超过 46.0%。设立中西部首只文创基金——成都文创产业发展投资基金，利用子基金赋能本地项目，母基金直接投资本地项目，培育潜在的"瞪羚企业"和"独角兽企业"。首期母基金规模达 26 亿元，累计立项 36 只子基金，已完成擎天云（成都）科技、懒熊严选、爱分类 3 个项目对成都的返投落地。调研了 316 个本地项目，推荐了 39 个项目以引导子基金直投，已完成对成都驴迹文旅的子基金直投，积极开展与文创支行投贷联动"破冰行动"。

（三）深化上市培育，培优扶强链主龙头文创企业

成都市委宣传部（市文产办）联合金融监管机构、证券交易机构和知名高校，挂牌成立成都市文创企业上市培育基地，定期举办文创金融课程、开展文创企业上市培训，提供投融资对接、辅导上市和互动交流服务，旨在打造一批具有上市挂牌能力的链主龙头文创企业，赋能一批国际化、高素质、复合型的文创产业经营人才。2020 年，该基地开展了 4 期文创企业上市培训，面向成熟型、成长型、创业型文创企业等分领域、分梯度集中授课，介绍主板及香港市场、创业板及中小板、新三板及四板市场上市挂牌机遇，共有 200 多家文创企业的负责人和 70 家各级单位的负责人报名参加。2021 年 12 月，成都再次联合北京大学光华管理学院、四川省投资基金业协会，联动沪深证券交易所、北交所新三板西部基地，开展成都文创企业上市培育基地暨投融对接专项行动，通过精准摸排，将全市 221 家文创企业纳入上市培训计划，吸引准"独角兽企业"晓多科技、华栖云，准上市辅导期企业中科大旗、菲斯特科技，数字文创企业新飞翔、可可豆，MCN 机构 OST 传媒、华星璀璨等多家上下游产业链行业龙头、潜力中小文创企业加入"建圈强链"，进行培育扶持。该基地还聘任普华永道、毕马威、国泰君安、前海母基金等机构的 22 位合伙人级资深导师组建"成都文创企业上市培育金融导师团"，并发布《2021 成都文创企业上市潜力报告》等调研成果。

（四）打造文创路演"孵化器"，推动资本赋能产业新发展

成都创新组建成都天府文创金融科技有限公司，打造每经国际文创金融路演中心。该路演中心通过组建专业公司，搭建固定路演平台，形成固定路演时序，开展常态化路演，建立了由 86 位创业导师组成的联盟和由 340 家投资机构组成的联盟。2021 年全年，成都开展"天府文创·锦绣云上"主题大中型文创路演 20 场以及线下小型对接活动 60 余场，通过"线下路演+线上直播"形式，向国内外投融资机构推介成都文创产业特别是数字文创产业新赛道、新平台、新场景、新企业、新产品、新品牌，实现"周周见项目、月月有路演"，深度服务文创企业超 400 家，线下路演现场人数超 4000 人，线上观看超 2000 万人次，网络访问点击量累计超 1.5 亿次，帮助本土文创企业获得投融资超过 3.8 亿元，实现"资本在这里找项目，项目在这里获资本"的建设目标。

（五）建强文创金融"云平台"，贯通文创政务投融资新渠道

成都紧跟金融科技、数据资产发展趋势，打造"政务+投融资服务""天府文创云"平台，致力实现"办文创事，上文创云"。通过"产业信息、资金扶持、投融对接"三大模块，线上化提供国家、省（区、市）的各级政策、机会清单和产业地图；平台化提供市级文产专项资金申报、"文创通"贷款产品申办、天府文创基金商业计划提交等服务；专业化提供路演项目直播、项目投融资机构对接、企业上市辅导培训课程、第三方中介机构服务等一站式整合服务。建立成都文创数据资产库，实现成都规模以上文创企业"上云"，运用大数据进行智慧管理，实现分类整理、有机更新、集中展示和有效链接。截至 2021 年 12 月末，"天府文创云"平台已与四川省投资基金业协会、成都市创投协会、成都数字文创产业联盟达成合作，汇聚超过 500 家投资机构、超过 1000 个优质文创项目。

三 成都市重点渠道文创产业投融资成果

（一）私募股权：成长性强，领先优势逐渐凸显

1.市场环境逐步优化，文创产业私募股权融资市场发展向好

在证监会发布《关于加强私募投资基金监管的若干规定》、进一步规范基金行为，市场环境进一步优化的背景下，2021年成都发生文创产业私募股权融资事件31起，融资规模达36.94亿元，分别同比增长40.91%、544.68%[①]（见图7），市场整体发展向好。从主要城市横向对比来看，成都文创产业私募股权融资市场表现出一定领先优势，2019~2021年以75起事件融资54.97亿元，处于第二梯队的头部位置，但与北京、上海、深圳等第一梯队城市数百亿元的融资规模相比，仍有一定上升空间；从年度纵向对比看，2021年，成都在主要城市中的排名由2020年的第六上升至第五，超越广州（30起融资事件融资10.69亿元），成为第二梯队头部城市。

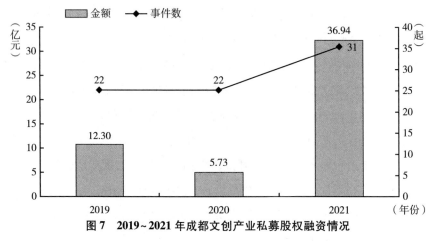

图7 2019~2021年成都文创产业私募股权融资情况

资料来源：CCFD。

---

① 由于2021年新潮传媒完成4亿美元的大额融资，融资规模同比大幅增长。

2. 互联网新兴文创业态成资本关注焦点，且投资热度持续上升

2019~2021 年，成都文创产业私募股权融资多集中在新兴文创领域，融资表现十分活跃。2021 年，成都数字内容服务、互联网信息服务分别发生融资事件 19 起、4 起，分别同比增长 137.50%、33.33%，合计占文创产业总融资事件数的比重由上年的 50.00%增长到 74.19%，融资活跃度持续上升；合计融资规模也由 1.36 亿元增长到 6.98 亿元（见表 8）。即使是在新冠肺炎疫情影响下，成都互联网新兴文创业态依旧是资本关注的焦点，并且投资热度持续上升。

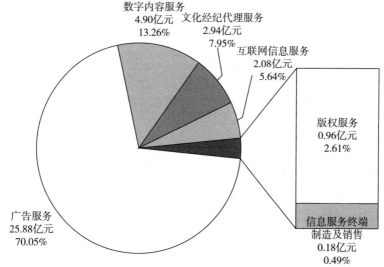

图 8　2021 年成都文创产业私募股权融资规模行业分布情况

资料来源：CCFD。

（二）新三板：整体平稳，伴随改革市场升温

1. 新三板文创企业融资事件数、规模提升，市场明显升温

受资本寒冬、新三板监管趋严等因素影响，近几年成都新增挂牌新三板文创企业数量波动不明显，2021 年新增挂牌新三板文创企业 1 家，与 2019 年数量持平，较 2020 年有所增长，市场整体表现平稳。随着新三板改革逐步深化及疫情防控逐步常态化，新三板文创企业融资态势整体向好。2021 年，成都新三板文创企业共发生 5 起融资事件，融资规模为 1.98 亿元（见

图9），市场活力大幅提升。从主要城市来看，2021年，成都新三板文创企业融资规模首次超越北上广深等一线城市的融资规模，跃居主要城市之首。

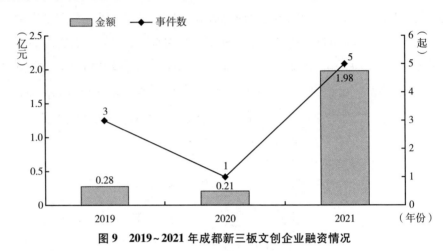

图9 2019~2021年成都新三板文创企业融资情况

资料来源：CCFD。

2. 新三板文创企业投资事件数增长，活跃度提升

2019~2021年，成都新三板文创企业整体投资能力相对较强，投资规模在主要城市中排第3位，仅次于北京、上海（见图10）。2021年，成都新三板文创企业投资规模同比下降52.16%；投资事件数有所上升，共计发生投资事件35起，同比增长29.63%。

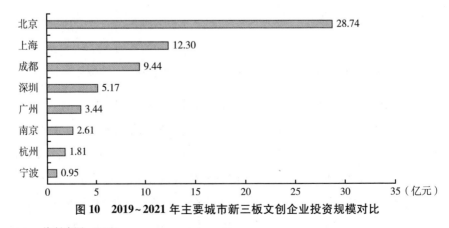

图10 2019~2021年主要城市新三板文创企业投资规模对比

资料来源：CCFD。

（三）上市：政策利好，IPO 融资与再融资发展向好

1. 文创企业 IPO 融资市场整体趋暖，已上市文创企业投资相对谨慎

在注册制改革逐步推进、疫情防控常态化及一系列利好政策颁布实施的背景下，成都文创企业 IPO 融资环境逐步改善，2021 年新增 2 家 IPO 文创企业，IPO 融资规模达 18.97 亿元，高于前两年融资水平，市场整体回暖。其中，位于高新区的极米科技是国内智能投影设备龙头企业，其 16.70 亿元的 IPO 融资规模占 2021 年成都文创企业融资规模的 80%以上，龙头企业对 IPO 融资市场的带动效应十分明显。川网传媒是四川省门户网站、四川省政务新媒体等平台的运营主体，是高新区的互联网信息服务企业，IPO 融资规模达 2.27 亿元，新兴文创业态表现出较强的 IPO 融资积极性。

从已上市文创企业投资来看，2019~2021 年，成都上市文创企业投资规模逐步下滑，由 2019 年的 30.67 亿元下滑至 2021 年的 20.23 亿元。其中，2021 年，成都上市文创企业的投资规模同比下降 22.64%，投资事件数反向增长 10.00%（见图 11）。整体来看，成都上市文创企业投资行为仍相对谨

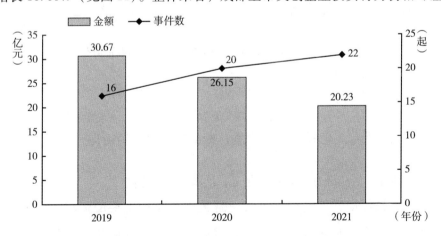

图 11　2019~2021 年成都上市文创企业投资情况

资料来源：CCFD。

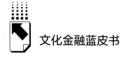

慎，但投资活跃度有所上升。

2. 政策进入放松周期，上市文创企业再融资市场发展向好

在疫情负面影响逐步消退及《发行监管问答——关于引导规范上市公司融资行为的监管要求》《关于修改〈上市公司重大资产重组管理办法〉的决定》等一系列政策不断释放宽松信号的背景下，成都上市文创企业再融资规模逐渐呈现增长态势。2021 年，成都上市文创企业共发生再融资事件 5 起，融资规模为 64.38 亿元，分别同比增长 150.00%、295.21%（见图 12），市场涨势明显。

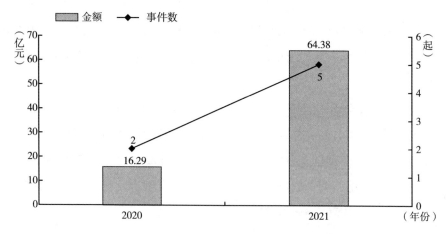

图 12　2020 年和 2021 年成都上市文创企业再融资情况

资料来源：CCFD。

（四）债券、信托：规模收紧，渠道拓展水平有待提升

1. 债券、信托融资规模超 50 亿元，活跃度保持平稳

除了银行贷款外，债券、信托是文创产业最重要的债权融资方式。2019～2021 年，成都文创产业通过发行债券、信托融资 54 亿元。从融资活跃度看，整体表现平稳，各年度融资事件数变化不大；从融资规模看，文创产业对债券、信托渠道的侧重性降低，2020 年、2021 年文创产业在这 2 个渠道的融资规模均有所下滑，尤其是 2021 年的融资规模下滑明显（见图 13）。

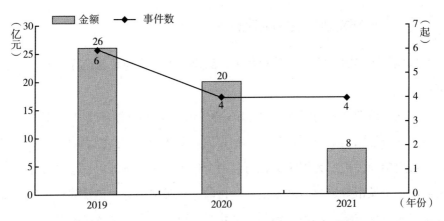

图 13　2019~2021 年成都文创产业债券、信托融资情况

资料来源：CCFD。

2. 武侯区竞争优势明显，融资活跃度及融资规模均居首位

从成都文创产业债券、信托融资城区分布来看，武侯区融资活跃度最高、融资规模最大，以 45 亿元的融资规模占据成都 83.33% 的市场（见图14），单起事件融资规模远高于成都平均水平。

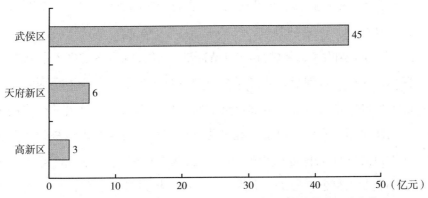

图 14　2019~2021 年成都文创产业债券、信托融资规模城区分布情况

资料来源：CCFD。

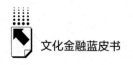
四 成都市文创金融发展面临的机遇与挑战

（一）成都文创金融发展适逢机遇，潜力巨大

1. 成都入选国务院督查激励名单，创建国家文化与金融合作示范区大有可为

文化和旅游部发布《关于2021年度文化产业和旅游产业工作拟激励地市名单的公示》，拟将成都等10个地市列入国务院督查激励名单，并在2年内落实包括择优确定为国家文化与金融合作示范区、额外申报国家文化和旅游消费示范城市等多方面激励措施。目前，成都文创金融体系建设已经取得了重要阶段性成果，具备创建国家文化与金融合作示范区的基础条件，这也将给成都文创金融发展带来更多机遇。

2. 政策红利叠加新基建提速，为文创产业数字化转型带来更大发展空间

成都印发《成都市数字文化创意产业发展"十四五"规划》，抢抓5G、人工智能、云计算等新型基础设施建设提速的发展机遇，全力打造中国最适宜数字文创发展城市。未来，新一代信息技术与文创产业的加速融合发展将催生更多数字文创新业态及新投资风口，也将给成都数字文创产业转型升级带来新的切入口，发展空间巨大。

3. 全面注册制改革即将施行，"专精特新"文创企业将迎更多上市机遇

伴随创业板、科创板、北交所注册制改革逐步落地，我国全面实施注册制的条件已经基本成熟，全面注册制时代即将来临。与过去的核准制相比，全面注册制的实施可以极大地简化上市流程，提高上市审核效率，文创企业上市融资环境将进一步优化。根据北交所聚焦"专精特新"等创新型中小企业、科创板服务"硬科技"、创业板强调"三创四新"的市场定位，未来成都"专精特新"类文创企业、科技创新型文创企业将迎来更多上市机遇。

（二）成都文创金融发展面临挑战，有待攻坚

1. 政策宣传及贯彻力度不足，政策辐射及实施效果有待进一步提高

目前，"文创通"、文创基金、"天府文创云"等平台的扶持政策的宣传推广及贯彻落实力度相对不足，相关政策的公众认知度有待进一步提高，覆盖范围有待进一步扩大。以"文创通"为例，目前，许多文创企业对"文创通"的申请及审批条件、流程等细节了解不足，相关扶持举措有待进一步完善。

2. 绩效考核激励机制待完善，文化金融服务平台整体运营效率较低

目前，"文创通"、文创基金、"天府文创云"等平台的管理工作均集中在国有企业旗下，存在管理团队专业性欠缺、对文创产业的敏锐度及认知度不足等问题。并且，国有企业缺乏有效的绩效考核激励机制，导致文化金融服务平台整体运营效率相对较低。

3. 文创金融专营机构数量不足，文创金融基础设施建设有待完善

目前，虽然成都文创金融生态体系已经初具雏形，但文创金融基础设施建设仍有待进一步完善。一方面，与北上广等地区相比，成都文创金融专营机构数量相对较少。另一方面，成都商业银行、担保公司等机构的文创金融专营业务占比相对较小，文创金融服务的供给量、服务效率、创新能力等均有待提高。

五　成都市文创金融发展对策建议

（一）加大政策宣传贯彻力度，提高文创金融政策转化效率

一是线上线下结合，加大政策宣传推广力度。线下举办常态化文创金融政策培训、政策宣讲会等活动，线上借助"天府文创云"、市级宣传媒体等平台，以线上线下结合的方式，进一步扩大政策宣传覆盖面和影响力。

二是宣传与对接结合，提高政策转化率。用好每经国际文创金融路演中

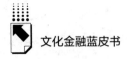

心、"天府文创云"等平台,定期组织中小微文创企业融资能力提升讲座、政银企投融资对接洽谈会等活动,有效拓宽文创企业的融资渠道,提高政策转化率。

三是政策强化与优化相结合,提高政策服务能级。定期调研文创企业的融资需求及发展问题,在现有基础上,进一步完善相关扶持举措。针对"文创通"政策,加快建立针对文创企业特点的专项审核机制,进一步细化政策支持对象类型及配套审批标准。

(二)聚焦文创产业关键领域,精准实施文创企业梯度培育计划

一是探索制定文创企业梯度培育清单,实施分类指导及精准培育。全面梳理成都文创产业未来发展重点领域,联动金融、法律、审计、财务、咨询等专业机构,共同研究形成文创企业梯度培育清单。针对不同领域、不同发展阶段的文创企业实施分类指导和有针对性的培育政策,重点支持数字文创、创意设计等文创产业优势赛道、朝阳领域。

二是制订关键领域龙头企业倍增计划,提升区域龙头企业竞争力。针对数字文创、创意设计等关键领域,每年遴选一批注册地设在成都、市场占有率较高、核心竞争力较强、发展前景较好的文创企业进入重点培育名单,实施"一企一策"等扶持举措,力争在3~5年内实现文创企业营收规模、效益指标的倍增,做大做强一批新兴文创领域的龙头企业,提高成都文创领域龙头企业的竞争力。

(三)建立绩效考核激励机制,提升文创金融体系服务能级

一是建立国有投融资服务平台绩效考核激励机制。针对"文创通"、文创基金、"天府文创云"等国有平台的基础条件、资源、管埋水平、服务水平、业务规模、服务效果等方面,设计定性或定量考评指标,由市属国有企业统一对下属直管平台进行定期绩效考核,并根据考核结果给予平台不同的奖惩措施,提升平台使用率及服务效率。

二是建立文创企业与金融机构"股权+债权"投融资双向奖励机制。在提

供债权融资扶持的基础上，进一步完善股权融资奖励机制，逐步形成覆盖"股权+债权""投资+融资""文创企业+金融机构"的双向奖励机制。在文创企业获得金融机构股权融资后，采用现金奖励、贴息、贴租等形式，对融资规模或业务规模达到一定标准的文创企业及金融机构进行双向奖励。

三是建立与文创金融业务挂钩的金融机构绩效考核奖惩机制。对与平台合作的金融机构实行绩效考核奖惩机制。按文创金融业务增量、产品服务创新性、服务效率等指标，每年对合作的银行、担保、保险等金融机构进行文创金融业务绩效考核。对文创金融业务增量明显、创新性突出、服务效率较高的优秀金融机构给予一定的现金奖励、补贴等；对不合格的金融机构采取退出机制，督促和引导金融机构进一步提升服务文创企业的能力，从而提高成都文创金融服务产业发展水平。

专题篇
Special Reports

B.15
中国数字藏品发展现状和问题分析

包璐 董杰 韩兆辉*

摘　要： 2021 年以来，基于区块链技术的数字藏品逐渐进入我国大众视野，得到相关行业、市场、媒体、创作者的深度关注。数字藏品是一种全新的商业形态，并具备一定的资产属性，政府相关部门出于对社会经济及金融秩序稳定等因素的考量，目前仍处于对数字藏品行业的观察阶段，尚未出台行业政策、制定相关法律法规。随着行业发展，数字藏品市场已经逐渐暴露一些行业乱象和侵害消费者权益的问题，需要相关部门和各市场主体予以关注，在考虑行业风险的同时重视新兴市场价值，并维护市场良性发展。

关键词： 文化产业　文化金融　数字藏品　区块链技术

---

* 包璐，内蒙古艺术学院文化艺术管理学院教师，中国文化金融 50 人论坛成员。董杰，内蒙古民族文化产业研究院院长，教授，博士生导师。韩兆辉，北京中邦辉杰工程咨询有限公司创始人，北京米塔维斯信息科技有限公司创始人。

　　随着国外艺术领域掀起一股"NFT 热"，国内的 NFT 领域开始备受业界关注。与国外 NFT 偏向金融资产化不同，在监管背景下，我国多数市场主体弱化了相关产品的资产属性，强调版权和权益保护功能，称 NFT 为"数字藏品"。目前，数字藏品行业处于初期阶段，作为数字化时代的产物，数字藏品需要大众充分了解其本质，在风险可控的基础上推动其良性发展。

一　数字藏品概述

（一）定义与特性

　　目前，我国尚无有关数字藏品的统一权威定义。对于数字藏品，一些行业机构给出的定义为：数字藏品是指基于区块链技术，对特定的作品（图片、音乐、文字等）进行数字化铸造而生成的唯一数字凭证；在保护其数字版权的基础上，可对其实现真实可信的数字化发行、购买、收藏和使用。而目前鲸探（蚂蚁集团旗下数字藏品平台）提供的定义为：数字藏品是指使用区块链技术进行唯一标识的进行数字化的特定虚拟作品、艺术品和商品，包括但不限于数字图片、音乐、视频、3D 模型等各种形式的虚拟数字藏品。

　　数字藏品的特性主要有以下几个。

　　唯一性：经区块链技术生成的每一个数字藏品，在入链后都将获得唯一编号，其与数字或现实世界某一资产标的相对应。

　　不可篡改性：基于区块链技术，数字藏品相关信息将存储于抗篡改的链式数据结构中。

　　可验证性：区块链技术具有公开透明的特性，用户可在区块链上查询、追溯、验证数字藏品的所有权信息。

　　稀缺性：互联网时代，信息复制现象普遍，盗版泛滥，数字化产品的价值很难得到真实反映；而基于区块链技术的数字藏品发行量有限、有唯一编码、可追溯、权属明确、不可复制，有效保证了其稀缺性。

（二）数字藏品的发展历程

1.国外发展历程

数字藏品在国外先后经历了概念期、发展初期、热潮期3个阶段。

首先是概念期（1993～2016年）。1993年，哈尔·芬尼（Hal Fenny）提出了数字藏品的原型——"加密交易卡"（Crypto Trading Cards）的概念，加密交易卡是依托加密学和数学随机排列组合形成的系列套卡，卡片可供收藏、展示与交易。这是数字资产第一次被赋予展示和收藏的功能。2014年，Counterparty（点对点的金融平台）被创立，在比特币区块链上建立了分布式开源互联网协议，该平台支持用户自行创建和发布、交易数字资产。之后，比特币区块链上出现了许多风靡一时的数字藏品应用，如模因（Meme）① 彩虹猫（Nyan Cat）区块链应用。模因可以是图片、表情包、视频、动画。

其次是发展初期（2017～2019年）。2017年6月，世界上第一个真正意义上的数字藏品——加密朋克（Crypto Punks）头像诞生，它开创性地将图像作为加密资产。而加密朋克头像的拥有者也有了"先民"般的身份象征，如今的加密朋克头像在二级市场中也被炒至天价。2017年10月，Dapper Labs团队开发了一款名为加密猫（Crypto Kitties）的加密游戏，这种算法创建的可繁殖艺术品是独一无二的，每只猫都有一个对应的编号，它曾占据以太坊16%以上的交易流量，导致以太坊网络严重拥堵，出现转账交易延迟、无法转账的状况。

最后是热潮期（2020年至今）。2020年，NBA推出明星视频数字藏品"NBA TOP SHOT"，截至2021年8月，已有20余万名粉丝和球迷购买，销售额超6亿美元。2021年，由美国数字绘画艺术家Beeple创作的艺术品数

① 模因（Meme）一词是由理查·道金斯于1976年在《自私的基因》一书中所创造，仿照"基因"（Gene）和"模拟"（Mimeme）的词形得来，用于解释文化进化的规律，用来形容在网上迅速传播并在传播中逐渐变化的内容单元。（张宗明：《模因：病毒作为解构的艺术形态》，硕士学位论文，中央美术学院，2021）。

字藏品《Everydays：The First 5000 Days》（一幅由 5000 幅图像组成的作品），在伦敦佳士得以 6934 万美元（约合 4.5 亿元）的价格拍卖成交，买家为数字藏品基金 Metapurse 创始人 Metakovan。这幅作品也成为在世艺术家作品拍卖史上价值第 3 高的艺术品，震惊全球艺术界、数字藏品圈。此后各界明星、艺术家、收藏家等都尝试通过各类数字藏品平台发布数字藏品，他们带来强大的明星效应，使得数字藏品的热度不断升高。

2021 年上半年，各大市场平台的数据显示，全球数字藏品的销售额已经达到 25 亿美元（约合 161.6 亿元），远高于 2020 年上半年的 1370 万美元（约合 8855.4 万元）。

2021 年，"NFT"一词当选《柯林斯词典》年度热门词汇第 1 名。

2. 国内的兴起

受国外数字藏品市场不断升温的影响，2021 年，数字藏品以一种全新的商业形态开始走入我国大众视野，阿里、腾讯、京东、百度、视觉中国等各路资本纷纷涌入，开始进入数字藏品国产化的探索阶段。同时，国内越来越多的互联网大厂、艺术家、品牌机构相继"拥抱"这一新事物，将音乐、艺术品、游戏皮肤、IP 等制作成数字藏品出售，常常受到消费者追捧。经过 1 年多的发展，目前我国数字藏品市场雏形初步显现。以下为 2021 年以来我国数字藏品发展历程中的典型事件。

2021 年 6 月 23 日，支付宝在"蚂蚁链粉丝粒"小程序上限量发售"敦煌飞天""九色鹿"两款付款码皮肤数字藏品，正式打开了我国的数字藏品市场。

2021 年 7 月 13 日，北京国声京剧团与传统文化数字藏品发行交易平台 FolkSpace 达成合作，并在 FolkSpace 上发行了中国第一个京剧数字藏品，双方共同探索弘扬中华优秀传统文化新出路，为弘扬中华优秀传统文化持续努力。

2021 年 8 月 2 日，幻核（腾讯旗下数字藏品 App）上线，首期限量发售 300 枚"有声《十三邀》"数字藏品。

2021 年 8 月 10 日，腾讯音乐布局数字藏品市场，铸造发行胡彦斌《和尚》20 周年纪念黑胶数字藏品，腾讯音乐成为中国首个发行数字藏品的音

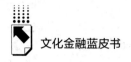

乐平台。

2021年12月17日，京东正式上线灵稀数字藏品交易平台，同时还推出了JOY&DOGA系列数字藏品作为该平台首发数字藏品，相关收益用于支持北京病痛挑战公益基金会开展困难罕见病患者公益援助等工作。

2021年12月21日，网易推出首套数字艺术藏品盲盒——"新年幸运，多元宇宙"，限量2022份。

2021年12月26日，视觉中国上线"元视觉"数字藏品平台。

2022年1月19日，基于网易区块链技术，网易星球数字藏品平台项目启动。

二 中国数字藏品类型、平台及价值

（一）数字藏品类型

我国数字藏品市场热度不断提升。目前，数字藏品已经从艺术品、博物馆、非遗、电影、音乐、潮玩潮品等多个文化领域向建筑、体育、消费品牌、公益等其他领域辐射。下面为不同应用领域的数字藏品介绍。

1.艺术品数字藏品

目前，艺术品市场是数字藏品最主要的应用场景。按照是否有实物映射，艺术品数字藏品主要分两种类型，即通过数字孪生、数字3D技术生成的"实物映射"艺术品数字藏品和数字艺术家直接创作的"原生"艺术品数字藏品。表1为国内部分艺术品数字藏品介绍。

表1　国内部分艺术品数字藏品介绍

序号	数字藏品名称	版权方或代理人	区块链	发行时间	发行数量	价格
1	齐白石作品数字特展系列（5款）	荣宝斋	至信链	2022年2月9日	每款2500份	118元

序号	数字藏品名称	版权方或代理人	区块链	发行时间	发行数量	价格
2	人民数字虎帖	灵境·人民艺术馆	—	2022年2月14日	50000份	免费
3	新华网虎年数字贺岁书画作品	范迪安、马菁汝、王克举、顾黎明、闫平	—	2022年2月15日	39890份	免费
4	颐和园四季	戴泽	蚂蚁链	2022年3月29日	各8000份	25元
5	宁静的海					
6	幸福像花儿一样					
7	奇妙动物					
8	笔绘我心					
9	古泉州海丝传奇	蔡永辉		2022年3月25日	8000份	18元
10	叶画系列（2款）	刘义桥	BSN联盟链	2022年3月22日	每款8000份	49.9元
11	春分 动画数字藏品	"文物里的中国"文物传播平台	科证链	2022年3月20日	—	99元
12	惊蛰 动画数字藏品			2022年3月5日	3000份	199元
13	"火车站的情侣"	视觉中国	长安链	2022年2月14日	999份	520元

资料来源[1]：数字藏品发售平台、媒体公开信息。

2. 文博、非遗数字藏品

博物馆、非遗机构也是数字藏品开发的主阵地。一般地，博物馆、非遗机构授权发售平台通过数字孪生、数字3D等技术将馆藏文物复刻并生成虚拟数字藏品，或利用文物IP创新生成展示博物文化的原创数字藏品。表2、表3为国内部分文博、非遗数字藏品介绍。

---

[1] 内蒙古艺术学院文化艺术管理学院学生吕孟瑶、张乃浩、王允伽为本报告的信息收集整理工作提供支持。

表 2　国内部分文博数字藏品介绍

序号	数字藏品名称	版权方或代理人	发售方	区块链	发行时间	发行数量	价格
1	新年纳福数字如意系列(8款)	沈阳故宫博物院	幻核	至信链	2022年1月21日	每款1025份	118元
2	魏晋数字壁画砖系列(6款)	甘肃省博物馆			2022年2月28日	每款2500份	98元
3	汉唐明鉴数字铜镜系列(8款)	西安博物院			2022年3月15日	每款1550份	118元
4	长沙窑数字藏品系列(8款)	湖南省博物馆			2022年3月17日	每款2520份	98元
5	豕形铜尊、"皿而全"铜方罍、虎纹铜铎	湖南省博物馆			2022年1月27日	每款10000份	19.9元
6	吴王夫差矛	湖北省博物馆			2022年1月11日	10000份	19.9元
7	院藏国宝系列(3款)	山西博物院			2022年1月19日	每款10000份	19.9元
8	黄地黑彩雁衔芦苇纹虎枕	上海博物馆			2022年1月19日	10000份	免费
9	莲花形玻璃托盏	甘肃省博物馆	鲸探	蚂蚁链	2022年1月22日	每款10000份	19.9元
10	铜奔马						29.9元
11	卧式羊形铜灯	青海省博物馆			2022年1月23日	10000份	19.9元
12	象首耳兽面纹铜罍	四川博物馆			2022年1月26日	每款10000份	19.9元
13	战国虎纹铜戈						
14	东汉陶狗						
15	亚长牛尊	殷墟博物馆			2022年1月29日	每款10000份	19.9元
16	亚址方尊						
17	司母辛鼎						
18	三星堆元宇宙典藏主题系列(27款)	三星堆博物馆	文博元宇宙	科证链	2022年2月14日	共810份	99元

资料来源:数字藏品发售平台、媒体公开信息。

表 3　国内部分非遗数字藏品介绍

序号	数字藏品名称	版权方或代理人	发售方	区块链	发行时间	发行数量	价格
1	杨柳青年画系列(2 款)	霍庆顺				每款 8000 份	
2	微缩榫卯营造·赵州桥	王震华				10000 份	
3	金石篆刻—福满神州	刘江				10000 份	
4	锦绣福蝶	张桂英	鲸探	蚂蚁链	2022 年 2 月 21 日	8000 份	19.9 元
5	锦绣福龙					8000 份	
6	百匠百福系列(3 款)	刘比建,李爱珍,金永才				每款 8000 份	
7	潍坊风筝系列(2 款)	张效东				每款 10000 份	
8	龙泉宝剑系列(2 款)	沈新培				每款 10000 份	
9	千年盛彩数字壁画系列(5 款)	敦煌文创	幻核	至信链	2022 年 1 月 23 日	每款 1638 份	118 元

资料来源：数字藏品发售平台、媒体公开信息。

3. 音乐数字藏品

目前，各平台陆续发售音乐数字藏品。2021 年 3 月，音乐人高嘉丰在 OpenSea 平台上架了一个 7 秒的音频，交易价格为 1.6 万元，高嘉丰因此成为国内发行音乐数字藏品第一人。2021 年 8 月，音乐人胡彦斌在腾讯音乐平台正式发行《和尚》20 周年纪念黑胶数字藏品，售价 199 元。数字收藏品或可成为未来音乐版权利用、品牌传播的新方式。表 4 为国内部分音乐数字藏品介绍。

表 4　国内部分音乐数字藏品介绍

序号	数字藏品名称	版权方或代理人	发售方	区块链	发行时间	发行数量	价格
1	未公开数字磁带《山羊》	张楚	TME 数字藏品	至信链	2022 年 1 月 9 日	1968 份	199 元
2	胡彦斌《和尚》20 周年纪念黑胶	胡彦斌	TME 数字藏品	至信链	2021 年 8 月 10 日	2001 份	199 元

续表

序号	数字藏品名称	版权方或代理人	发售方	区块链	发行时间	发行数量	价格
3	中国最早的交响乐唱片	上海交响乐团	鲸探	蚂蚁链	2022年3月3日	10000份	19.9元
4	国内首个AI音乐数字藏品——拜年系列歌曲	网易云音乐	网易云音乐	网易区块链	2022年1月27日	176664份	免费
5	理塘的一天音乐系列(6款)	言赞文化	鲸探	蚂蚁链	2022年1月13日	每款10000份	16.6元

资料来源：数字藏品发售平台、媒体公开信息。

4.影视动漫数字藏品

数字藏品对影视行业应用场景创新、影视作品版权保护、IP开发、宣发等方面起到积极影响。目前，国内已经有一些头部影视公司开始对电影数字藏品进行初探，如光线影业、华录百纳等。表5为国内部分影视动漫数字藏品介绍。

表5 国内部分影视动漫数字藏品介绍

序号	数字藏品名称	版权方或代理人	发售方	区块链	发行时间	发行数量	价格
1	《四海》盲盒数字藏品(5套,29张)	横店影业				每张300份	16.9/29元
2	《这个杀手不太冷静》盲盒数字藏品(3套,16张)	开心麻花影业	空相数字藏品	至信链	2022年2月15日	每张300份	16.9/19.9元
3	《狙击手》盲盒数字藏品(4套,21张)	光线影业				每张300份	16.9/29元
4	《雄狮少年》数字藏品盲盒	华录百纳	丸卡	百度超级链	2021年12月17日	14000份	免费
5	《一人之下》数字秘籍	腾讯动漫	幻核	至信链	2021年11月9日	6000份	98元
6	《好想去你的世界爱你》数字纪念票	恐龙影业	TME数字藏品	至信链	2022年2月25日	2222份	68元

资料来源：数字藏品发售平台、媒体公开信息。

5. 潮玩潮品数字藏品

潮玩潮品行业及其消费者一直是时尚潮流的引领者，对具有时代感的新生事物有敏锐的嗅觉、强烈的好奇心，他们也势必是数字藏品的尝试者。表6 为国内部分潮玩潮品数字藏品介绍。

表6　国内部分潮玩潮品数字藏品介绍

序号	数字藏品名称	版权方或代理人	发售方	区块链	发行时间	发行数量	价格
1	疯狂食客俱乐部	元智创艺	唯一艺术	Polygon	2022 年 2 月 18 日	10000 份	999 元
2	ZEN 人工智能机器人	萨克万	超维空间	蚂蚁链	2022 年 2 月 12 日	各 3000 份	19.9 元
3	CHIKA 琪卡						
4	赛博不夜城	cVv-INF	元视觉	长安链	2022 年 2 月 11 日	800 份	29.9 元
5	潮玩手绘滑板限量版	数藏中国	数藏中国	文昌链	2022 年 2 月 11 日	3333 份	15.9 元
6	新春太空翱翔系列数字藏品（12 款）	腾讯新闻	幻核	至信链	2022 年 1 月 30 日	每款 500 份	免费
7	迅雷潮好玩	迅雷	迅雷	迅雷链	2022 年 2 月 18 日	10000 份	19 元
8	国家公园阿吉系列	赏文化	红果数藏	智臻链	2022 年 3 月 9 日	12000 份	29 元
9	K&M 玩偶花园派对洋娃娃	52TOYS	鲸探	蚂蚁链	2022 年 3 月 7 日	10000 份	19.9 元

资料来源：数字藏品发售平台、媒体公开信息。

6. 体育数字藏品

在 2022 年北京冬奥会期间，数字藏品赋能体育也得到了实现。为弘扬体育精神、传递冬奥文化和品牌文化，国内多个不同类型的行业机构相继发行了冬奥主题的体育数字藏品，这些数字藏品一经上市便快速售罄。表7 为 2022 年北京冬奥会主题数字藏品介绍。

表7　2022 年北京冬奥会主题数字藏品介绍

序号	数字藏品名称	版权方或代理人	区块链	发行时间	发行数量	价格
1	奥运云徽章数字藏品	阿里巴巴	蚂蚁链	2022 年 2 月 5 日	8888 份	VIP 兑换
2	冰雪运动 3D 数字藏品系列（4 款）	中体数科	蚂蚁链	2021 年 12 月 16 日	每款 8000 份	19.9 元

续表

序号	数字藏品名称	版权方或代理人	区块链	发行时间	发行数量	价格
3	"十二生肖冰雪总动员"数字纪念票	腾讯音乐 中央广播电视台	至信链	2022年2月15日	24000份	29.9元
4	"冠军闪耀2022"数字藏品	伊利	至信链	2022年1月20日	2039份	免费
	植选·京韵冬奥主题包装数字藏品			2022年2月5日	1500份	免费
5	"非人哉"冬季限定数字藏品	腾讯 分子互动	至信链	2022年1月25日	8124份	68元
6	冬奥数字雪花NFT	小红书	至信链	2022年2月5日	80000份	免费
7	2022中国冰雪头像数字藏品	网易	网易区块链	2022年1月27日	163份	VIP兑换
8	"喜迎冬奥"线上数字艺术藏品系列(8款)	红洞科技	趣链	2022年2月5日	每款6000份	19.9元
9	猫虎迎奥数字藏品系列(7款)	瓣鼎网络	Unionchain	2022年2月9日	每款1000份	9.9元
10	"冰雪溢彩"数字藏品	百度	百度超级链	2022年2月1日	不限	免费

资料来源：数字藏品发售平台、媒体公开信息。

7. 消费品牌数字藏品

数字藏品具有品牌赋能的价值，部分汽车、酒类、饮料消费品牌已开始"拥抱"数字藏品，把其视为一种全新的品牌推广模式。表8为国内部分消费品牌数字藏品介绍。

表8 国内部分消费品牌数字藏品介绍

序号	数字藏品名称	版权方或代理人	发售方	区块链	发行时间	发行数量	价格
1	"百家合"数字藏品系列(100款)	王老吉	阿里拍卖	蚂蚁链	2022年1月30日	每款1份	拍卖
2	荣威元宇宙	上汽荣威	上海国际商品拍卖有限公司	—	2022年1月23日	1份	拍卖成交价100万元

续表

序号	数字藏品名称	版权方或代理人	发售方	区块链	发行时间	发行数量	价格
3	汽车机器人欧尚Z6	长安欧尚	幻核	至信链	2022年1月29日	666份	免费
4	平行幻象	一汽奥迪	iBox	公链	2021年11月17日	33份	免费
5	美好多宇宙NFT艺术品	奈雪的茶	咖菲科技	趣链	2021年12月7日	300份	59元
6	梦之蓝手工班(大师)	洋河股份	元之蓝星球	—	2022年3月4日	1368份	13.68元
7	清风花萃数字藏品系列(5款)	清风	幻核	至信链	2022年2月14日	每款100枚	免费

资料来源：数字藏品发售平台、媒体公开信息。

8. 建筑数字藏品

2022年3月开始，鲸探、薄盒等平台相继推出了多款"中国长城十三关""颐和仙境"系列建筑数字藏品，向大众传递我国古建筑之美、历史文化之美。表9为国内部分建筑数字藏品介绍。

表9　国内部分建筑数字藏品介绍

序号	数字藏品名称	版权方或代理人	发售方	区块链	发行时间	发行数量	价格
1	"丹凤门"数字藏品	大明宫国家遗址公园	薄盒	树图链	2022年2月1日	3000份	9.9元
2	"颐和仙境"系列(3款)	中创基石	鲸探	蚂蚁链	2022年3月22日	每款8000份	25元
3	"中国长城十三关"系列(4款)	中国长城协会	鲸探	蚂蚁链	2022年3月21日	每款8000份	25元

资料来源：数字藏品发售平台、媒体公开信息。

9. 其他领域数字藏品

目前，公益、集邮、航空、媒体、诗歌等不同领域均在各发售平台尝试发行数字藏品，各平台数字藏品类型也越来越丰富。表10为国内部分公益、集邮、媒体等其他领域数字藏品介绍。

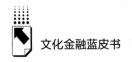
表10　国内部分公益、集邮、媒体等其他领域数字藏品介绍

序号	数字藏品名称	版权方或代理人	发售方	区块链	发行时间	发行数量	价格
1	小红花数字藏品系列（6款）	腾讯公益	幻核	至信链	2022年1月11日	每款2000份	免费
2	2021年度·关心画布数字藏品	腾讯新闻			2021年12月21日	2021份	免费
3	童画筑梦·数字公益美术馆	"书香筑梦，童画西口"艺术大赛			2021年11月25日	1020份	免费
4	限量版1024数字"金霸符"系列（5款）	腾讯课堂			2021年10月22日	每款500份	免费
5	百科动物园——滇金丝猴	百度百科	百度	百度超级链	2022年3月21日	16666份	免费
6	上证报重大历史瞬间	上海证券报	唯一艺术	以太坊侧链	2022年2月7日	5000份	19.9元
7	海子诗歌《春天》	—	元视觉	长安链	2022年3月21日	3000份	99元
8	十二生肖数字画票系列（12款）	中国文化传媒新文创（IP）平台	幻核	至信链	2022年2月18日	每款1520枚	98元
9	十二生肖冰雪总动员之虎娃	中央广播电视总台	鲸探	蚂蚁链	2022年2月15日	10000份	29.9元
10	《太空中国年》	航天文创	鲸探	蚂蚁链	2022年1月31日	10000份	19.9元

资料来源：数字藏品发售平台、媒体公开信息。

（二）数字藏品发售平台

一般地，数字藏品发售平台以为数字藏品提供区块链底层技术支持、可信存证支持、数字商品凭证技术服务为基础并负责数字藏品的销售，部分平台还提供数字藏品陈列展示服务。随着数字藏品行业发展，行业梯队逐渐显现。头部梯队以鲸探、幻核为代表，背靠大企业，平台门槛高；以薄盒、REAX绿洲、丸卡为代表的平台处于中间梯队，平台门槛相对较低，业务相对灵活；还有部分平台较激进，投机性较强。据不完全统计，截至

2022 年 3 月，国内数字藏品平台已超 100 家。表 11 为国内部分数字藏品发售平台介绍。

表 11　国内部分数字藏品发售平台介绍

序号	平台名称	平台类型	交易机制	区块链	官方社群
1	幻核	App	暂不支持	至信链	
2	鲸探	App+支付宝小程序	180 天后可转赠	蚂蚁链	
3	百度超级链	百度小程序	暂不支持	超级链	
4	灵稀	京东 App	暂不支持	智臻链	
5	网易星球	App	暂不支持	网易区块链	
6	元视觉	H5 网页+微信小程序	暂不支持	长安链	√
7	千寻数藏	App	暂不支持	BSN 联盟链	
8	绿洲宇宙	App	二级市场	蚂蚁链	√
9	秦储	App	30 后可转赠	秦储链	
10	薄盒	App	暂不支持	树图链	
11	故纸堆	App	180 天后可转赠	故纸堆文创链	
12	丸卡	App	可转赠	百度超级链	
13	Hi 元宇宙	H5 网页+微信小程序	可转赠	骏途链	√
14	阿里拍卖	淘宝—阿里拍卖—数字拍卖	90 天后可转让	新版链、树图链	
15	R-数字藏品	小红书 App	暂不支持	至信链	
16	一花	App	可转赠	蚂蚁链	√
17	一起 NFT	App	可转赠	文昌链	√

资料来源：数字藏品发售平台、媒体公开信息。

随着元宇宙概念爆火、数字藏品市场兴起，不少新媒体（尤其是自媒体）深度聚焦垂直领域，通过微信公众号等平台，为收藏爱好者、行业从业者推送行业发展、行业分析、动态资讯、项目作品预售等信息，如元宇宙 NFT 研究所、新知榜元宇宙等。

（三）数字藏品价值

我国数字藏品备受关注，藏家的数量和投资热情都呈现爆发式增长趋势。从目前数字藏品的设计及参与主体的实践看，虽然数字藏品仍存在较大

的泡沫风险，但其市场价值正在被挖掘，主要体现在以下几方面。

拓宽艺术家的创作领域。数字艺术创作是艺术创作的一种重要形式，甚至可能成为数字时代最重要的创作形式。数字藏品拓宽了艺术市场边界，让艺术家有了新的选择。另外，艺术家的原创数字化作品经过数字藏品铸造发行机制能够为其创作提供新的创收渠道，有利于其继续进行艺术创作。2021年以来，我国数字艺术作品销量激增，大量数字艺术创作者开始接触数字藏品，许多高知名度艺术家和艺术品牌也在尝试通过数字藏品平台来销售数字艺术作品。据《金融时报》报道，截至2021年12月15日，全球数字藏品年度交易总额约为400亿美元，数字艺术藏品的年度交易总额是其中最主要的一部分。

探索数字收藏市场，助力市场培育。我国数字藏品的版权通常由艺术创作者或发行人拥有，通过区块链技术，版权人可以查询作品流向记录，实现版权追溯。对于收藏者来说，收藏数字藏品，能够降低收藏风险；数字藏品能为收藏者提供真品保障，还能提供专属权益，丰富收藏体验。同时，基于区块链技术的数字藏品，具有"作品保真、铸造成本低、线上交易保存"的优势，收藏数字藏品既摆脱了交易上的时空束缚，也降低了投入成本。在数字经济时代，数字藏品打破了以传统标的物为客观实物的收藏边界，让收藏家有了除实体交易以外的更多市场选择。

品牌赋能。数字藏品是在数字化背景下的互联网新物种，自带传播速度快、辐射范围广的"基因"。对品牌方而言，数字藏品可成为其进行品牌传播和价值推广的全新手段。通过全网公开发行限量品牌和IP专属联名数字藏品，品牌知名度将得到提升、品牌文化和价值将得到传播。

挖掘数字文化资产潜能，助力实体经济发展。数字藏品铸造发行机制为数字文化资产的形成提供了一种解决方案，其生成的虚拟资产一方面可以成为"藏品"，另一方面可作为一种凭证和权益证明，参与到数字文化生成当中。这是我国数字藏品市场发展的一个方向，也是最具价值的发展方向。

三 数字藏品市场存在的主要问题及相应对策建议

目前，政府尚未出台关于数字藏品的交易方式、监管主体、监管内容等方面的政策和法律法规，数字藏品市场正在"野蛮生长"。就其问题来看，主要体现为一级市场作品定价混乱、发行机制单一、平台违规运营；二级市场作品过度炒作；等等。

（一）作品艺术价值普遍较低，产生市场泡沫

通过研究我国数字藏品市场主体发现，国内数字藏品平台发展节奏显著快于数字艺术创作水平发展速度，这种发展节奏和发展速度的不均衡引发了"发行作品质量普遍较差、艺术价值较低"等问题。具体来讲，近两年，我国大量数字藏品平台应"势"而生，并通过规模化的市场推广促成了大量C端（数字艺术作品发行人及藏家）和B端（品牌商）的用户需求，然而平台在应对大量用户需求时却出现了"优质内容"瓶颈。我国数字艺术领域起步较晚、发展较慢，数字艺术创作人才相对稀缺、软硬件等创作基础设施相对落后，导致我国数字艺术创作整体水平不高，优质数字艺术作品较少。很多数字藏品平台为实现充足的作品储备，要么允许借助3D及数字孪生技术做简单的原型复刻；要么自降发行门槛，甚至按照"只要作品不存在版权争议，即可发行"的原则进行发行审核，完全忽略对作品艺术价值的把关。其结果就是一些数字藏品平台普遍很难推出高标准、高质量、富有艺术价值的数字藏品，导致数字藏品发行价格远高于其价值的市场泡沫产生，严重影响行业健康发展。

针对以上问题，提出以下几点建议。一是数字藏品平台应树立品牌意识和高质量服务意识，把好平台关、产品关、服务关；二是数字藏品平台、艺术类高校、行业协会等各行业主体应积极举办数字艺术创作竞赛和培训，扩大行业影响力，选拔优秀人才，进行人才储备，构建人才梯队，进而提升数字艺术创作能力和水平；三是各行业主体应持续在行业推广上发力，打破数

字藏品与数字艺术家之间的屏障，让更多的数字艺术家了解、接触和认可数字藏品，大幅提升行业参与者的水平；四是行业应重视并培育IP二次创作细分市场，提升数字藏品的二次创作水平；五是行业应建立统一的数字藏品发行标准，尤其是对作品艺术审美提出更高要求，从而保证作品艺术价值，消除市场泡沫。

（二）作品发行价格参差不齐，缺乏作品定价机制及价值评估体系

理论上，数字藏品的定价机制应当与传统艺术品定价机制保持一致，但数字藏品的定价方法相对复杂，除了要考虑其稀缺性以外，还受作品品质、作者影响力、收藏家个人审美和喜好的影响。然而在实际市场交易中，基于行业发展阶段的特殊性，数字藏品定价往往偏离其本身的艺术价值，定价机制的构建更为复杂，融入了一些其他考量因素。比如，头部平台更愿意从关注公共利益、维护市场秩序出发，走低价普惠路线。蚂蚁集团相关负责人曾表示，蚂蚁链数字藏品锚定优质文化IP和艺术品等实物价值，坚持走低价普惠的B2C路线，坚决抵制任何形式的恶意炒作。也有部分数字藏品平台追求利益最大化，投机性较强，对平台自身定位、发行作品的筛选没有明确的考量标准，导致平台作品的艺术价值与发行价格严重错位。因此，市场上出现了"同类作品，发售价格悬殊"的问题，导致用户在购买的时候，没有标准可依，没有对比参照可循，投资较盲目。

针对上述问题，建议相关部门尽快明确市场监管主体，引导培育关于数字藏品市场的定价机制，推动构建价值评估体系和价格信息体系，引导消费者合理消费，防止恶意炒作，规避价格泡沫。

（三）作品发行机制粗放、单一，消费者体验相对不足

相比国外数字藏品融合社交、旅游等活动的丰富发行机制，目前我国数字藏品发售平台普遍应用的发行机制为限量限时发售和盲盒发售两种，数字藏品发售平台对藏家的数字身份、用户社群等方面的设计开发关注度不足，缺乏关于作品发行环节的设计巧思，作品发行机制过于粗放、单一，尚未实

现资源利用最大化，难以满足用户深度体验的需求。

针对上述问题，建议数字藏品发售平台重视发行环节，加强学习交流，在作品发行机制方面进行深度研究，增强用户互动体验，实现与藏家的社交关联和深度绑定。

（四）平台违规运营，消费者权益受到侵害

当前，由于金融监管不严格、专项行业监管缺失，部分平台业务违规问题开始暴露，消费者投诉增多，消费者合法权益直接受到侵害。以某平台为例，2021 年支付宝终止其所属公司的支付服务；2022 年 2 月，腾讯又以"小程序实际所提供'数字藏品'服务属于尚未开放的服务类目"为由，封禁该平台小程序。受封禁风波影响，消费者的不满情绪不断发酵，有近 700 名消费者在黑猫投诉该平台，要求退款。

针对上述问题，建议相关主管部门加快对数字藏品行业的认识，明确各市场主体地位，制定行业政策和法律法规，精准监管，规范市场主体业务行为，建立消费者投诉纠纷解决机制。

（五）二级市场炒作现象客观存在，市场泡沫显现

目前，我国数字藏品发售平台对"二级市场是否开放"的问题主要持有 3 种态度。第 1 种是以腾讯幻核、元视觉为代表的平台完全不允许藏品二次流转，占主流；第 2 种是以阿里鲸探为代表的平台允许开通附带转赠条件的无偿转赠服务（规定用户购买拥有数字藏品达 180 天后，才可向支付宝好友发起转赠，受赠方接受数字藏品满 2 年后，才可再次发起转赠）；第 3 种是以绿洲宇宙、唯一艺术为代表的平台允许站内二次交易。

尽管市场上持"禁止二级市场交易或严格限制允许转赠条件"态度的平台占主流，但从实际效果看，严格的"有限转赠"虽然在一定程度上减少了炒作现象的发生，但也促成了大批场外交易。场外投机者哄抬交易价格、频繁交易、炒作、扰乱市场秩序的乱象频现，如通过成立数字藏品粉丝交流群进行场外竞价二次交易。2022 年 2 月，某平台以盲盒的方式推出一

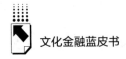

系列数字藏品，发行单价为 9.9 元，而该系列数字藏品单价在场外交易市场已涨至近 5 万元；在某二手交易平台上，"幻核"推出的原价 18 元的数字藏品，拍卖价已经涨到 10 万~20 万元，其中特殊限量版数字藏品价格甚至上涨到 26 万元。如此大的市场泡沫，一旦破裂，数字藏品的资产价值会大幅下降。

针对上述问题，建议一方面尽快明确行业法律地位，制定法律法规；另一方面针对行业特点制定行业标准、业务规范，成立行业自律组织，肯定行业自律组织地位，鼓励行业自律。2021 年 10 月 31 日，由国家版权交易中心联盟牵头，央视动漫集团、中国美术学院、湖南省博物馆、浙江省杭州互联网公证处、蚂蚁集团、腾讯云、京东科技等共同发布的《数字文创行业自律公约》，将在强化行业自律、共建良性生态、助力文创产业发展等方面发挥积极作用。

结　语

数字时代，每一个人都将会把更多的时间用于数字空间，创造数字信息与内容。虚拟化、数字化必定会是未来发展的趋势，数字内容、数字版权的保护和运营也是未来无法回避的课题。数字藏品就是在这样一个时代背景下应运而生的新事物。基于区块链技术的数字藏品若能在完善的市场体系中运行，充分发挥去中心化、可确权、可追溯等技术特点，或开辟出一种新的数字版权运营方式（如版权资产化），将会为数字艺术、数字文化发展提供更多选择和可能。对这一新兴市场的价值和问题应予以深入研究和探讨，加强对其的管理和规范，为行业整体良性发展提供健康的土壤。

参考文献

可信区块链推进计划主编《基于区块链的数字藏品研究报告》，2021 年 12 月。

信达证券主编《NFT：数字藏品背后的虚拟世界商品流通机制》，外唐智库网站，2022 年 1 月 12 日，https：//www. waitang. com/report/43458. html。

李晶：《元宇宙中通证经济发展的潜在风险与规制对策》，《电子政务》2022 年第 3 期。

清华大学新闻与传播学院新媒体研究中心主编《元宇宙发展研究报告 2. 0 版》，2022 年 1 月 21 日。

王功明：《NFT 艺术品的价值分析和问题探讨》，《中国美术》2021 年第 4 期。

中泰证券主编《NFT 深度专题：代码即信任，通证即资产，数据即价值》，2022 年 2 月 14 日。

《2021 年上半年 NFT 数字艺术品销售总额达 25 亿美元》，新浪网，2021 年 7 月 6 日，https：//finance. sina. com. cn/tech/2021-07-06/doc-ikqciyzk3769648. shtml。

邵依洋：《6 个问题带您走进 NFT 收藏的世界》，COINVOICE 网站，2021 年 8 月 21 日，http：//www. coinvoice. cn/articles/21857。

李华林：《100 多万买个头像?！"天价交易"频现，NFT 能火多久?》，新浪网，2021 年 9 月 9 日，https：//finance. sina. com. cn/money/lczx/2021 - 09 - 09/doc - iktzscyx 3275054. shtml。

《蚂蚁、腾讯的 NFT 更名为"数字藏品"，"NFT"字样全部消失》，快资讯网站，2021 年 10 月 23 日，https：//www. 360kuai. com/pc/9caa56eed55a61169? cota = 3&kuai_ so = 1&sign = 360_ 57c3bbd1&refer_ scene＝so_ 1。

王寅：《刹住 NFT 炒作之风！行业首个自律公约来了》，凤凰网，2021 年 10 月 31 日，https：//finance. ifeng. com/c/8AnPZ2K23vf。

《NFT 对于影视业来说意味着什么?》，新浪网，2022 年 2 月 18 日，https：// k. sina. com. cn/article_ 1198531673_ 4770245901900vvrb. html。

《音乐人逐渐进场 音乐类 NFT 将会迎来爆发吗?》，搜狐网，2022 年 3 月 25 日，https：//www. sohu. com/a/532626587_ 120677724? spm = smpc. author. fd - d. 1. 164827427 4138 naP47W3。

B.16
文化产业投融资法律问题研究

李玉东*

摘　要： 近年来，文化产业发展迅速，日益成为经济发展的新增长点。然而，文化产业特殊的经营主体、资产构成等与传统产业具有一定差异，其投融资方式也与传统产业有所不同，文化产业投融资难的问题随着文化产业的发展日益突出。本报告以文化产业投融资法律问题为研究对象，总结文化产业投融资的发展现状，深入分析其中具体涉及的无形资产评估、著作权质押、对赌协议及众筹的法律问题，探讨现存困境和问题，并提出发展建议，以期为文化产业投融资发展提出可供参考的解决方案。

关键词： 文化产业　无形资产评估　著作权质押　对赌协议　众筹

一　文化产业投融资的发展现状

全方位改革促进了文化产业的迅猛发展，文化产业已经逐渐转变成为国民经济重要支撑。国家统计局《2021年国民经济和社会发展统计公报》显示，全年全国规模以上文化及相关产业企业营业收入119064亿元，按可比口径计

---

* 李玉东，北京市文化娱乐法学会文化产业金融与投融资法律专委会主任，北京市盈科律师事务所合伙人律师，对外经贸大学研究生校外导师，中国农业大学人文与发展学院研究生校外导师，美国天普大学法学硕士。

算，比上年增长 16.0%①。文化产业已成为推动我国经济发展不可缺少的新兴力量，是满足人民群众精神文化需求的重要产业。然而投融资难掣肘文化产业发展，为此，一系列投融资领域的法律法规相继出台，旨在厘清文化产业投融资相关法律问题，健全文化产业投融资机制，增强文化产业发展动力。

（一）文化产业投融资的定义

文化产业投资是指特定经济主体在一定时期内向文化产业领域投放资金或实物的货币等价物，以期在未来可预见时期获得收益或资金增值的行为。而文化产业融资是指文化产业通过各种方式向债权人或投资人筹措或贷放资金的行为②。文化产业投融资作为文化产业发展的重要推动力量，对文化产业发展起着至关重要的作用。

（二）文化产业投融资的主要类型

1.政府拨款投融资模式

政府拨款投融资是文化产业在发展初期的主要投融资模式，通常分为中央财政拨款和地方政府财政拨款两种。具体方式有设立文化产业投融资基金、建设相关基础设施、拨款直接补贴对口企业等。

2.银行信贷投融资模式

银行信贷投融资是文化产业投融资的主要模式，具有较大的投融资潜力。银行探索性地创建文化金融特色机构，积极创新文化产业信贷投融资方式，创造性地同政府部门进行合作，为文化产业投融资建立起多方面、多层次的渠道，为文化产业发展注入活力。

3.债券投融资模式

债券投融资以其利息低、税负轻、风险可控等特点成为文化产业投融资的有效模式。然而，债券的发行除了需要文化产业自身拥有一定的资金实力

---

① 《中华人民共和国 2021 年国民经济和社会发展统计公报》，"新华网"百家号，2022 年 2 月 28 日，https：//baijiahao.baidu.com/s？id=1725969272845474093&wfr=spider&for=pc。

② 张兵选：《文化产业投融资模式研究》，《商情》2017 年第 35 期。

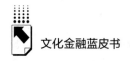

外，还需要通过相关部门的批准，手续及程序相对复杂。同时，由于我国文化企业信用评级体系不完善、文化产业规模不足，债券投融资总额在文化产业投融资总额中的占比较小，且远低于发达国家。债券投融资对于文化企业尚属于新型模式，有待进一步拓展和发掘。

4. 上市投融资模式

上市投融资模式下，融资者将经营公司的全部资本等额划分，经批准后上市流通，进行公开发行，而投资者则直接购买经营公司的股票，从而实现融资者短时间内筹集资金和投资者未来分红。然而，企业需要达到法定标准并且经过严格的审核后才可以公开发行股票进行融资，这对于文化企业来说成本较高，实现的难度较大。实践中，也出现了将非上市公司的资产注入已上市的公司中，进行实际控制人及主营业务的变更，以此实现上市的做法。然而综合来看，能够通过上市进行投融资的文化企业较少，上市对文化企业也较难发挥实际作用。

5. 私募股权投融资模式

私募股权投融资具有风险高、利率高、可控性低的特点，是一种非公开化的投融资模式。私募股权投融资的资金来自特定投资方，相较于上市投融资，所需手续文件较少，资金实力要求较低，对中小型文化企业来说具有更大的吸引力。然而，我国关于私募股权投融资的法律并不完善，这一投融资模式在实务中也具有一定风险，需进一步完善和发展。

二　文化产业投融资的法律问题

（一）无形资产评估法律问题

1. 发展概况

我国经济发展进入新常态后，其发展方式逐步由规模速度的增长转向质量效率的增长，文化产业与金融等领域的相互融合已成为经济发展的新增长点。文化产业的核心资产相较于其他产业具有独特性，其以无形资产作为真正的价值来源，从而促进产业的创新和发展。无形资产评估将文化产业和金融相对接，助力文化产业投融资，推动文化产业发展。然而由于无形资产这一"轻资产"的特殊性，其评估工作相较于其他资产评估工作更难开展，亟须进一步完善和规制。

2. 文化产业无形资产评估的困境和问题

评估理论及方法的滞后性。文化产业无形资产评估无固定的价值评估参照，价格波动较大，较易发生侵权纠纷；无规定的评估元素，虽具有独特性，却也大大提高了评估难度。这便决定了无形资产评估亟须摆脱传统评估方法的束缚，应根据行业特点进行创新。传统无形资产评估方法的理论分析主要遵循《资产评估准则——无形资产》的要求，即区分可辨认无形资产和不可辨认无形资产，根据具体情况选择收益法、市场法和成本法3种基本评估方法中的1种或几种①。以影视作品著作权评估为例，市场法需要对比同类市场行为，然而不活跃的影视作品著作权交易市场，以及影视作品自身具有的独创性，使得市场法基本不适用；对于文化影视行业来说，成本与收益不一定成正比，实务中"高成本低收益，小制作大票房"的案例比比皆是，故成本法同样基本不适用；而收益法则为目前国内采用的主要方法。不过，无形资产识别复杂，市场交易数据匮乏，未来评估方法具有不确定性，一定程度上影响了现今评估方法的运用。

无形资产评估机构及人员的非独立性和非专业性。无形资产具有特殊性，知识产权等无形资产专业性较强，相应的市场价值评估参照可参考性较低，导致无形资产评估工作具有复杂性。但目前我国无形资产评估人员背景构成单一，多为会计、财务专业，对知识产权等文化产业无形资产了解不充分，同时也存在评估人员资格准入和实际工作脱节等情形。而评估人员所在的评估机构多挂靠行政机关，中立性、独立性相对欠缺，对评估结果的客观公正也产生了一定的影响。

---

① 《资产评估准则——无形资产》，国家知识产权局网站，2020年4月20日，https://www.cnipa.gov.cn/art/2020/4/20/art_435_43304.html。

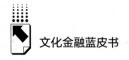

无形资产评估准则的不完善性。科学完善的无形资产评估准则能够尽可能地保证评估结果的客观合理，使投融资相关主体做出合理预期。目前，无形资产评估围绕 2016 年制定的《中华人民共和国资产评估法》，以及中国资产评估协会出台的《文化企业无形资产评估指导意见》《知识产权资产评估指南》《著作权资产评估指导意见》三大文件进行。但评估工作主管机关与行业自律组织之间的相关概念界定和规定有一定的差异，加上评估后法律责任没有明确界定等问题，可能会对评估工作造成一定影响。

3. 无形资产评估的相关案例分析

原国家新闻出版广电总局曾使用品牌价值评估的模式，对上海美术电影制片厂的 15 个原创动画形象进行价值评估，具体涵盖经济及原创导向评估、时间跨度和纵深价值评估、社会和人文成果评估、艺术感召力和教化功能评估等方面。整体评估流程主要包括实地调研、专家论证、数据采集、模型设拟、数据加工及评估等具体环节。最终评估出该厂 15 个原创动画形象整体价值为 180 亿元，其中，大众所熟知的哪吒形象价值 3.88 亿元，黑猫警长形象价值 3.95 亿元，孙悟空形象则价值 17.60 亿元。受限于国内并未出台相应的无形资产价值评估准则、无形资产变动性大的天然特性，目前尚难以将相关评估指标和参数标准化，相关评估机构基本处于"摸着石头过河"的状态。

2015 年，宋城演艺发展股份有限公司公告称，以 26 亿元、67 倍溢价的方式收购互联网演艺平台北京六间房科技有限公司（以下简称"六间房"），对该公司无形资产的评估范围包括其全部资产和负债。六间房已经从视频网站演变成在线实时直播平台，用户付费等虚拟物品售卖构成该公司的主要收入来源。六间房资产结构以无形资产为主，如软件著作权、发明专利、商标权、域名等知识产权。细查六间房的经营状况，不难看出，其负债、所有者权益、营业收入变动幅度比较大，说明该公司的无形资产增值效应比较明显，无论是在电商市场上的可拓展性还是其手中著作权的再开发性，都存在巨大的增值空间。因此，可以采用收益法作为评估方法，将合同权益资产折现到现金流中进行累加，同时合并计算溢余资产的价值。

（二）著作权质押法律问题

1. 发展概况

文化产业的发展需要金融体系的有力支持，而著作权质押不仅是著作权人对著作权加以利用的重要方式，也是文化产业进行融资担保的有效手段。规范著作权质押融资活动，建立完善的著作权质押融资法律法规体系和运行机制是文化产业发展的重要推手。

2. 文化产业著作权质押的困境和问题

著作权质押的权利冲突。著作权具有人身和财产的双属性，大陆法系国家虽然将著作权分为人身权和财产权，但两种权利是统一而不可分割的；英美法系国家更加强调版权的经济价值，故著作权可以像其他动产一样进行转让。我国将著作财产权与人身权严格区分，规定只能以著作财产权出质。尽管在我国，著作财产权可以设立质权，但不能设立质权的著作人身权会在一定程度上限制著作财产权的质权人行使质权。以著作人身权中的发表权为例，当发生债务人到期不履行债务的情形，质权人一般会将该质押标的未来价值变现来实现自身权益；此时若出质人以发表权为由进行阻碍，反对作品发表，将致使质权人的权益难以实现。从这个角度看，著作财产权和著作人身权的冲突，实质上会阻碍著作权质押的实现。

著作权一权多转中的权利冲突。我国著作权采用自动取得原则，《中华人民共和国著作权法实施条例》第 25 条规定："与著作权人订立专有许可使用合同、转让合同的，可以向著作权行政管理部门备案。"也就是说，在作品完成之时，著作权人将自动取得著作权而无须登记；著作权转让时同样无须登记，但是可以根据当事人意愿在有关部门进行备案。根据《中华人民共和国民法典》第 444 条规定，质权自办理出质登记时设立。此时著作权转让的登记自愿性和著作权质押的登记强制性之间存在冲突，是优先保护未登记的著作权转让还是已登记的著作权质押？这是实务中需要思考的问题①。《中华人

---

① 刘怡辛：《影视版权质押融资法律问题研究》，硕士学位论文，上海大学，2021。

民共和国民法典》第 406 条明确规定了抵押在先、转让在后的保护顺序：抵押期间抵押人可以转让抵押财产；抵押人转让抵押财产的，应当及时通知抵押权人。但当转让行为先于抵押行为之时，其保护的顺序法律无明文规定，这使得相关主体的著作权转让和抵押行为具有一定风险。

著作权质押标的的范围。除了法律明文规定的著作财产权可以质押之外，其他法律未明文规定的权利如邻接权、"期待版权"[①] 等能否作为著作权质押标的，是目前著作权质押研究领域尚待讨论的问题。著作权质押标的的范围将在一定程度上决定著作权质押的规模和应用广泛程度，从而进一步影响文化产业投融资的发展。

3. 著作权质押的相关案例分析

尽管"期待版权"并未被法律明确和规定，但实务中，"期待版权"仍然对著作权质押注入了巨大活力。2007 年，交通银行北京分行与北京天星际影视文化传播公司就电视剧《宝莲灯前传》的投融资事宜签订数额为 600 万元的版权质押贷款合同，开创了国内影视剧版权质押融资的先河。随后，影视公司华谊兄弟的《集结号》项目同样以版权做质押，该项目成为国内首个无实产质押、无第三方担保机构的融资项目[②]。2006 年，华谊兄弟在其制作的影片《集结号》拍摄期间，以该影片未来的版权进行质押与招商银行签订了"期待版权"的质押合同，从而获得后者 5000 万元的融资。债权方招商银行经评估，认为该项目的 3 个核心风险点为：拍摄许可风险、拍摄完工风险、影片销售风险。招商银行风控人员经审慎评估后得出以下结论。拍摄许可风险方面，对于饱含兄弟情感和英雄气概的战争片来说，获得拍摄许可证问题不大；拍摄完工风险方面，华谊兄弟提供拍摄完工风险担保；影片销售风险方面，华谊兄弟以《集结号》的全球版权作为质押。同时为降低交易风险，华谊兄弟还出让了该项目的财务控制权，具体表现为在使用完制片方的 5000 万元自筹资金之后，才允许支出招商银行提供的贷款。为此，

[①] "期待版权"，指未完成作品未来将产生的作品版权。目前该概念只存在于学术研究之中，但实务已产生了以未来作品的"期待版权"进行质押融资的案例。

[②] 刘怡辛：《影视版权质押融资法律问题研究》，硕士学位论文，上海大学，2021。

招商银行派出专员全程跟进影片拍摄流程，为控制现金流采用循环报账制，要求对方每月先出预算，以发票的形式报销，结清上月的账目后，再发放次月贷款。在招商银行资金的支持下，制片方成功完成影片拍摄，影片在上映之后大获成功，使华谊兄弟顺利回款。该项目为"期待版权"质押的成功案例，展现了"期待版权"的潜力和其带给著作权质押的新思路和新方法。

随后，北京银行又以同样的版权质押方式，为华谊兄弟接下来的 14 部影片提供了 1 亿元的打包贷款。这是目前比较早期的以版权质押来获取贷款的案例。2020 年，招商银行北京分行对华谊兄弟提供的不超过 15 亿元的非承诺性综合授信，是国内第一份基于影视片单的综合授信，用于华谊兄弟 30 余部影视作品的开发制作。另外，由于影视版权等非传统的抵押、质押物"变现"的不确定性很大，程序复杂，周期也长，增加了融资风险，因此银行在决定是否发放贷款时主要关注有融资需求的影视公司是否有可靠的资金来源、是否有制作影视作品的成功经验、是否有积极向上的作品主题、是否有实力导演演员加盟等问题。为规避风险，银行不仅要求以"期待版权"、销售收入作为担保，也常常要求以融资人的房产甚至法定代表人的无限连带责任作为获得贷款的条件。

（三）对赌协议法律问题

1. 发展概况

对赌协议作为投融资中的一种特殊方式，包括估值调整权、拖售权对赌，在一定程度上缓解了企业融资难的问题，在市场主体发展中越来越多地受到文化产业的关注。然而其不确定性和非法定性也在一定程度上阻碍了自身的发展。加强对赌协议的法律规制有利于规范文化产业投融资，促进国内投融资市场健康、有序发展。

2. 对赌协议的困境与问题

对赌协议，又称交易估值调整机制（Valuation Adjustment Mechanism），实质上是并购中的一种附条件的价值评估方式，具体表现为通过解决并购双方的价值差异问题以促成交易。但是对于并购条款来讲，《中华人民共和国合同法》没有明确规定其性质，应当由《中华人民共和国民法典》合同编予以规制。然而对赌协议本身并不属于合同编既有的 15 种典型性合同，应依据《中华人民共和国民法典》第 467 条规定，适用合同编通则的规定或最相似的合同规定进行规制。合同编只有借款合同与对赌协议有相似之处，但对赌协议的目的是解决交易双方对目标公司未来发展不确定、信息不对称的问题，在实质上与借款合同不同。然而实践中没有对对赌协议的明确法律规制，容易造成司法实务中认定标准的不一致。同时由于误解和无明确规定，实践中也产生了基于《中华人民共和国民法典》显失公平而请求确认对赌协议无效的情形，实质上违反了《中华人民共和国民法典》中的意思自治和合同自由原则，不利于对赌协议的实践发展。此外，对赌协议自身具有的高风险性也为投融资双方带来了巨大挑战，对赌成功将带来投融资双方的共赢，而对赌失败则有可能使得融资方背上巨额债务、投资方面临资金损失。

3. 对赌协议的相关案例分析

华策影视和克顿传媒均是国内领先的知名影视公司。2013 年，前者宣布重大资产重组，以 16.52 亿元收购后者全部股权，具体包括：35%的交易对价以现金方式支付，剩余部分以发行股份方式支付；同时双方签订业绩对赌协议，要求克顿传媒股东承诺未来 4 年的业绩，及未达到业绩标准的补偿股份的计算方式。这个收购案例中没有要求被收购方 4 位自然人股东现金补偿的方式，可以有效减轻克顿传媒股东的压力，激发其创造业绩的能力。毫无疑问，这是一起成功的文化企业并购案例，股份支付方式的业绩补偿有利于交易达成，作为并购对赌中最重要的一个环节，业绩补偿承诺让收购方与并购方利益相连，最大限度地调动了被收购方管理层的积极性，从而达到双赢目标。

然而，文化企业也不乏一些失败的对赌案例，如小马奔腾对赌案中，融资方在企业发展上升期与投资方签订对赌协议，承诺未来企业上市时间、净利润额度，然而却未在对赌期限内兑现承诺，未履行协议规定的义务，从而背负巨额的违约债务，而投资方也未能在对赌期间获得预期利益。在天意影视对赌案中，公司相关负责人通过职务侵占的方式将投资款项占为己有，这种行为虽然不常见，但是对于投资方来说也是巨大的投资风险，这种投资风险在一定程度上是可以靠投前严格尽调、投后严格管理，经营层面派驻董事行使重大事项投票权、重大资金监管权，设置竞业禁止等条款来防范的。对赌协议从严格意义上来说属于一种救济手段，在投资早期，为了避免风险，应当对企业财务报表进行分析并对企业未来盈利能力进行合理预测，这是有效避免风险的重要手段。

（四）众筹投融资法律问题

1. 发展概况

众筹是一种通过将数量众多的个体资金汇集起来投放到某项目的生产运营之中以实现项目融资的小额公共募资方式。众筹自产生之初便呈现出低门槛特征，任何有创意和前景的项目都可以发起众筹，同时其兼具融资和推广两项职能，与文化产业具有天然的相适性，对文化产业的投融资发展具有重要作用，其产生的风险和问题也值得业界关注。

2. 众筹投融资的风险

众筹投融资给中小型文化企业投融资提供了一个新的渠道，主要包括实物回报和股权回报两大类，但近些年在监管趋严形势下，众筹投融资基本处于停滞状态。我国法律对于股权众筹地位的规定不明确，对犯罪边界定位不清晰，股权众筹面临较大风险。并且众筹和 P2P 一样都涉及非法吸收公众存款问题，使得投融资者在众筹中的行为极易触及犯罪底线，具有一定风险。同时，作为众筹中的主体，无论是融资者还是投资者，都需要满足一定的资金资质要求，达到一定的"门槛"，从而防止投融资风险超过融资者和投资者自身的承受能力，带来众筹市场混乱崩溃的风险。此外，众筹平台担任着中立监督的角色，其应对众筹过程进行必要的风险管控，做好资格审查、信息披露、过程监管等工作，从源头杜绝风险的发生。然而，实践中我国众筹平台往往容易产生资格审查不到位、信息披露不充分等问题，造成投融资主体利益受损。

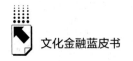
3. 众筹投融资的相关案例分析

2015年夏天火爆一时的动画电影《西游记之大圣归来》，展示了众筹投融资的成功。该片出品人表示，《西游记之大圣归来》项目采用了众筹投融资模式，筹得的资金用于电影宣发，作为回报，投资人除了可以在电影公映后按照比例分得诸如该电影本身的入账分红、相关衍生品收入分红等权益性收入，还享有在该电影末尾署名的权利。通过这种新颖的方式，共有89位投资人众筹750万元并以个人名义直接入股这部电影。最终，《西游记之大圣归来》以9.56亿元票房完美谢幕，剔除成本、税费、制片方分成等成本，投资人的投资回报率超过400%。尽管《西游记之大圣归来》的众筹投融资未通过众筹平台，而是采取互联网非公开投融资的方式，但是也算是众筹投融资领域一次大胆且成功的尝试。

众筹投融资同样可能涉及刑事犯罪。2015年3月，新诺影业集团有限公司和新诺投资公司出现资金周转困难，李某、赵某作为公司高管，纠集公司其他人员，通过网络平台、微信公众号、微博等渠道在社会上宣传该公司电影众筹项目及转让该公司股权，承诺投资者众筹投资电影可每7天获得投资本金的3.00%作为本息收益，介绍新投资者众筹投资电影可每7天获得新投资者投资本金的0.90%作为收益，购买新诺影业集团有限公司股权可获得投资本金的18.00%作为年利息，以此非法吸收公众存款。2015年3月至2016年4月间，新诺投资公司共与10414名投资者签订《新诺影业集团委托投资协议书》，非法吸收存款共计12.32亿元。最终，广州市番禺区人民检察院对其提起公诉。法院审理后认为，李某、赵某等新诺影业集团有限公司、新诺投资公司的直接负责人员，未经国家有关监管部门批准，非法吸收公众存款数额巨大，严重扰乱金融秩序，判处非法吸收公众存款罪[①]。

---

① 案号（2018）粤01刑终1827号，北大法宝网站，http://www.pkulaw.cn/case/pfnl_a6bdb3332ec0adc47015a42de5f37227e8782de245d60d02bdfb.html? keywords =%E4%BC%97%E7%AD%B9%E9%A1%B9%E7%9B%AE%E6%8B%8D%E6%91%84%E7%94%B5%E5%BD%B1&match=Fuzzy。

三　文化产业投融资的发展建议

投融资问题的解决有利于文化产业的发展和进步，而这必须以正视文化产业投融资发展中的困境和问题为基础：无形资产作为文化产业的核心资产，其特殊性给评估工作带来了困难和挑战，需要进一步建设和创新无形资产评估体系；著作权质押是文化产业融资担保的重要手段，但其在实务发展中的权利冲突需要被关注和解决；对赌协议在一定程度上缓解了投融资难的问题，但需要加强法律的规制使其健康、有序发展；众筹投融资与文化产业的天然适应性使其具有巨大前景，但需要对其产生的风险进行关注。

（一）无形资产评估于文化产业发展的建议

1. 进一步加强评估理论及方法研究

文化产业无形资产的特殊性决定了其评估的特殊性。无形资产评估应着眼文化产业的特殊性，坚持市场导向，综合考虑外在因素、品牌独占性、社会效益等各个方面，创新评估的理论和方法，从而使无形资产评估更为客观和准确，使投融资主体能够依照评估结果进行全面和合理的预期判断。以电影版权价值为例，电影版权价值评估应综合考虑电影版权是否合法登记备案、是否在规定时间地点播放、是否进行担保，以及版权自身的法律寿命、导演实力、演员阵容、剧本题材等因素。

2. 健全无形资产评估机构及人员准入核查机制

无形资产评估更多依赖于评估机构及人员的专业知识和技术而非硬件设备，故无形资产评估机构及人员对于无形资产评估具有举足轻重的作用。我国可以在未来发展中立足国情，合理借鉴国际经验，健全无形资产评估机构及人员准入核查机制。如欧洲的独立评估师制度，防止了评估师与评估机构、委托人利益相关方产生利益冲突等影响评估结果公正性情形的产生；发达国家采用的"一个行业、多种专业"的资产评估行业发展模式等。

3. 继续推进文化产业无形资产评估准则制定

文化产业无形资产评估准则是评估理论和实践的总结，也是指导行业发展的重要依据。我国目前已经建立了相对完善的文化产业无形资产评估准则体系，对文化产业无形资产评估发挥了重要作用。未来，我国需要持续推进文化产业无形资产评估的规范发展，结合实务中的热点和难点制定更为细致和完善的文化产业无形资产评估准则。

（二）著作权质押于文化产业发展的建议

1. 解决著作人身权与财产权的权利冲突问题

著作人身权和财产权的权利冲突影响着著作权质押的实现，实务中多数国家倾向于对著作人身权进行限制。如德国在著作权质押中对部分著作人身权按照默示推定的方式进行限制，以保障著作权质押的实现。我国可以在未来发展中立足国情，采用许可使用和默示推定并举的方式限制著作人身权，以解决著作人身权与财产权的冲突问题。

2. 解决著作权一权多转中的权利冲突问题

首先，基于未登记著作权转让和登记的著作权质押之间的冲突，法律应明确著作权转让登记的效力，如规定其为登记对抗主义或登记生效主义，明确权利之间的时间界定和效力界定，有利于从根源解决一权多转中的权利冲突问题。同时，应探索将转让登记与质押登记纳入统一系统，方便实务中的认定和操作。此外，针对版权分割情况下的著作权质押，建议采取多方担保措施，实行无限连带责任，并要求本人做出承诺。

3. 放宽著作权质押标的范围

除法定的著作财产权可以质押之外，近年来对于其他著作权能否进行质押的探讨也不断增多。

邻接权是作品传播者所享有的与著作权有关的权利，其既包含财产权，也包含人身权。法律虽无对邻接权质押的具体规定，但邻接权的质押不但可以提高质押的融资额度，也可以更有效地担保债权人的权利实现，促进文化产业投融资的发展。然而实践中需要法律对邻接权质押进行具体、可操作的规定，以实现邻接权的重要价值，放宽著作权质押标的范围。

此外，实务中出现的版权预售合同也是"期待版权"应用的体现。尽管法律未明文规定"期待版权"可以进行出质，但基于著作权质押的现实需要，借鉴世界通行做法，可以将"期待版权"以法律形式进行确认。

（三）对赌协议于文化产业发展的建议

基于对赌协议自身的风险性和特殊性，投融资双方应注意：一是建议审慎选择对赌协议；二是合理设置对赌目标；三是做好事前尽调；四是设置合理的业绩补偿和承诺；五是对管理层进行行为约束。对赌协议是投资协议中的一种常态，大多数受法律保护，除非能证明存在恶意、胁迫或欺诈行为。投融资企业也应特别注意相关条款，咨询专业法律人士的意见。需要特别注意对赌协议中可能与现行监管冲突的问题，如明股实债等。同时，针对投融资中双方当事人之间信息不对称与信息披露问题，可以在立足本国国情的基础上，借鉴美国法律中规定的标准风险投资示范合同，形成交易合同内容的形式统一，提高投融资活动的规范性，更好地保护对赌协议双方当事人的合法权益，以发挥对赌协议在文化产业投融资中的巨大作用。

（四）众筹投融资于文化产业发展的建议

众筹投融资面向社会不特定对象进行，具有公共属性，对于社会和市场稳定具有较大影响，因此需要对众筹投融资进行严格监管，把控风险，保护投融资主体利益，维护金融秩序，促进文化产业的稳定发展。首先，我国应适应经济发展的新需要，在法律上对众筹投融资的地位和过程进行确定和更加细致的规制，明确互联网金融发展下"非法集资"的界定；而对于投融资者而言，应在合法经营的基础上，注意众筹资金募集后的后端管理及股权、实物等回报形式，以有限合伙、普通合伙企业、有限责任公司、股份有限公司等法律实体呈现，以此避免触碰非法吸收公众存款罪的红线。其次，对投融资主体进行一定的资格审查和准入限制。与此同时，应加强众筹平台的监管职能，做好众筹平台风险管控，稳定金融市场，从而实现文化产业众筹投融资的健康发展。

参考文献

费安玲：《比较担保法——以德国、法国、瑞士、意大利、英国和中国担保法为研究对象》，中国政法大学出版社，2004。

郭玉军、李云超：《文化企业著作权质押融资法律问题研究》，《武汉大学学报》（哲学社会科学版）2014 年第 67 期。

中评协团支部编《资产评估助力文化产业发展的探索与实践》，《中国资产评估》2019 年第 3 期。

刘登清：《加强资产评估创新　助力文化产业发展》，《中国资产评估》2016 年第 1 期。

张国春：《文化资产价值与评估》，《上海经济》2015 年第 1 期。

周洁：《文化产业资产评估的特殊性及相关建议》，《企业改革与管理》2020 年第 9 期。

李云超：《文化产业融资促进法律问题比较研究》，博士学位论文，武汉大学，2015。

韩倩：《我国著作权质押法律问题研究》，硕士学位论文，辽宁大学，2015。

鲁幽：《著作权质押法律问题探究》，硕士学位论文，西南大学，2012。

杜松杰：《"对赌协议"法律效力认定问题研究》，硕士学位论文，河北经贸大学，2021。

吴昕洋：《对赌协议的法律规制问题研究》，硕士学位论文，河北大学，2020。

杨光凯：《我国私募股权投资中对赌协议的法律性质研究》，硕士学位论文，西南民族大学，2020。

杜亚：《法律视阈下文化创意产业融资问题研究》，博士学位论文，上海大学，2017。

孙越：《基于征信视角的中小企业信贷融资问题探讨》，《中外企业家》2011 年第 8 期。

冯晓青：《著作权保护期限制之理论思考》，《北京科技大学学报》（社会科学版）2006 年第 3 期。

于晓明、何志勇：《浅谈文化产业投融资》，《中国商论》2021 年第 2 期。

王豪：《论未来电影版权质押权的设定》，《黑龙江省政法管理干部学院学报》2014 年第 2 期。

张军：《文化产业投融资法律问题刍议》，《中国文化产业评论》2012 年第 15 期。

吕淑丽、邵君婷：《文化产业投融资文献综述与研究展望》，《当代经济管理》2020

年第 42 期。

　　江东东:《我国文化产业投融资存在的问题和对策研究》,《产业与科技论坛》2020
年第 19 期。

　　Fred H. Cate, "The Changing Face of Privacy Protection in the European Union and the
United States," *Indiana Law Review* 33 (1999).

　　"Lang a D. Copyright and the Constitution in the Age of Intellectual Property," *Intellectual
Property* 1 (1993).

　　Bruce S. Schaeffer, "Multinational Groups: A Susan J. Robins, Valuation Tangibleness
Assets in Franchise Companies and Current Issue," *Franchise Law Journal* 27 (2008).

皮 书

智库成果出版与传播平台

❖ 皮书定义 ❖

皮书是对中国与世界发展状况和热点问题进行年度监测，以专业的角度、专家的视野和实证研究方法，针对某一领域或区域现状与发展态势展开分析和预测，具备前沿性、原创性、实证性、连续性、时效性等特点的公开出版物，由一系列权威研究报告组成。

❖ 皮书作者 ❖

皮书系列报告作者以国内外一流研究机构、知名高校等重点智库的研究人员为主，多为相关领域一流专家学者，他们的观点代表了当下学界对中国与世界的现实和未来最高水平的解读与分析。截至 2021 年底，皮书研创机构逾千家，报告作者累计超过 10 万人。

❖ 皮书荣誉 ❖

皮书作为中国社会科学院基础理论研究与应用对策研究融合发展的代表性成果，不仅是哲学社会科学工作者服务中国特色社会主义现代化建设的重要成果，更是助力中国特色新型智库建设、构建中国特色哲学社会科学"三大体系"的重要平台。皮书系列先后被列入"十二五""十三五""十四五"时期国家重点出版物出版专项规划项目；2013~2022 年，重点皮书列入中国社会科学院国家哲学社会科学创新工程项目。

皮书网

（网址：www.pishu.cn）

发布皮书研创资讯，传播皮书精彩内容
引领皮书出版潮流，打造皮书服务平台

栏目设置

◆ 关于皮书
何谓皮书、皮书分类、皮书大事记、
皮书荣誉、皮书出版第一人、皮书编辑部

◆ 最新资讯
通知公告、新闻动态、媒体聚焦、
网站专题、视频直播、下载专区

◆ 皮书研创
皮书规范、皮书选题、皮书出版、
皮书研究、研创团队

◆ 皮书评奖评价
指标体系、皮书评价、皮书评奖

◆ 皮书研究院理事会
理事会章程、理事单位、个人理事、高级
研究员、理事会秘书处、入会指南

所获荣誉

◆ 2008 年、2011 年、2014 年，皮书网均
在全国新闻出版业网站荣誉评选中获得
"最具商业价值网站"称号；

◆ 2012 年，获得"出版业网站百强"称号。

网库合一

2014 年，皮书网与皮书数据库端口合
一，实现资源共享，搭建智库成果融合创
新平台。

皮书网

"皮书说"
微信公众号

皮书微博

权威报告·连续出版·独家资源

皮书数据库
ANNUAL REPORT(YEARBOOK)
DATABASE

分析解读当下中国发展变迁的高端智库平台

所获荣誉

- 2020年，入选全国新闻出版深度融合发展创新案例
- 2019年，入选国家新闻出版署数字出版精品遴选推荐计划
- 2016年，入选"十三五"国家重点电子出版物出版规划骨干工程
- 2013年，荣获"中国出版政府奖·网络出版物奖"提名奖
- 连续多年荣获中国数字出版博览会"数字出版·优秀品牌"奖

皮书数据库　　"社科数托邦"
　　　　　　　　微信公众号

成为会员

　　登录网址www.pishu.com.cn访问皮书数据库网站或下载皮书数据库APP，通过手机号码验证或邮箱验证即可成为皮书数据库会员。

会员福利

- 已注册用户购书后可免费获赠100元皮书数据库充值卡。刮开充值卡涂层获取充值密码，登录并进入"会员中心"—"在线充值"—"充值卡充值"，充值成功即可购买和查看数据库内容。
- 会员福利最终解释权归社会科学文献出版社所有。

社会科学文献出版社 皮书系列
SOCIAL SCIENCES ACADEMIC PRESS (CHINA)

卡号：**761875673467**
密码：

数据库服务热线：400-008-6695
数据库服务QQ：2475522410
数据库服务邮箱：database@ssap.cn
图书销售热线：010-59367070/7028
图书服务QQ：1265056568
图书服务邮箱：duzhe@ssap.cn

S 基本子库
SUB DATABASE

中国社会发展数据库（下设 12 个专题子库）

紧扣人口、政治、外交、法律、教育、医疗卫生、资源环境等 12 个社会发展领域的前沿和热点，全面整合专业著作、智库报告、学术资讯、调研数据等类型资源，帮助用户追踪中国社会发展动态、研究社会发展战略与政策、了解社会热点问题、分析社会发展趋势。

中国经济发展数据库（下设 12 专题子库）

内容涵盖宏观经济、产业经济、工业经济、农业经济、财政金融、房地产经济、城市经济、商业贸易等 12 个重点经济领域，为把握经济运行态势、洞察经济发展规律、研判经济发展趋势、进行经济调控决策提供参考和依据。

中国行业发展数据库（下设 17 个专题子库）

以中国国民经济行业分类为依据，覆盖金融业、旅游业、交通运输业、能源矿产业、制造业等 100 多个行业，跟踪分析国民经济相关行业市场运行状况和政策导向，汇集行业发展前沿资讯，为投资、从业及各种经济决策提供理论支撑和实践指导。

中国区域发展数据库（下设 4 个专题子库）

对中国特定区域内的经济、社会、文化等领域现状与发展情况进行深度分析和预测，涉及省级行政区、城市群、城市、农村等不同维度，研究层级至县及县以下行政区，为学者研究地方经济社会宏观态势、经验模式、发展案例提供支撑，为地方政府决策提供参考。

中国文化传媒数据库（下设 18 个专题子库）

内容覆盖文化产业、新闻传播、电影娱乐、文学艺术、群众文化、图书情报等 18 个重点研究领域，聚焦文化传媒领域发展前沿、热点话题、行业实践，服务用户的教学科研、文化投资、企业规划等需要。

世界经济与国际关系数据库（下设 6 个专题子库）

整合世界经济、国际政治、世界文化与科技、全球性问题、国际组织与国际法、区域研究 6 大领域研究成果，对世界经济形势、国际形势进行连续性深度分析，对年度热点问题进行专题解读，为研判全球发展趋势提供事实和数据支持。

法律声明

“皮书系列”（含蓝皮书、绿皮书、黄皮书）之品牌由社会科学文献出版社最早使用并持续至今，现已被中国图书行业所熟知。“皮书系列”的相关商标已在国家商标管理部门商标局注册，包括但不限于LOGO（ ）、皮书、Pishu、经济蓝皮书、社会蓝皮书等。“皮书系列”图书的注册商标专用权及封面设计、版式设计的著作权均为社会科学文献出版社所有。未经社会科学文献出版社书面授权许可，任何使用与“皮书系列”图书注册商标、封面设计、版式设计相同或者近似的文字、图形或其组合的行为均系侵权行为。

经作者授权，本书的专有出版权及信息网络传播权等为社会科学文献出版社享有。未经社会科学文献出版社书面授权许可，任何就本书内容的复制、发行或以数字形式进行网络传播的行为均系侵权行为。

社会科学文献出版社将通过法律途径追究上述侵权行为的法律责任，维护自身合法权益。

欢迎社会各界人士对侵犯社会科学文献出版社上述权利的侵权行为进行举报。电话：010-59367121，电子邮箱：fawubu@ssap.cn。

社会科学文献出版社